Daniel M. Sáez Rivera/Jorge Braga Riera/
Marta Abuín González/Marta Guirao Ochoa/
Beatriz Soto Aranda/Nava Maroto García (eds.)

Últimas tendencias
en traducción e interpretación

LINGÜÍSTICA IBEROAMERICANA
Vol. 46

DIRECTORES:

MARIO BARRA JOVER, Université Paris VIII
IGNACIO BOSQUE MUÑOZ, Universidad Complutense de Madrid
ANTONIO BRIZ GÓMEZ, Universitat de València
GUIOMAR CIAPUSCIO, Universidad de Buenos Aires
CONCEPCIÓN COMPANY COMPANY, Universidad Nacional Autónoma de México
STEVEN DWORKIN, University of Michigan
ROLF EBERENZ, Université de Lausanne
MARÍA TERESA FUENTES MORÁN, Universidad de Salamanca
DANIEL JACOB, Universität Freiburg
JOHANNES KABATEK, Eberhard-Karls-Universität Tübingen
EMMA MARTINELL, Universitat de Barcelona
JOSÉ G. MORENO DE ALBA, Universidad Nacional Autónoma de México
RALPH PENNY, University of London
REINHOLD WERNER, Universität Augsburg

Daniel M. Sáez Rivera/Jorge Braga Riera/
Marta Abuín González/Marta Guirao Ochoa/
Beatriz Soto Aranda/Nava Maroto García
(eds.)

Últimas tendencias
en traducción e interpretación

Iberoamericana · Vervuert · 2011

 *Este libro se publica con subvención de la Comisión Europea (Dirección General de Traducción)*

Reservados todos los derechos

© Iberoamericana, 2011
Amor de Dios, 1 – E-28014 Madrid
Tel.: +34 91 429 35 22
Fax: +34 91 429 53 97
info@iberoamericanalibros.com
www.ibero-americana.net

© Vervuert, 2011
Elisabethenstr. 3-9 – D-60594 Frankfurt am Main
Tel.: +49 69 597 46 17
Fax: +49 69 597 87 43
info@iberoamericanalibros.com
www.ibero-americana.net

ISBN 978-84-8489-606-7 (Iberoamericana)
ISBN 978-3-86527-660-5 (Vervuert)

Depósito Legal:

Diseño de la cubierta: Carlos Zamora
Impreso en España
Este libro está impreso integramente en papel ecológico blanqueado sin cloro

ÍNDICE

Presentación 11

I. EL ESPAÑOL COMO LENGUA DE COMUNICACIÓN INTERNACIONAL

José Luis Ramírez Luengo
Imaginar lo imposible: algunas reflexiones sobre el denominado *español neutro* 17

Aurora Martín de Santa Olalla Sánchez
Qué español enseñar: el español y sus variedades en los manuales de Español como Lengua Extranjera 27

María Teresa Pajares Giménez
El español "neutro" y la oralidad 45

Lola Pons Rodríguez
Español de España y español de América en el doblaje: la variación lingüística a través de un estudio de caso 59

II. HISTORIA Y TEORÍA DE LA TRADUCCIÓN

Dámaso López García
Twitter-traducción 79

Mohamed El-Madkouri Maataoui
Ciencia y religión en la traducción medieval 99

Sylvain LeGall Maze
La traducción: su indeterminación y su praxis como forma de vida 115

Margarita Borreguero Zuloaga
La traducción de los marcadores del discurso: valores, funciones, posiciones y otros problemas 123

Covadonga Fouces González
El papel de la traducción en el polisistema literario italiano 141

III. Práctica de la traducción

Susana Cantero Garrido/Jorge Braga Riera
Del libro a las tablas: traducir para la escena 157

Juan José Ortega Román
La traducción de *Millennium*, de Stieg Larsson: traducir una lengua y una cultura 179

Oliver Shaw
El asesor lingüístico en el entorno empresarial y hospitalario 191

Elena Montiel-Ponsoda/Nava Maroto García
Beneficios de las ontologías en la traducción 203

IV. Práctica de la interpretación

Edina Spahić
El papel del intérprete/traductor en situaciones de conflicto bélico: el caso de la ex-Yugoslavia, 1992-1995 217

María Dolores Ortigosa Lorenzo
El traductor/intérprete del Ministerio del Interior: ese gran desconocido ... 225

Beatriz Soto Aranda
Traducción, interpretación e inmigración: pluridisciplinariedad más allá de la traducción jurídica. El caso del árabe 237

David Fernández Vítores
El griego como lengua minoritaria en España y en la Unión Europea 249

José María Criado
La interpretación de lengua de signos en España 261

Los autores 267

Et, después que el [sabio Abolays] murió, ficó como perdudo este libro muy grand tiempo de guisa, que los que-l' auíen no-l' entendíen bien, nin sabíen obrar d'él assí commo conuiníe, fasta que quiso dios que uiniesse a manos del noble Rey don alfonso [...] Et falló en seyendo Jnfante en uida de su padre, en el anno que ganó el Regno de Murcia [...] & ouo-l' en Toledo de un iudío que-l' tenie ascondido, que se non querie aprouechar d'él, nin que a otro touiesse pro. Et, desque este libro touo en su poder, fízolo leer a otro su Judío que era su físico [...] Et, desque por este iudío su físico ouo entendido el bien & la grand pro que en el iazie, mandógelo trasladar de aráuigo en lenguaie castellano, porque los omnes lo entendiessen meior; & se sopiessen d'él mas aprouechar.

ALFONSO X, *Lapidario* (s. XIII)

Ilustración: Luis Martín

La traducción es un yunque
ROBERTO BOLAÑO, *Entre paréntesis* (2005)

PRESENTACIÓN

Si hubiera que resumir el contenido de este volumen en tres palabras, podríamos fácilmente elegir *actualidad, novedad* y *promesa*. Así, se recogen aquí temas de tan candente actualidad en el ámbito traductológico como el *español neutro*, el último gran éxito editorial *(Millennium)*, el reconocimiento progresivo de las lenguas de signos o la nueva realidad de la inmigración en España. Son novedosos también los enfoques: desde la lingüística textual contrastiva en relación a los marcadores del discurso hasta la teoría de los polisistemas de Even-Zohar, o la informática como herramienta ubicua de la traducción y de nuestras vidas en la era digital. Destaca a este respecto especialmente la presencia de estudios sobre interpretación, disciplina esta que se suele abordar por lo general desde la práctica y no tanto desde una reflexión teórica (en este caso informada inevitable e insoslayablemente desde la primera, pues los autores que tratan el asunto son todos traductores-intérpretes profesionales). Novedad y actualidad que se tornan, por ende, en prometedoras, ya que el campo académico e investigador de la Traducción e Interpretación (TeI) no hace más que crecer en este mundo globalizado y, en particular, en la universidad española (dada la juventud de las facultades de TeI); no en vano sigue en aumento el número de alumnos y de solicitudes para acceder a esta carrera.

Más en concreto, y según los bloques de contenido que se proponen, la instalación del *español como lengua de comunicación internacional* plantea el problema de qué norma lingüística elegir (si la hispánica o alguna de las hispanoamericanas) y su vehiculación a través del denominado *español neutro*. De este modo, en el presente volumen se lanza una crítica conceptual de tal *español neutro* y su denominación (desde el punto de vista de un especialista en el español de América y su historia como José Luis Ramírez Luengo, y de una experta en retórica y oralidad como María Teresa Pajares Giménez), como a la vez se compara con su práctica escrita en los manuales de ELE, según nos explica la jefa editorial de la línea de ELE global en Santillana desde septiembre de 2004 a marzo de 2011, Aurora Martín de Santa Olalla Sánchez, al igual que con su práctica oral en forma de doblaje en dos versiones (peninsular y de *español latino*) de la serie *Friends*, según el análisis de Lola Pons Rodríguez, profesora habitual en el Máster de Traducción Audiovisual de la Facultad de Filología de la Universidad de Sevilla.

Asimismo, la práctica traductora no se puede entender sin la *historia y teoría de la traducción*, aspecto que se recoge en el segundo bloque del libro. Aquí se plantean simultáneamente la novedad de la traducción informática y su incardinación en una secular tradición traductora, que se revisa especialmente desde la Edad Media, pasando por el Renacimiento, el Barroco y otras épocas como el Romanticismo, hasta llegar a nuestros días de *Twitter*-traducción (trabajos de Dámaso López García y Mohamed El-Madkouri Maataoui). Dicha historia se entiende mejor si se enfoca desde una perspectiva filosófica a partir de la propia experiencia personal, según lleva a cabo Sylvain LeGall Maze, filósofo, lingüista y director del Servicio de Traducción de la Universidad de Cádiz dentro del Centro Superior de Lenguas Modernas. El bloque se cierra con dos artículos que relacionan el español con el italiano: el primero, de Margarita Borreguero Zuloaga, discípula de Janos Petöfi y Antonio García Berrio, aborda uno de los temas más candentes de la lingüística hispánica actual: los marcadores del discurso; el segundo, de Covadonga Fouces González, discípula del mismo Umberto Eco, estudia el polisistema italiano actual, en el que son numerosas las traducciones de autores de lengua española, sobre todo hispanoamericanos.

El tercer bloque, *práctica de la traducción*, ofrece reflexiones teóricas informadas con la propia labor traductora: desde los nuevos enfoques de la traducción dramática –consciente, por fin, de que el verdadero texto dramático no vive exclusivamente en el papel (como si de un mero guión se tratase), sino en las tablas– hasta los problemas de traducción latentes en el último *boom* editorial, la trilogía *Millenium*, tal y como nos los confiesa uno de los traductores de Larsson al español, Juan José Ortega Román, el cual (he ahí la novedad de su exposición) se centra no solo en el resultado final, sino también en el proceso que ha llevado a tomar unas decisiones determinadas. A ello se une la explicación de la nueva profesión de asesor lingüístico que ejerce con éxito Oliver Shaw, respondiendo al desafío de trabajar a la vez y bajo presión como profesor de lenguas, corrector, traductor e intérprete, o la promesa –no sabemos aún si panacea– de los beneficios que pueden ofrecer las ontologías informáticas para la práctica de la traducción, según las expertas terminólogas Elena Montiel-Ponsoda y Nava Maroto García.

Se cierra el volumen con un bloque sobre la *práctica de la interpretación* que posee la novedad de la reflexión teórica, en un campo falto, por no decir casi huérfano, de estudios de esta índole, pese a la importancia incluso política de su práctica. Igualmente atractivos son los temas que se plantean: las vicisitudes del intérprete en situación de conflicto bélico, según la vivencia de Edina Spahić durante la Guerra de los Balcanes, o la experiencia de María Dolores Ortigosa Lorenzo, traductora e intérprete en el Ministerio de Interior –concretamente en la Dirección General de la Policía, y desde el año 1992 destinada en la Oficina de Asilo y Refugio–, al reivindicar con valentía la figura del traductor/intérprete en su Ministerio. Igualmente conoce Beatriz Soto Aranda la realidad que retrata, como estudiosa, traductora e intérprete de árabe en Madrid, así como David Fernández Vítores, uno de los pocos intérpretes de griego moderno que trabaja en España, y José María Criado, intérprete profesional de lengua de signos. Todas estas aportaciones contribuyen, sin duda, a arrojar más luz sobre los nuevos rumbos que la labor traductora está tomando en nuestro país en los albores del nuevo milenio.

No queremos ni podemos dar paso al cuerpo del texto sin realizar los agradecimientos debidos a las personas sin las cuales este libro no hubiera podido llegar a buen puerto, como son Dámaso López, Mirella Marotta, Luis González (y con él la Dirección General de Traducción de la Comisión Europea, que financia parcialmente la publicación de este volumen) y los alumnos de Traducción e Interpretación del CES Felipe II de la Universidad Complutense de Madrid (Campus Aranjuez), en especial Beatriz Amado, Diana García, Silvia García, Roberto Mateos, Eloísa Ríos (estos dos últimos realizaron la corrección de pruebas del libro) y Luis Martín, así como a Klaus D. Vervuert y el personal de Vervuert/Iberoamericana por su paciencia editora con nosotros.

Los editores

I. EL ESPAÑOL COMO LENGUA DE COMUNICACIÓN INTERNACIONAL

IMAGINAR LO IMPOSIBLE: ALGUNAS REFLEXIONES SOBRE EL DENOMINADO *ESPAÑOL NEUTRO*

José Luis Ramírez Luengo*
Universidad de Alcalá

1. Unas primeras notas

Si bien no constituye ninguna novedad, lo cierto es que de un tiempo a esta parte se oye hablar cada vez más del denominado *español neutro*, cuya descripción pocas veces se lleva a cabo, pero que en general se entiende como una "variedad de todos" –o "de nadie", según se mire– que se define básicamente por su finalidad: permitir una intercomunicación carente de problemas entre todos los hablantes del español, independientemente de la zona geográfica a la que pertenezcan y, por tanto, de los usos diatópicos que practiquen; de acuerdo con Bravo García (2008: 27), esta variedad *neutra*[1] resulta "universalmente válida para todos los usuarios de la lengua española, sobrepasando las fronteras nacionales. Destaca el carácter supranacional: es un español de todos".

Ahora bien, un somero repaso a la bibliografía pone de manifiesto que, más allá de definir y –en mucha menor medida– describir esta supuesta *variedad neutra* del español (Rodríguez Corral/Martín de Santa Olalla Sánchez 2001, Bravo García 2008), los estudiosos se han centrado especialmente en explicar su utilidad o sus posibles aplicaciones (Petrella 1998, García Izquierdo 2006, Villegas Erce 2006), mientras que la reflexión sobre su estatus o su naturaleza lingüística ha sido mucho más escasa; en otras palabras, se ha pensado bastante –con mejor o peor fortuna– sobre el *para qué*, pero mucho menos acerca del *qué* mismo.

En estas líneas se pretende llevar a cabo unas reflexiones precisamente sobre el concepto mismo de *español neutro*, esto es: describir en primer lugar cómo se crea y se define esa variedad, así como la relación que se puede establecer entre ella y las otras que componen el diasistema de la lengua; y, posteriormente –a

---

* Investigador Contratado por el Programa Ramón y Cajal (Ministerio de Ciencia e Innovación).

[1] Que se ha denominado de otras formas (*español panhispánico, panespañol, español global* o *español internacional*), si bien en todas las ocasiones se alude a la misma realidad (Bravo García 2008: 27-31).

partir de las ideas anteriores–, analizar su posible utilidad y sus aportes, con el propósito de señalar las ventajas y desventajas que pueden derivar de su uso.

2. Análisis del *español neutro*, I: sus orígenes

La indicación –insistentemente repetida– de los distintos autores (Petrella 1998, Villegas Erce 2006, Bravo García 2008: 27) de que el *español neutro* es un español *de todos* se basa en que, según ellos, no coincide con ninguna de las variedades geográficas existentes en el mundo hispánico, sino que se trata de una nueva *forma de hablar* que presenta los fenómenos y características más comunes de todas ellas, o sea, todo aquello que es compartido y que, por tanto, une y vincula a los hablantes del español; se trata, pues, del resultado de un proceso que consiste en "seleccionar variedades y decidir qué rasgos pueden tener cabida y cuáles no" (Bravo García 2008: 38) dentro de este *nuevo* español.

A este respecto, parece evidente que tal descripción de su proceso de creación coincide a grande rasgos con la *koineización* que se produce naturalmente en las lenguas como resultado de un prolongado contacto interdialectal, y que en el caso del español no solo tuvo lugar en el pasado, en la creación de geolectos como el andaluz, el canario o el español de América, sino que también se produce actualmente con el español estadounidense como muestra paradigmática[2]. Se distingue de estos procesos, sin embargo, en un punto fundamental: mientras que las koineizaciones inmediatamente señaladas ocurren de forma natural –esto es, sin intervención premeditada de alguien que dirige sus resultados–, el *español neutro* es la consecuencia de un proceso consciente y determinado por la finalidad que explícitamente se pretende conseguir; se trata, por ende, de una koineización, pero de una *koineización dirigida*, que presenta, así, características en parte divergentes a las *koineizaciones no dirigidas*.

Por lo que se refiere a este concepto –de importancia capital para entender la naturaleza lingüística del llamado *español neutro*–, los estudiosos han compro-

---

[2] Por supuesto, no se entiende aquí por *español estadounidense* el código –supuestamente– mixto que tradicionalmente se denomina *spanglish*, sino la variedad propia de español que emplean los naturales de este país, que no coincide con ninguna otra de las existentes en el mundo hispánico (pese a sus evidentes parecidos con el español mexicano o cubano) y que es el resultado de la nativización de las variedades creadas a partir de la acomodación lingüística que se produce entre hablantes de diferentes dialectos del español que conviven en el mismo territorio; curiosamente, de esta manera parece entender Bravo García (2008: 56) en ocasiones el *español internacional*, de manera que convierte en general lo que es simplemente estadounidense.

bado en numerosas ocasiones que toda situación de contacto interdialectal implica naturalmente un proceso de acomodación lingüística, que conlleva la modificación parcial de las variedades empleadas por los distintos hablantes con el propósito de favorecer la comunicación; cuando este proceso se mantiene durante largo tiempo tiene lugar la *koineización*, que supone una convergencia progresiva de todas esas variedades dialectales hacia un estadio final que se caracteriza tanto por diferir de todas las anteriormente existentes como por contar, en su configuración, con fenómenos propios de todos ellas (Granda Gutiérrez 1994: 89). En la configuración de tal estadio final se pueden establecer las siguientes etapas (Ramírez Luengo 2007: 22-25):

– contacto lingüístico de diferentes variedades dialectales;
– reducción y simplificación de los fenómenos más caracterizados;
– creación de una variedad con función de *lingua franca* regional;
– nativización del dialecto originado por los pasos anteriores;
– estandarización del nuevo dialecto.

En el caso concreto del *español neutro*, el punto de partida no se encuentra tanto en el contacto lingüístico entre variedades dialectales como en el propósito de neutralizar ese posible contacto, para así establecer "una pauta lingüística en medios destinados al público hispanohablante de diversos países, con variantes autóctonas y contactos interculturales complejos, captando el beneplácito del sujeto meta y consiguiendo los propósitos comunicativos" (Bravo García 2008: 23); en todo caso, los efectos son los mismos: se produce cierta *nivelación dialectal* que trae consigo la reducción y simplificación de todos aquellos fenómenos que, por distintas razones, resultan más marcados en las hablas originarias.

Ahora bien, conviene señalar que, aunque los procesos parecen semejantes, en realidad hay una diferencia fundamental entre ellos: mientras que en la *koineización no dirigida* la selección de las características se da de forma inconsciente, determinada por numerosos y complejos factores, y en ella puede predominar de forma clara una de las variedades en contacto (Fontanella de Weinberg 1992: 44)[3], en la *koineización dirigida* las pautas que determinan la selección de los fenómenos son muy otras –siempre en relación con los juicios y las creencias de aquellos que están *construyendo* la nueva variedad–, y en ocasiones se pretende "garantizar la ausencia de rasgos nacionales o locales" (Bravo García 2008: 29).

---

[3] Tal es el caso, por ejemplo, del andaluz occidental en el español de América (Fontanella de Weinberg 1992: 44), o muy probablemente del cubano en la variedad de Florida (Estados Unidos).

Sea como fuere, el resultado de todo este proceso –consciente o inconsciente– pretende ser una nueva variedad del idioma en cuestión: en ambos tipos de koineización se trata de un registro aprendido que adquiere el papel de *lingua franca* y que sirve para comunicarse (siempre o en determinados contextos) con aquellos hablantes que emplean, por sus orígenes geográficos, un dialecto diferente: a partir de este momento, y gracias al registro aprendido (*neodialecto/ variedad neutra*), tales hablantes poseen un instrumento de comunicación compartido que permite evitar los problemas de intercomprensión que (supuestamente) pueden derivar de la existencia y utilización de formas diferentes de la misma lengua.

A partir de aquí, las diferencias existentes entre los dos tipos de koineización se acentúan, pues mientras que en los casos semejantes al *español neutro* (dirigidos) el proceso termina aquí[4], en el de las koineizaciones no dirigidas se producen los dos pasos siguientes: esta creación lingüística se nativiza (*nativización*: aparición de hablantes que la poseen como lengua materna) y posteriormente se estandariza, de manera que se establece la valoración social de los diversos elementos presentes en la *koiné*, lo que conllevará la determinación de los usos prestigiosos y estigmatizados de esta nueva variedad lingüística (Ramírez Luengo 2007: 24).

Así pues, si bien es verdad que ambos procesos presentan importantes puntos de contacto, lo cierto es que el carácter *dirigido* o *no dirigido* de la koineización implica también diferencias de peso que, según ya se ha dicho, influyen en los resultados lingüísticos que derivan de ellas; al mismo tiempo, y en el caso concreto de la *koineización dirigida* –el *español neutro*, pero también, por ejemplo, la variante estándar de la lengua vasca, el *euskera batua*–, estas nuevas variedades afectan, así mismo, al sistema de la lengua en su conjunto, pues, como se verá a continuación, pueden modificar los procesos de *normatización* y *normativización* ya impuestos o que se están produciendo en un momento concreto.

3. Análisis del *español neutro*, II: su inserción en el diasistema de la lengua

Para poder analizar la inserción del *español neutro* dentro de la realidad lingüística del mundo hispánico, es necesario atender en primer lugar al complejo con-

---

[4] En realidad, no siempre termina aquí, pues en ocasiones la variedad creada "artificialmente" ha terminado por nativizarse y estandarizarse, tal y como se descubre, por ejemplo, con el *euskera batua*. No obstante, no ocurre igual con el *español neutro* analizado en estas páginas, que en ningún caso se pretende variedad *nativa* de nadie; en cuanto a la estandarización, resulta complicado determinar si se produce en empleos tan concretos, de tipo prácticamente *diafásicos*, como es el *español neutro*.

junto de variedades que conviven dentro del diasistema denominado español, y que se organizan por medio del concepto de norma. Como es de sobra conocido, el establecimiento de este concepto por parte de Coseriu (1952) ha resultado de máxima importancia para poder comprender y explicar la relación –siempre dinámica– que se da entre las diversas *formas de hablar* de las que se compone una lengua; así, tal vez el aporte fundamental del autor rumano haya sido, precisamente, haber distinguido entre *norma normativa* y *norma normal*, así como haber dado a esta última la importancia que se merece.

Si bien no son las definiciones exactas de Coseriu, se puede resumir que la *norma normal* se entiende como 'el conjunto de rasgos lingüísticos que, en el marco de variación propio de los diferentes niveles del sistema, el hablante selecciona de manera más o menos consciente como más correctos y/o adecuados para la situación lingüística en que se halla, de acuerdo con criterios de tipo diatópico, diastrático y diafásico'; la *norma normativa*, por su parte, es el 'conjunto de rasgos que una institución (o grupos de personas) competente ha sancionado/establecido como correctos, cultos o apropiados y que determinan lo que popularmente se entiende como *hablar bien*'. Por lo que toca a su establecimiento, la emergencia de una norma normal es un proceso natural en (las diversas variedades de) las lenguas, se produce siempre y se denomina *normatización*, mientras que el desarrollo de la norma normativa viene determinado por factores de diverso tipo, no siempre tiene lugar, y se ha dado en llamar *normativización*[5].

Tal vez un ejemplo paradigmático de las diferencias existentes entre ambos procesos se descubra en el caso del vasco, lengua que cuenta con una dialectalización muy marcada que en ocasiones incluso llega a dificultar la intercomunicación entre los hablantes: así, en las diversas zonas vascohablantes se registran diferentes *normas normales* establecidas a lo largo del tiempo de forma natural –*grosso modo*, una por cada uno de los dialectos mayoritarios–, a las que se superpone una *norma normativa* diferente, el *euskera batua*, que es válida para

---

[5] Por supuesto, la oposición entre ambas normas no es tan tajante como este planteamiento parece entrever, pues son muchos los elementos coincidentes y compartidos entre *lo normal* y *lo normativo* (no en vano –no se olvide– son variedades de la misma lengua); de este modo, y partiendo de que la *norma normal* es siempre más amplia que la *norma normativa*, son tres los tipos de fenómenos que se pueden registrar: 1) fenómenos que pertenecen a ambas normas, que constituyen la mayoría; 2) fenómenos propios de la *norma normal* pero no de la *normativa*; y 3) fenómenos propios de la *norma normativa* pero no de la *normal*. Si, desde un punto de vista sincrónico, estos tres tipos de fenómenos pertenecen a categorías separadas, desde el desarrollo diacrónico de la lengua se descubre un continuo fluir de tales fenómenos de una a otra de las categorías, lo que no constituye sino un ejemplo manifiesto de los *procesos de difusión del cambio lingüístico* (Conde Silvestre 2007: 143-197) y, en última instancia, de la misma evolución de la lengua.

todos los territorios y resulta de una *koineización* dirigida llevada a cabo en los años sesenta por importantes filólogos pertenecientes a Euskaltzaindia (Real Academia de la Lengua Vasca); de este modo, a partir de las situaciones de normatización existentes se desarrolla en estos momentos una *normativización* consciente y monocéntrica, que tiene su razón de ser en la necesidad de contar con una única variedad de cultura compartida que se pueda emplear en ámbitos como la administración, la enseñanza o los medios de comunicación[6].

En el caso del español, el desarrollo de la *normativización* a lo largo de muchos siglos debido a causas relacionadas con la propia historia de esta lengua hace que la situación no sea tan sencilla como la apuntada más arriba para el vasco: se produce a lo largo del tiempo, por supuesto, una *normatización* en los diferentes territorios que conlleva la creación de diferentes *normas normales* (porteña, bogotana, madrileña, sevillana...); pero a esto se suma –y también por numerosas circunstancias de tipo histórico– el que, dada la existencia de una *normativización* policéntrica, el español, frente al *euskera batua*, presenta varias *normas normativas* parcialmente diferentes, cercanas a las distintas *normas normales* y, por ello, más o menos relacionadas con las diversas áreas geográficas del mundo hispánico[7].

Teniendo en cuenta, pues, todo lo dicho hasta el momento, parece posible ahora intentar enclavar el denominado *español neutro* en el diasistema del español esbozado en estas páginas; en efecto, dadas sus características y su proceso de creación, se puede postular que esta variedad supuestamente neutra de la lengua constituye un caso peculiar de *normativización*, esto es, una *norma normativa* –no es la *forma de hablar habitual* de nadie– que presenta, sin embargo, una característica fundamental que la diferencia de las otras normas normativas existentes en la lengua: su declarada finalidad comercial, que hace que su uso se plantee más bien como algo propio exclusivamente de determinados productos

---

[6] Y que en este caso –y en contraste con el *español neutro*–, también ha experimentado la *nativización* y la *estandarización* de los que se hablaba más arriba, algo que –como ya se apuntó– no siempre ocurre en las *koineizaciones dirigidas*.

[7] Esto se pone de manifiesto, por ejemplo, en la enseñanza de la lengua a los extranjeros: mientras que en los idiomas de *normativización* monocéntrica –el caso del vasco o, en menor medida, del francés y del portugués en Portugal– se elige como variedad de enseñanza la única normativa (el *batua*; la variedad parisina o la del eje Lisboa-Coimbra), en aquellos donde se ha producido una *normativización* policéntrica las opciones son varias (el español normativo de España, de Colombia, de Argentina, etc.); se plantea, así, la famosa cuestión analizada por Moreno Fernández (2000) acerca de qué español –se entiende: qué *norma normativa*– enseñar. Para más información acerca del español como lengua pluricéntrica, véase, por ejemplo, Oesterreicher (2002).

que consiguen ser de este modo "exportables a la mayor cantidad de sectores del mercado" (Petrella 1998); se entiende, por tanto, como un registro muy marcado contextualmente, útil solamente para determinadas ocasiones, y con una clara finalidad instrumental (Bravo García 2008: 23, 61).

4. Análisis del *español neutro*, III: su utilidad

La descripción más o menos detallada de la naturaleza lingüística del *español neutro* permite indagar ahora en la utilidad que este puede tener en el mundo hispánico, y la importancia –o no– de mantenerlo y fomentarlo, siquiera en los ámbitos de empleo en los que se intenta imponer su presencia.

De este modo, es evidente que la utilización de un idioma en funciones que van más allá de la simple comunicación oral y la existencia de una dialectalización muy marcada en ese idioma hacen del todo imprescindible el desarrollo de una *normativización* que configure una *norma normativa*, compartida y aceptada por toda la comunidad lingüística: esta es la situación a la que se enfrenta el vasco en los años sesenta, y que da como resultado, según se dijo ya, la implementación del *euskera batua*.

Ahora bien, en el caso del español la situación es muy distinta por diversos factores: por un lado, porque la *normativización* mencionada se ha producido en momentos pretéritos, de manera que existen ya diferentes *normas normativas* aceptadas como tal en el mundo hispánico; por otro, porque a diferencia del vasco –o del alemán y del italiano–, el español es una lengua bastante homogénea "con un importante grado de nivelación y con un riesgo débil o moderado de fragmentación" (Moreno Fernández 2000: 15), lo que implica que la intercomunicación entre los hablantes de esas diferentes *normas normativas* sea notablemente sencilla, siempre y cuando se produzca una mínima acomodación lingüística y exista, naturalmente, voluntad de entendimiento entre las partes.

Así pues, teniendo en cuenta ambos factores se hace evidente que el establecimiento de una supuesta variedad *neutra* puede constituir un lujo innecesario en el caso del español, que no se justifica ni por la necesidad de contar con una *forma de hablar* que se pueda emplear como variedad culta –algo que existe ya, parcialmente diferenciada dependiendo de la zona geográfica–, ni mucho menos por los escasos, puntuales y fácilmente subsanables problemas de intercomunicación que en determinadas ocasiones se plantean entre hablantes de distintas variedades diatópicas; parece claro, por tanto, que tales variedades diatópicas normativas de los diversos países de habla hispana son perfectamente válidas para emplearse en todos los contextos cultos, incluidos, naturalmente, aquellos para los que se ha propugnado la utilización del español neutro.

5. Finalmente: ¿por qué imaginar lo imposible?

En realidad, el título del artículo pretendía poner de manifiesto lo inadecuado que resulta, desde un punto de vista lingüístico, el sintagma *español neutro*: si bien es verdad que este nombre constituye una designación convencional para referirse, como se ha dicho ya en otras ocasiones, a *la variedad de la lengua que se ha desprendido de sus rasgos diatópicamente marcados, manteniendo, sin embargo, aquello que es común a todas ellas*, lo cierto es que tal variedad, por el mismo hecho de ser, se sitúa ya en plano de igualdad con las demás, y en modo alguno es más *neutra* que las otras: al igual que no puede existir un acento *neutro* –puesto que, por el mismo hecho de existir, ya no lo es; es otro *más*–, tampoco puede pensarse en una variedad lingüística que se pueda considerar así; a este respecto, es bastante revelador el hecho de que en ningún caso se especifiquen unos criterios lingüísticos objetivos que permitan calificar como *neutra* a una variedad determinada.

De este modo, parece preferible la utilización de algún otro de los términos que, para esta *forma de hablar*, se han registrado en ocasiones en la bibliografía (Bravo García 2008: 27-31): *español panhispánico, panespañol, español global* o *español internacional*, quizá; *español neutro*, de ninguna manera.

Bibliografía

BRAVO GARCÍA, Eva María (2008): *El español internacional: conceptos, contextos y aplicaciones*. Madrid: Arco/Libros.
CONDE SILVESTRE, Juan Camilo (2007): *Sociolingüística histórica*. Madrid: Gredos.
COSERIU, Eugenio (1952): *Sistema, norma y habla*. Montevideo: Universidad de la República.
FONTANELLA DE WEINBERG, María Beatriz (1992): *El español de América*. Madrid: MAPFRE.
GARCÍA IZQUIERDO, Isabel (2006): "Neutral Spanish, Spanglish and Medical Translation. A Case of Heterodoxy", en: *Translation Journal* 10, 3; <http://accurapid.com/journal/37neutro.htm> (última consulta: 11-I-2011).
GRANDA GUTIÉRREZ, Germán de (1994): "El proceso de koineización en el periodo inicial del desarrollo del español de América", en: Lüdtke, Jens (ed.): *El español de América en el siglo XVI*. Madrid/Frankfurt: Iberoamericana/Vervuert, 87-108.
MORENO FERNÁNDEZ, Francisco (2000): *Qué español enseñar*. Madrid: Arco/Libros.
OESTERREICHER, Wulf (2002): "El español, lengua pluricéntrica: perspectivas y límites de una autoafirmación lingüística nacional en Hispanoamérica. El caso mexicano", en: *Lexis* 26, 2, 275-304
PETRELLA, Lila (1998): "El español 'neutro' de los doblajes: intenciones y realidades en Hispanoamérica", en: Cortés Bargalló, Luis/Mapes, Carlos/García Tort, Carlos

(coords.): *La lengua española y los medios de comunicación [Primer Congreso Internacional de la Lengua Española, día de emisión, 7-VI-97, Zacatecas].* México/ Madrid: Siglo XXI/Secretaría de Educación Pública/Instituto Cervantes, vol. 2, 977-989; <http://congresosdelalengua.es/zacatecas/ponencias/television/comunicaciones/petre.htm> (última consulta: 2-III-2010).

RAMÍREZ LUENGO, José Luis (2007): *Breve historia del español de América.* Madrid: Arco/Libros.

RODRÍGUEZ CORRAL, Lucía/MARTÍN DE SANTA OLALLA SÁNCHEZ, Aurora (2001): "Definición y aplicaciones del concepto de español neutro en la traducción", en: Cruz Cabanillas, Isabel de la (coord.): *La lingüística aplicada a finales de siglo XX: ensayos y propuestas* 2. Madrid: Asociación Española de Lingüística Aplicada, 327-832.

VILLEGAS ERCE, Álvaro (2006): "El espanglés y la utilidad del español neutro. On Spanglish and the Usefulness of 'Neutral' Spanish", en: *Panace@: Boletín de Medicina y Traducción* 7, 24, 318-321; <http://www.medtrad.org/panacea/IndiceGeneral/n24_tribuna-villegas.pdf> (última consulta: 11-I- 2011).

QUÉ ESPAÑOL ENSEÑAR: EL ESPAÑOL Y SUS VARIEDADES EN LOS MANUALES DE ESPAÑOL COMO LENGUA EXTRANJERA

AURORA MARTÍN DE SANTA OLALLA SÁNCHEZ
Editorial Santillana

1. El *español neutro*

El objetivo de esta introducción es contextualizar esta aportación en el ámbito del llamado *español neutro*. Para ello, partiremos de unas consideraciones relacionadas con este concepto y sus aplicaciones, entre las cuales podría encontrarse la elaboración de materiales destinados a la enseñanza de Español como Lengua Extranjera (ELE):

1. Entendemos que abordamos un tema que tiene que ver con la variedad lingüística del español y con la necesidad de elaborar productos válidos para diferentes mercados. Al hablar de variedad lingüística, en este caso, nos referimos a diferentes usos, sobre todo, dialectales o geolectales y, en menor medida, sociolingüísticos.
2. Es un asunto que afecta a actividades empresariales relacionadas con la lengua que se desarrollan y comercializan en el ámbito internacional. Estamos hablando de la traducción, de la industria audiovisual, del desarrollo de software o de la edición de libros.
3. En la base de este planteamiento hay una finalidad instrumental (o un interés comercial, si se quiere). Podemos hablar también de un objetivo comunicativo. Se trata de captar el beneplácito del sujeto meta o de crear una empatía lingüística y cultural.
4. Existe además un planteamiento lingüístico de partida que es el de la unidad en la diversidad. El español es una lengua plural y diversa, pero hay un modelo ortográfico, gramatical y léxico compartido en su esencia por millones de hablantes.
5. ¿Español neutro? ¿Español internacional? ¿Español estándar? ¿Español común? ¿Español general? ¿Español universal? ¿Español panhispánico? ¿Panespañol? ¿Español global?

El último punto de esta introducción está relacionado con la denominación que recibe esta realidad de la que hablamos. La anterior es una lista de los nombres que se manejan para referirnos a ella, con diferentes matices. No es nuestro objetivo diferenciar estas denominaciones. En nuestro ámbito, como veremos más adelante, se suele utilizar la denominación de *español internacional*.

2. Qué español enseñar: planteamiento lingüístico y metodológico

La lengua española, como lengua natural, es variable y presenta una multiplicidad de manifestaciones que podemos llevar a los materiales de ELE. Estas variedades pueden ser de carácter geográfico o diatópicas –en ellas se basará principalmente nuestro artículo–, de carácter social o diastráticas, y pueden estar relacionadas con las situaciones de comunicación o variedades diafásicas.

La extensión geográfica de nuestra lengua nos permite apreciar diversidad de manifestaciones que no impiden, sin embargo, el entendimiento. Podemos y debemos enseñar español para conseguir una comunicación satisfactoria con cualquier hispanohablante.

Moreno Fernández (2000: 11) parte de dos ideas fundamentales que adoptamos también en nuestro planteamiento:

1. Las alternativas de modelos de español tienen que ver principalmente con usos, no con lenguas ni con variedades sustancialmente diferentes entre sí.
2. Las decisiones últimas sobre qué y cómo enseñar deben tomarse en cada contexto de enseñanza y aprendizaje.

En relación con este segundo punto, la necesidad de conseguir una enseñanza y un aprendizaje eficaces nos recomienda elegir un modelo de lengua para un determinado contexto de enseñanza-aprendizaje. Este modelo de lengua actuará como hilo conductor de un curso o de un material o método concreto y, además, tendrá en cuenta los usos lingüísticos que configuran la norma culta de una variedad lingüística (Moreno Fernández 2000: 76).

La siguiente cuestión sería definir esa norma culta. Desde el punto de vista estrictamente lingüístico, una definición clásica nos diría que esa norma culta se puede definir como los usos de los hablantes cultos e instruidos de la comunidad cuya lengua se estudia y aprende. Otras definiciones, como la de Vila Pujol, surgidas en el ámbito de la didáctica, dan un carácter más abarcador o comprehensivo a este concepto de *norma culta*, que es:

> una variedad de español que se usa normalmente en la ciudad –lengua urbana– en el ámbito de la población que ya ha alcanzado un nivel sociocultural medio, al haber tenido acceso a la segunda enseñanza. Se trata de una variedad de español que, sin tender al cumplimiento de la norma académica, configura estructuras lingüísticas con cierto

grado de complejidad sintáctica; y que posee el léxico suficiente para expresar toda clase de pensamientos y tratar todos los temas, tanto los de la vida cotidiana, como los que en cada momento van adquiriendo relevancia social (Vila Pujol 2009: 211).

Sin decantarnos por ninguna de estas dos posiciones que, sin ser excluyentes, ponen de manifiesto diferentes ópticas, parece esencial, en el marco de una enseñanza eficaz, que esa lengua culta esté ajustada a las expectativas y necesidades comunicativas de los alumnos. Para ello, hace falta elegir el español culto que resulte más próximo al alumno, por sus intereses o necesidades personales –intención de viajar o establecerse en un determinado país, por ejemplo– o por una situación de hecho –contacto directo con una zona–.

Desde el punto de vista geográfico, puede tratarse de la norma culta de un país u otro, de una región u otra. En el mundo hispánico se suelen identificar ocho normas cultas: la del castellano, la del andaluz, la del canario más las cinco señaladas por Henríquez Ureña (1921), a saber, la del Caribe, la de México y Centroamérica, la de la región andina, la de La Plata y el Chaco, y la de Chile.

Podemos hablar también de una norma culta general, abstraída de las normas cultas existentes. Moreno Fernández (2000: 81) habla de un español general y lo define como "un modelo lo más general posible, una norma lingüística abarcadora". El referente podría estar en el español de las películas de Walt Disney o de la CNN. Un español en el que todos se entienden y en el que las diferencias no se aprecian como extrañas.

El modelo de lengua elegido, a partir de consideraciones de carácter geográfico, debe integrar aspectos relacionados con la contextualización y la adecuación de los elementos lingüísticos al contexto. Desde la aparición, en los años setenta, de los enfoque comunicativos –que se proponen como objetivo la capacidad de usar la lengua por parte del alumno de manera efectiva–, consideraciones como quién dice qué, a quién, para qué, en qué situación, etc. son esenciales en la elaboración de materiales que pretenden reflejar usos reales de lengua.

Además, la enseñanza de la lengua se entiende ligada a unos objetivos relacionados con el acercamiento a la realidad cultural y sociocultural del mundo hispanohablante. Esto nos obliga a seleccionar temas y contextos integrando lo que el *Plan curricular del Instituto Cervantes* denomina "referentes culturales" con esa otra cultura que el citado *Plan curricular* denomina "saberes y comportamientos socioculturales", que tienen que ver con condiciones de vida y organización social, relaciones interpersonales e identidad colectiva y estilos de vida[1].

---

[1] El *Plan curricular del Instituto Cervantes*, al que me referiré más tarde, distingue entre estos dos conceptos de cultura e incluye un inventario completo que abarca todo el ámbito hispánico.

Finalmente, la elección de un modelo de lengua no debería impedir la introducción de elementos no pertenecientes a dicho modelo. Dicha introducción, a nuestro juicio, debería estar guiada por los siguientes parámetros:

1. *La rentabilidad en el proceso de enseñanza y aprendizaje.* Valoración del esfuerzo que pueda suponer para el alumno el aprendizaje de dichos elementos distintivos en relación con la necesidad y el uso que vaya a hacer de ellos. No debemos olvidar que el alumno de ELE es, sobre todo, un usuario, casi nunca un especialista en nuestra lengua.
2. *Su actualidad y su uso.* Hoy en día contamos ya con una abundante y actualizada bibliografía que nos permite hacer un trabajo riguroso en este sentido. Conviene, sin embargo, contrastar los usos con nativos de las diferentes variedades que tengan, además, cierta sensibilidad lingüística. En nuestra práctica editorial disponemos siempre de informantes con los que contrastamos este tipo de informaciones.
3. *Diferenciación entre competencia activa* –relacionada con la expresión oral y escrita– *y competencia pasiva* –relacionada con comprensión oral y escrita–. El objetivo aquí debería ser competencia activa en un modelo de lengua y competencia pasiva en la mayor cantidad de modelos posibles. Como señala Anadón Pérez (2005), "se trata de proporcionar muestras de lenguas a nuestros alumnos no con el objetivo de reproducirlas o imitarlas, sino más bien con el objetivo de familiarizarse con ellas, reconocerlas, comprenderlas y discriminarlas".
4. *Necesidad de ofrecer muestras de lengua que ejemplifiquen los elementos que describimos.* Martín Peris (2001: 31) ofrece una tabla de criterios en cuanto a la selección de textos distinguiendo entre textos-fuente –aquellos que presentamos al alumno– frente a textos-producto –aquellos que el alumno debe ser capaz de producir–. Al hablar de variedades geográficas, caracteriza a los primeros con los rasgos de "máximo localismo" –los textos deben estar claramente identificados en lo que se refiere a su localización geográfica– y "gran diversidad", y a los segundos como "opción del alumno" y "un solo modelo", en el sentido de que el alumno deberá ser capaz de producir un solo modelo que estará determinado por sus intereses y necesidades.
5. *Necesidad de establecer una programación que vaya incorporando más elementos en los niveles más altos.* Según Anadón Pérez (2005), "en las primeras etapas de aprendizaje se trabajará con un modelo de lengua y el conocimiento de variantes es un proceso de maduración lingüística que puede alcanzar grados muy diversos".

Según el *Plan curricular del Instituto Cervantes* (2006: 60), la presencia de rasgos de variedades dialectales "debe responder a una proporción adecuada en relación con las muestras del modelo de la variedad que se describe y el incremento de dominio de lengua que se supone con el nivel de estudio".

3. Qué español enseñar. Coordenadas metodológicas actuales: *El marco común europeo de referencia para las lenguas: aprendizaje, enseñanza y evaluación* y el *Plan curricular del Instituto Cervantes: niveles de referencia para el español*

Desde el punto de vista de la lingüística descriptiva, resultan ya muy lejanas las posturas decimonónicas en los que España mostraba una autocomplacencia en los usos propios, con perjuicio de las soluciones hispanoamericanas. Quedan también lejanos los tiempos en los que la estandarización del español realizada por la Real Academia Española se basaba en el modelo lingüístico del español de España, y más concretamente de la España del Norte. Desde que se creó en 1951 la Asociación de Academias de la Lengua Española, las decisiones que afectan a las normas generales de aceptación y corrección se han tomado contando con la opinión de todas las Academias. La *estandarización* del español ya no es tarea exclusiva de la Real Academia Española. Prueba de ello es la publicación de la *Ortografía de la lengua española* (1999, 2010), el *Diccionario panhispánico de dudas* (2005), la *Nueva gramática de la lengua española* (2009), o el *Diccionario de americanismos* (2010).

Si nos trasladamos al ámbito de la enseñanza del ELE y, en especial, al referido a la creación de materiales, parece justo reconocer también los avances. En las editoriales, cada vez somos más conscientes de la necesidad de abordar con rigor el tema que nos ocupa en dos sentidos: primero, partiendo de la realidad plural del español y de la necesidad de ofrecer modelos de lengua cercanos a las necesidades e intereses de los alumnos; y, segundo, ofreciendo muestras de lengua reales, haciendo compatible las necesidades de lenguaje controlado de los niveles más bajos con las posibilidades de utilizar materiales reales para los niveles más altos.

Antes de entrar en la parte referida a nuestro tratamiento de la diversidad, nos gustaría mencionar brevemente el tratamiento de la variedad lingüística en las dos publicaciones de referencia en lo que se refiere a la enseñanza de lenguas extranjeras, en general, y a la enseñanza del ELE, en particular. Me refiero al *Marco común europeo de referencia para las lenguas: aprendizaje, enseñanza y evaluación* (2002) y al *Plan curricular del Instituto Cervantes: niveles de referencia para el español* (2006).

3.1. *Marco común europeo de referencia para las lenguas: aprendizaje, enseñanza y evaluación* (*Marco de referencia, Marco* o *MCER*)

Para el *Marco de referencia,* la competencia sociolingüística es, junto a la competencia lingüística y la pragmática, uno de los tres componentes que integran la competencia comunicativa de la lengua.

La competencia sociolingüística tiene que ver con la dimensión social de la lengua y se relaciona con la competencia sociocultural, restringiendo la primera a lo relacionado específicamente con el uso de la lengua. Los elementos constitutivos de esta competencia –marcadores lingüísticos de relaciones sociales, normas de cortesía, expresiones idiomáticas, registro y dialecto y acento– son, como puede comprobarse, de naturaleza diversa y se tratan en epígrafes separados.

El *Marco de referencia* presenta una única escala de descriptores ilustrativos para esta competencia que denomina *adecuación sociolingüística*. En ella, establece diferencias desde un nivel A1 a un nivel C2 (Consejo de Europa 2002: 119).

3.2. *Plan curricular del Instituto Cervantes: niveles de referencia para el español* (*Plan curricular del Instituto Cervantes, Plan curricular* o *PCIC*)

Al inicio del *Plan curricular*, en el epígrafe titulado *Norma lingüística y variedades del español*, se destinan unas páginas a explicar cuál ha sido el enfoque adoptado respecto a la variedad. Se aclara que el material lingüístico recogido "corresponde preferentemente a la norma culta de la variedad centro-norte peninsular española" (*PCIC* 2006: 59).

Se incluyen, no obstante –este es el gran avance que supone el *Plan curricular*–, "especificaciones de considerable extensión en las que la norma central descrita no coincide con amplias zonas lingüísticas del mundo hispánico" (*PCIC* 2006: 59).

Estas especificaciones están en los inventarios de gramática y de fonética, así como en el inventario nocional, que pertenecen a las normas cultas de las diferentes variedades. Han de cumplir, además, ciertos requisitos para que su inclusión sea recomendable en inventarios destinados a la enseñanza de ELE:

> Por un lado son suficientemente generales y de fácil percepción para el aprendiente, además de tener un área de uso y validez amplia. Por otro lado son actuales y aportan una información útil para su competencia comunicativa […]. En la presentación de estos rasgos siempre están anotadas las áreas geográficas de uso (*PCIC* 2006: 60).

En cuanto a los inventarios culturales y socioculturales, estos incluyen también elementos que sirven para describir la realidad del mundo hispánico en sentido muy amplio.

4. El español y sus variedades en los materiales de Santillana

El punto de partida de nuestra práctica editorial es que mercados diferentes necesitan materiales distintos. Esta afirmación admite matizaciones. No es lo mismo hablar de materiales destinados a la enseñanza no reglada –adultos, fundamentalmente– que aquellos que se destinan a la enseñanza reglada –los que se utilizan en las diferentes etapas de los sistemas educativos de los países a los que nos dirigimos–. Desde luego, lo que está claro, para nosotros, es que no existe un material único, que valga para todo y para todos. Este principio nos ha llevado a la práctica de desarrollos editoriales locales, bajo una coordinación global que nos permite identificar sinergias y rentabilizar esfuerzos.

No hay presencia de equipos en todos los países donde el español es lengua extranjera, pero sí los tenemos en España desde donde –en general– hacemos desarrollos para el entorno reglado europeo y no reglado internacional (incluyendo Brasil y Estados Unidos). Poseemos también equipos editoriales en Brasil y en Estados Unidos que elaboran sus propios catálogos para la enseñanza reglada.

En España contamos con autores de los diferentes países a los que nos dirigimos y hay también una política de coediciones con editores locales. Y lo más interesante, desde España hemos hecho proyectos conjuntos con Estados Unidos que nos han permitido un conocimiento más cercano y directo de esta realidad.

Volvamos a nuestro punto de partida. ¿En qué nos basamos para decir que mercados diferentes necesitan materiales distintos? A nuestro juicio, hay tres razones fundamentales que exponemos a continuación:

1. *Currículos distintos (enseñanza reglada)*

Veamos, en primer lugar, las diferentes orientaciones en dos grandes entornos: el europeo y el de Estados Unidos. En Europa, hemos hablado ya del *Marco de referencia*. Aunque Estados Unidos no dispone de un currículo de enseñanza de lenguas extranjeras a escala federal, existen dos documentos de las autoridades académicas estadounidenses, publicados en el año 1996, que proporcionan una filosofía y unas orientaciones en las que debe basarse la enseñanza de lenguas. Estos documentos son las normas generales de la ACTFL (American Council on the Teaching of Foreign Language) sobre capacidad lingüística *(ACTFL Profi-*

ciency Guidelines) y, sobre todo, las normas nacionales para el aprendizaje de lenguas extranjeras *(National Standards for Foreign Language Learning)*[2].

Sin salir del entorno europeo y, a pesar de la existencia del *Marco de referencia*, hay diferencias apreciables entre los distintos países. Tomemos el ejemplo de la enseñanza secundaria y fijémonos en tres países: Italia, Portugal y Reino Unido. Italia tiene un currículo con un escaso nivel de desarrollo todavía; el de Portugal se basa fuertemente en el *Marco de referencia*; y Reino Unido dispone de un currículo propio con un altísimo nivel de concreción, no tan ligado al *Marco*.

Lo anterior, unido a las diferencias en la progresión de aprendizaje de español que puede haber entre un italiano y un inglés, hace que resulte complicado que un mismo material sirva para enseñar español en Italia y Reino Unido, por ejemplo.

2. *Características físicas de los libros*

Volvamos a la comparación entre el entorno europeo y el entorno de Estados Unidos. Los libros en Estados Unidos son de tapa dura (o cartoné) y exigen una altísima integración del soporte papel con otros soportes: audiovisuales y páginas web asociadas, por ejemplo. En Europa, el formato es rústica y, aunque el componente digital es cada vez más importante, no es tan absolutamente imprescindible, ni está tan integrado como en el caso de Estados Unidos. Pensemos que en Europa el español es, mayoritariamente, segunda lengua extranjera.

Dentro del entorno europeo, además, algunos mercados exigen que el libro y el cuaderno se presenten en dos volúmenes separados, mientras que otros piden ambos componentes en un solo volumen.

3. *Modelo de lengua*

El modelo de lengua que se requiere en el entorno europeo corresponde a la norma culta de la variedad centro-norte peninsular española. En cambio, el modelo de lengua que demanda el mercado estadounidense es lo que ellos llaman el *español internacional*.

Asia, en principio, se inclina más por el modelo centro-norte peninsular español. En Brasil, conviven un modelo centro-norte peninsular español y otro más americano. Algo parecido ocurre en Canadá, por ejemplo, donde la zona angló-

---

[2] ACTFL ofrece acceso, desde su página web (<http://www.actfl.org>), a una versión íntegra de estas normas para el español, mediante una orden de pedido, y a una versión resumida que se propone de manera gratuita.

fona prefiere libros editados en Estados Unidos (en inglés y español internacional) y la zona francófona se decanta por libros editados en España, según los datos de la Oficina Económica y Comercial de la Embajada de España en Ottawa (2009: 13-14).

Una vez visto este marco general, descendamos ahora a la práctica. Para ello, vamos a diferenciar dos entornos. Hablaremos, en primer lugar, de materiales desarrollados en España para el ámbito global considerando los mercados que prefieren el modelo centro-norte peninsular español y, en segundo lugar, de materiales destinados específicamente a Estados Unidos.

4.1. LA ELABORACIÓN DE MATERIALES EN ESPAÑA

En este caso, el desarrollo tiene como objetivo la creación de un método para adultos. Nos situamos en el ámbito de la enseñanza no reglada.

Siguiendo las bases que hemos sentado más arriba teníamos que elegir un modelo, un hilo conductor. Teniendo en cuenta el contexto principal de uso de este material, nuestra elección fue por la variedad centro-norte peninsular española. Queríamos dar, sin embargo, a nuestra serie un marcado tono o carácter americano y nos planteamos combinar lo anterior, el hilo conductor centro-norte peninsular español, con la introducción de elementos americanos. Para ello, nos propusimos trabajar en tres frentes:

1. *Material complementario*

El objetivo ha sido crear material complementario centrado en contenidos lingüísticos y culturales pertenecientes al ámbito (o ámbitos) del español en América. Tal carácter complementario produce su presentación y trabajo como un material prescindible en la secuencia del libro y cuaderno, en forma de fichas independientes, descargables desde la página web de nuestra serie *Español lengua viva*: <http://www.santillanaele.com/web/index.php?recursos_espanol_en_america_es>.

Se ha elaborado una ficha para cada uno de las unidades del libro y cuaderno. Para la secuenciación de contenidos nos hemos basado, además, en el *Plan curricular del Instituto Cervantes*.

2. *Presencia marcada de América en los contenidos culturales y socioculturales*

Nuestro objetivo, en este caso, era que cada unidad presentase al menos un contenido cultural o sociocultural perteneciente al ámbito americano. Para ello, nos basamos también en los inventarios de referentes culturales, y saberes y comportamientos socioculturales del *Plan curricular del Instituto Cervantes*.

A lo largo de los cuatro niveles que conforman nuestra serie, presentamos, por ejemplo, algunos de los Premios Nobel de Literatura hispanoamericanos (Pablo Neruda, Gabriel García Márquez, Gabriela Mistral y Octavio Paz), y también otros personajes de otros ámbitos artísticos y culturales (Fernando Botero y el Museo de Antioquia, Quino, Frida Kahlo, Alicia Alonso y Julio Boca, Alejandro Amenábar, Salma Hayek, Bebo Valdés y Jorge Drexler, Carolina Herrera, etc.). Hablamos del carácter mestizo de nuestra lengua, de la Asociación de Academias de la Lengua Española y del *Diccionario panhispánico de dudas*.

También proporcionamos notas sobre la Universidad Nacional Autónoma de México, el Festival de Cine Iberoamericano de Huelva o la Muestra de Cine Mexicano en Guadalajara, así como el Museo Nacional de Antropología e Historia o el Museo del Palacio de Bellas Artes, ambos de Ciudad de México. Explicamos cuáles son los principales destinos turísticos en Hispanoamérica, y también cuáles son los horarios comerciales en Argentina, o tratamos de mercados, mercadillos y centros comerciales en América. Igualmente presentamos la organización político-administrativa de Colombia, el Instituto Mexicano del Seguro Social, el carné por puntos de Santa Fe o las medidas de conciliación en Ecuador, Colombia y México.

3. *Variedad de acentos en los audios*

Hay predominio de la norma culta de la variedad centro-norte española con muestras también de las cinco variedades principales de América y alguna otra peninsular. En este punto, hay que destacar también que es mayor la presencia de acentos americanos en los niveles más altos.

4.2. LA ELABORACIÓN DE MATERIALES EN ESTADOS UNIDOS

4.2.1. *Demografía hispánica en Estados Unidos*

El planteamiento del modelo de lengua en los materiales editados en Estados Unidos aconseja, como primer paso, un acercamiento a la realidad demográfica de la población hispana en este país.

El censo de 2000 recogía ya más de 35 millones de hispanos que representaban 12,5% de la población. La *Enciclopedia del español en los Estados Unidos* sitúa "en la frontera de los 45 millones" la población hispanoblante (15% del total). Apunta, además, un futuro mucho más prometedor: para el año 2050, la cifra superará los 130 millones y Estados Unidos se convertirá en el primer país hispanohablante del planeta.

Más allá de las cifras, para nuestros propósitos, es especialmente importante la composición de esta población hispana:

GRÁFICO 1
Población hispana por origen: Censo 2000

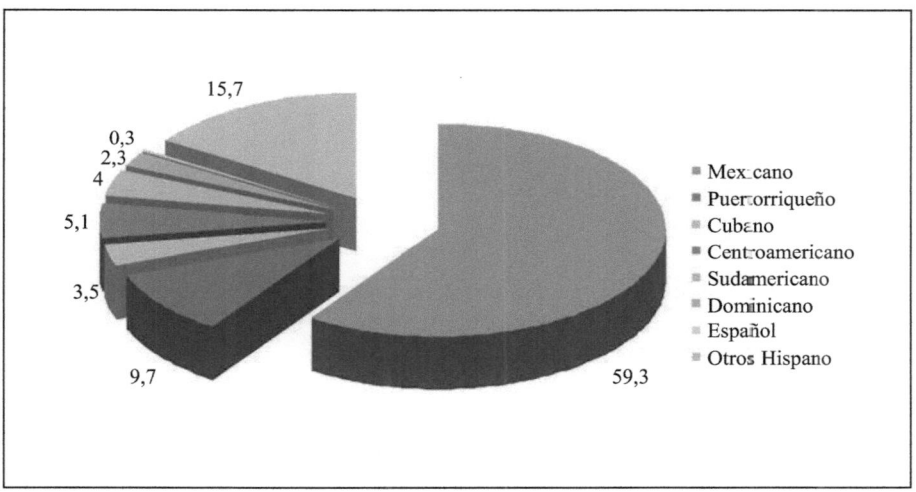

FUENTE: Ramírez (2005).

Según el censo de 2000, las personas de origen mexicano fueron el grupo hispano más grande (59,3%), seguido de "otros hispanos" (15,7%), en tercer lugar se sitúan los puertorriqueños (9,7%). Los centroamericanos constituyeron el 5,1% de la población hispana: los salvadoreños (39%) formaban el grupo más grande, seguido por los guatemaltecos (22%) y los hondureños (13%). Las personas de origen sudamericano representaron el 4% de la población: el 35% era colombiana, el 19%, ecuatoriana y el 17%, peruana. Los cubanos representaban el 3,5%; los dominicanos, el 2,3%; y los españoles, el 0,3%.

Además, la realidad dialectal de Estados Unidos (Mapa 1) nos muestra una modalidad –la mexicana– ampliamente extendida por la mayor parte del territorio, una modalidad predominante en el Estado de Florida –la cubana–, otra bien instalada en el extremo nororiental –la puertorriqueña– y una última –la centroamericana– predominante en el centro-este, en torno al Estado de Virginia.

MAPA 1
La realidad dialectal de Estados Unidos

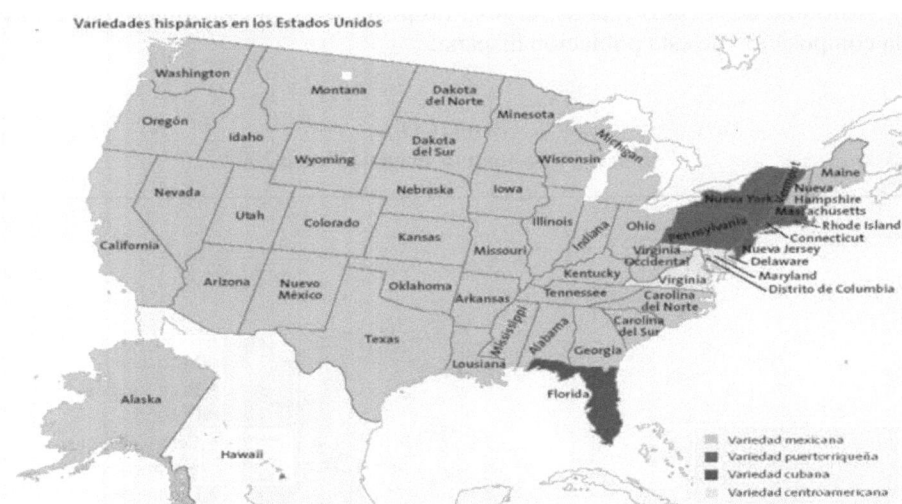

FUENTE: Moreno Fernández (2008: 207).

4.2.2. *El español internacional: percepción y caracterización*

Debido a la variedad de orígenes que acabamos de ver, a la variedad de niveles sociolingüísticos y a la mezcla de diferentes generaciones con características muy diferentes en lo que a dominio lingüístico se refiere, Estados Unidos puede presentarse como el hábitat natural del llamado *español internacional*[3].

La realidad del español en este país hace que adquiera más sentido la búsqueda y utilización de un modelo de español concebido como un instrumento de comunicación amplio, con centro de gravedad en América, superador de lo local y construido a partir de realizaciones reales, no de abstracciones irreales.

---

[3] Utilizamos la denominación que se emplea en el ámbito editorial para referirse al modelo de lengua de los libros editados en Estados Unidos. Esta denominación podría presentar problemas desde la perspectiva peninsular, en el sentido de que, en ocasiones, no resultaría difícil reconocer como usos propios algunas de las características que más adelante presentamos. Hay que señalar, sin embargo, que, desde otros ámbitos, se habla directamente de español de Estados Unidos. El *Diccionario de americanismos*, por ejemplo, tiene una marca específica para esta variedad. Piña-Rosales (2010: 34) habla también de español de Estados Unidos y aclara que esta denominación abarca una serie de variantes en diferentes áreas lingüísticas con predominio de población hispana de distintos orígenes, a las que nos hemos referido más arriba.

Nuestra percepción de lo que supone este *español internacional* para la población hispana de Estados Unidos coincide con la que señala Bravo García:

> El español internacional cumple hoy con una finalidad comunicativa, cohesionando comunidades lingüísticas dispersas, plurilingües o insertas en otras que hablan mayoritariamente una lengua diferente, como ocurre en el caso de los hispanos en Estados Unidos (Bravo García 2008: 76).

Los individuos de distinta procedencia hispanoamericana encuentran en el español neutro un agente para la unidad de lo hispano frente a lo que no lo es, superando sus propias polémicas territoriales. Constituye una solución deseada y conveniente, tanto por parte de las empresas de comunicación como por parte de los propios hispanos, que encuentran en él refrendo y estimación social de buena parte de sus usos, así como un medio para consolidarlos en un entorno anglosajón (Bravo García 2008: 80).

Pero... ¿en qué consiste este español internacional? Esbozaremos a continuación una breve caracterización de este modelo a partir de nuestra experiencia en el análisis y realización de materiales. En ella, enumeraremos y describiremos brevemente algunos de los rasgos fonéticos, morfosintácticos, léxicos y pragmáticos.

Fonética

En el plano fonético, suele utilizarse la denominación de *neutro*, surgida en el ámbito audiovisual. Los audios de los materiales editados en Estados Unidos tienen un marcado carácter americano con un predominio del *neutro*, entendido como un acento americano general, no local. Se suele recurrir a locutores entrenados para producir este neutro. Aunque la consigna de esta preparación es "que no se note el origen", parece haber un predominio de venezolanos o colombianos, aunque también tenemos acentos neutros de origen mexicano o locutores de origen argentino, entrenados para producir neutro.

Se evitan acentos marcados como el que puede tener un cubano, un chileno o un peninsular, por ejemplo, salvo, claro está, que se introduzcan personajes de estos ámbitos geográficos. En estos casos, se puede suavizar o neutralizar lo que pueda resultar más marcado[4].

---

[4] Para una caracterización más pormenorizada de este acento puede consultarse Bravo García (2008: 39-40) o Guevara (2006: 264-266).

Morfosintaxis

Acerca de la presentación y el uso del pretérito perfecto compuesto y el indefinido, existen algunas divergencias: a diferencia de los libros hechos en España, que presentan primero el pretérito perfecto compuesto y luego el indefinido y el imperfecto, los editados en Estados Unidos introducen primero indefinido e imperfecto, y luego ya el pretérito perfecto compuesto. En España, se sigue este orden atendiendo un criterio morfológico: la morfología del pretérito perfecto compuesta es más sencilla que la del indefinido y la del imperfecto. En el caso de Estados Unidos, parece seguirse un criterio de uso, según el cual el uso de del pretérito imperfecto y del indefinido es mucho mayor que el del pretérito perfecto compuesto.

El uso de los pronombres ha de ser de acuerdo con la función sintáctica y género del referente, por lo que se evita rigurosamente el leísmo (incluido el de persona, aceptado por la Academia), el laísmo y el loísmo.

Léxico

Al hablar del léxico, nos basaremos en un proyecto en el que estábamos trabajando en el momento de redactar este artículo. Se trata de la edición de un *Pictodiccionario español-inglés* destinado a un público adulto de Estados Unidos[5].

El léxico contiene 1302 términos (nombres, adjetivos, verbos y expresiones) de un nivel inicial de español. Las palabras se presentan agrupadas en 24 unidades y están relacionadas con las situaciones y las necesidades más usuales para un estudiante adulto: desde lo más básico (comida, ropa y familia) hasta lo más específico (banco, oficina de correos, autos y carretera).

El proyecto se realiza en España, pero recoge los usos de los manuales elaborados en Estados Unidos y cuenta con la colaboración de editores hispanoamericanos con experiencia en edición en Estados Unidos.

Las conclusiones sobre el léxico confirman, en buena parte, la caracterización que hace Bravo García (2008: 46-47) en la definición del léxico del español internacional. Para esta autora, el proceso de selección del léxico debe partir de las palabras que tienen una aceptación general en el estándar del español. Petrella (1998) hablaba también de un predominio de la norma culta madrileña.

El 96% del léxico utilizado en este proyecto forma parte de un léxico general que utilizaríamos también en libro editados en España para un entorno europeo,

---

[5] En el momento de la redacción de este trabajo, no teníamos todavía nombre definitivo para esta publicación.

por ejemplo. Solo el 4% restante formaría parte de un léxico diferencial que no utilizaríamos en libros editados en España[6]. En este léxico diferencial nos encontraríamos palabras como *lentes de sol, arete, tina, boleto, cachete, estufa, jugo, papa, prender, día feriado, plomero, palacio municipal, bloqueador solar, laptop, elevador, librero, cajuela, arveja*, etc. Hay que decir, además, que, casi en la mitad de los casos en los que se da una palabra diferente, se acompaña esta palabra de un equivalente que podríamos considerar más general. Así las cosas, *lentes de sol* aparece junto a *gafas de sol*; *estufa* junto a *cocina*; o *tina* junto a *bañera*.

En otro orden de cosas, si comparamos este léxico internacional con la caracterización de Petrella (1998) del español neutro a propósito de la ley para el doblaje en Argentina, encontraremos únicamente algunas coincidencias. Así, al igual que Petrella (1998), utilizamos *auto, grifo* (no *canilla*), *piscina* (no *pileta*) o *escaparate* (no *vidiriera*), etc.; pero empleamos, en cambio, *estar enojado* (no *estar enfadado*), *papa* (no *patata*) o *periodista* (no *reportero*), por citar algunos ejemplos.

Pragmática

Se hace presentación y uso de *tú* frente a *usted* y sus correspondientes formas verbales para dirigirse al oyente. El *tú* representa la forma no marcada, frente al *usted* que se considerará la variante de cortesía. A veces se presenta el *vos* como un uso de Argentina y Uruguay, pero se señala que el estándar es *tú* y en las actividades se trabaja con esta forma.

También se realiza presentación y uso de *ustedes* y de sus correspondientes formas verbales en plural. Conforme a lo habitual en América, *ustedes* cubre tanto el tratamiento formal como el informal, pero se recomienda utilizar la forma *vosotros/as* en España. Las actividades utilizan exclusivamente la forma *ustedes*.

5. Conclusiones

Hemos hablado de muchas cosas, todas ellas necesarias para profundizar en el tema central de este trabajo: el tratamiento de la variedad en los materiales de

---

[6] Estos porcentajes son similares a los que cita López Morales (2006: 189-190). El citado autor menciona los siguientes estudios: 1) Parra *et al.* (1999): según datos sobre la radio, televisión y prensa colombiana, el porcentaje de vocablos perteneciente al español general es del 91,8%, 91,4% y 92,3%, respectivamente; 2) Lope Blanch (2000): vocablos del español de Madrid en relación con vocablos de México, un 99,9% de vocabulario común; y 3) Ávila Sánchez (1994): en el léxico de la radio y la televisión mexicanas, el vocabulario común supone el 98,4% del total.

Santillana. Al llegar a las conclusiones me gustaría, sin embargo, volver al punto de partida de esta exposición; me refiero al llamado *español neutro*.

En primer lugar, me atrevería a decir que el concepto de *neutro*, en el sentido original, de realización abstracta, instrumentalizada que nos permitiera, con una única versión, llegar a todos los mercados está hoy, en buena medida, superado. Desde el ámbito editorial, las conclusiones son muy claras: mercados distintos requieren materiales diferentes.

Por otro lado, en el momento actual, sí se habla de un modelo de español concebido como un instrumento de comunicación amplio, superador de lo local y construido a partir de realizaciones reales, no de abstracciones irreales. Nos referimos a lo que hemos llamado *español internacional* y que sería el modelo de lengua de los libros editados en Estados Unidos.

Finalmente, nuestra caracterización de este modelo internacional coincide, en buena medida, con otras hechas desde otros ámbitos y confirman la idea inicial de que las alternativas de modelos de español tienen que ver principalmente con usos, no con lenguas ni con variedades sustancialmente diferentes entre sí.

Bibliografía

Ávila Sánchez, Raúl (1994): "El lenguaje de la radio y la televisión: primeras noticias", en: *II Encuentro de lingüistas y filólogos de España y México*. Salamanca: Universidad de Salamanca, 101-117.

Anadón Pérez, María José (2005): *Hispanoamérica y el español de América en la enseñanza de español como segunda lengua a alumnos ingleses*, en: *Biblioteca Virtual Redele* 3, primer semestre; <http://www.educacion.es/redele/biblioteca2005/anadon.shtml> (última consulta: 2-III-2010).

Bravo García, Eva María (2008): *El español internacional: conceptos, contextos y aplicaciones*. Madrid: Arco/Libros.

Consejo de Europa (2002): *Marco común europeo de referencia para las lenguas*. Madrid: Anaya; <http://cvc.cervantes.es/obref/marco/default.htm> (última consulta: 2-III-2010).

Guevara, Alejandro (2006): *Locución: el entrenador personal*. Buenos Aires: Galerna.

Henríquez Ureña, Pedro (1921): "Observaciones sobre el español de América", en: *Revista de Filología Española* 7, 357-390.

Lope Blanch, Juan Miguel (2000): "Diversidad léxica y uniformidad gramatical. En torno al porvenir de la lengua española", en: *Revista de Filología Española* 80, 201-214.

López Morales, Humberto (2006): *La globalización del léxico hispánico*. Madrid: Espasa-Calpe.

Martín Peris, Ernesto (2001): "Textos, variedades lingüísticas y modelos de lengua en la enseñanza de español como lengua extranjera", en: *Carabela* 50, 103-136;

<http://www.upf.edu/pdi/dtf/ernesto.martin/archivos/articulos/variedades_modelos.pdf> (última consulta: 2-III-2010).

MORENO FERNÁNDEZ, Francisco (2000): *Qué español enseñar*. Madrid: Arco/Libros.

— (2008): "Dialectología hispánica de los Estados Unidos", en: López Morales, Humberto (coord.): *Enciclopedia del español en los Estados Unidos*. Madrid: Santillana, 200-221.

OFICINA ECONÓMICA Y COMERCIAL DE LA EMBAJADA DE ESPAÑA EN OTTAWA (2009): *El mercado de productos editoriales en español en Canadá*; <http://www.icex.es/icex/cma/contentTypes/common/records/viewDocument/0,,,00.bin?doc=4257205> (última consulta: 2-III-2010).

PARRA, Marina et al. (1999): *Difusión internacional del español por la radio, televisión y prensa*. Bogotá: Instituto Caro y Cuervo.

PETRELLA, Lila (1998): "El español 'neutro' de los doblajes: intenciones y realidades en Hispanoamérica", en: Cortés Bargalló, Luis/Mapes, Carlos/García Tort, Carlos (coords.): *La lengua española y los medios de comunicación: [Primer Congreso Internacional de la Lengua Española, día de emisión, 7-VI-97, Zacatecas]*. México/Madrid: Siglo XXI/Secretaría de Educación Pública/Instituto Cervantes, vol. 2, 977-989; <http://congresosdelalengua.es/zacatecas/ponencias/television/comunicaciones/petre.htm> (última consulta: 2-III-2010).

PIÑA-ROSALES, Gerardo (2010): "The Spanish Language of the United States", en: *Español Santillana Teacher's Edition Level 1A*. Santillana USA Publishing Company.

Plan curricular del Instituto Cervantes (2006). Madrid: Biblioteca Nueva.

RAMÍREZ, Roberto (2005): *Nosotros: Hispanos en los Estados Unidos*. Informes especiales del Censo 2000; <http://www.census.gov/prod/2005pubs/censr-18sp.pdf> (última consulta: 2-III-2010).

VILA PUJOL, María Rosa (2009): "Dialectos, niveles, estilos y registros en la enseñanza del español como lengua extranjera", en: *Monográficos MarcoELE 8*; <http://www.marcoele.com/descargas/expolingua1994_vila.pdf> (última consulta: 2-III-2010).

VV. AA. (2007): *Español lengua viva 1. Libro del alumno*. Madrid: Santillana.

EL ESPAÑOL "NEUTRO" Y LA ORALIDAD

María Teresa Pajares Giménez
Universidad Complutense de Madrid (CES Felipe II)

1. Unas calas en Internet

Por rastrear el alcance de los términos y los conceptos implicados, como un curioso cualquiera, hemos hecho varias incursiones en la Red. Una tesis sobre traducción biosanitaria, la de Ana Belén Martínez López (2008: 561), no define de forma concreta el concepto de *español neutro*, pero lo explica como "producto de neutralizar las expresiones marcadas culturalmente". La autora pone un ejemplo: en vez de emplear *chabola* o *villamiseria, ranchito* (venezolano), *llega y pon* (cubano) o *cantegril* (uruguayo), en español general o estándar, propone *barrio de marginados, campamento, población, asentamiento, pueblos jóvenes* e, incluso, *villa emergencia*. Una primera observación puede ser sobre la elección del término: ¿no dependerá este del destinatario, que es uno de los criterios de comprensión? Pues otras opciones que cita son *barriada, choza, tugurio, barracas, covachas, colonias marginadas, chamizos*, esto es, palabras que se encuentran en el *DRAE* (2001), la fuente normativa de todas las Academias, la del español general.

Otra tesis, esta vez de la Universidad de Salamanca (Iglesias Gómez 2009: 53), informa del hecho de que en 1991 la productora Disney acabó con la práctica de doblar en "español neutro", iniciada en 1960, además de que dicho emporio decidió a partir de 2005 hacer cuatro doblajes: uno ibérico, otro mexicano, otro argentino y otro más en "español 'neutro' de Hispanoamérica", cajón de sastre donde cabe el resto de países.

Otra cala más, en foros de Internet, indicativa tanto del controvertido empleo del término como de su difusión, arrojó el resultado siguiente: en Word Reference Forums[1], un miembro del foro "Sólo español", que se hace llamar *papamajada*, pregunta: "¿Alguien me puede explicar a qué se refiere exactamente cuando se habla de un término últimamente muy usado y discutido en EE. UU., el 'español neutro'?". Un respetable miembro del foro, *aleCcowaN*, responde: "El 'espa-

---

[1] <http://forum.wordreference.com/showthread.php?t=400697> (última consulta: 11-I-2011).

ñol neutro' es un producto desarrollado [...] para la 'atención al cliente'". Un tal *Lombard Beige*, traductor, esta vez interviene con una pregunta razonable: "Si me permiten Vds. una pregunta: ¿También los productores de lengua castellana, por ejemplo de medios audiovisuales, participan en este esfuerzo, o... es una iniciativa puramente norteamericana?"; a lo que *aleCcowaN* contesta: "Siempre ha sido un esfuerzo local. De hecho, es la primera noticia que tengo de que se lo [sic] haga en EE. UU., aunque no tuviera razón para sospechar lo contrario". He de decir en este punto que me llamó mucho la atención eso de que el esfuerzo fuera *local*. Y es que, a mi entender, *neutro* y *local* es una contradicción en los términos, de ahí mi extrañeza.

En la misma cuestión, tercia *Samurai Guarani*, otro miembro: "De hecho, creo que al escribir en este foro, la mayoría de nosotros utiliza un 'español neutro', de manera a resultar claro para los demás..., si cada uno de nosotros utilizara sus jergas y términos regionales, probablemente sería muy difícil el intercambio de opiniones. El 'español neutro' cumple la función de abarcar a la mayoría de los hispanohablantes, tal como lo mencionaran los foristas arriba [sic]". En las referencias hay enlaces a otros datos curiosos, como la escasa presencia en España de este tipo de negocios.

Por fin, alguien entendido llamado *Jellby*, aclara, ante la intervención de otro:

> Yo no sé si estoy de acuerdo en eso de que el español "neutro" consiste en el uso de palabras sencillas. Si estamos hablando del léxico y de la escritura (no de los acentos orales), creo que más bien se trata de la "norma culta", según la define el *DPD* [*Diccionario panhispánico de dudas*, publicado por el consorcio de las Academias de la Lengua Española en 2005]:
> Es por ello la expresión culta formal la que constituye el *español estándar*: la lengua que todos empleamos, o aspiramos a emplear, cuando sentimos la necesidad de expresarnos con corrección; la lengua que se enseña en las escuelas; la que, con mayor o menor acierto, utilizamos al hablar en público o emplean los medios de comunicación; la lengua de los ensayos y de los libros científicos y técnicos. Es, en definitiva, la que configura la norma, el código compartido que hace posible que hispanohablantes de muy distintas procedencias se entiendan sin dificultad y se reconozcan miembros de una misma comunidad lingüística.
> Esto no implica reducir el vocabulario ni emplear estructuras simples, a veces todo lo contrario. Lo que sí es cierto es que se evitan regionalismos y giros propios de cada zona (en la medida en que quien escribe es consciente de ellos). A lo mejor, el "español neutro" es otra cosa, pero el lenguaje que solemos usar en el foro es más parecido a lo que he comentado, aunque sea poco formal muchas veces.

Confío en que los lectores puedan estar de acuerdo en muchas de estas últimas consideraciones acerca de un asunto tan importante como este.

Y alguna sorpresa más depara una última incursión en la Red: una empresa, Trusted Translations[2], o sea, "traducciones de fiar, de confianza", y "líder en traducciones profesionales en español", ofrece la posibilidad de emplear "español neutro o localizado para un mercado específicamente hablante de español: Argentina, Bolivia...", si bien declara que su práctica habitual es "emplear español neutro, español castellano o latinoamericano para su español". Tal cual. Hay también un sitio web, Voice123 – The Voice Over Marketplace, donde un usuario, el dominicano Eleazar Acosta, ofrece las dotes persuasivas de su voz para casi cualquier cosa que uno se imagine... Y ello enunciado en "Spanish-Castilian (from Spain)" y "Spanish-Latin American Neutral [*sic*]", o sea, 'español castellano' y 'latinoamericano neutro'[3]. Otra empresa, llamada Ibero[4], radicada en la Argentina, promete formar a sus clientes en español neutro y añade que "[h]ablar en neutro da la posibilidad de comunicar en el mundo de habla hispana sin identificar el origen del hablante".

Espigadas las muestras anteriores, oigamos lo que tienen que decir los especialistas y otros que han reflexionado sobre el asunto.

2. Otras opiniones autorizadas

Consuelo Miquel Cortés (2005: 2, 5), de la Universitat Jaume I, explica, respecto al español neutro[5]:

> [...] pretendemos demostrar que no existe unanimidad en lo que respecta a la definición de este término y que es una acuñación motivada por intereses económicos de los grandes productores y elevada a *koiné* por los medios de comunicación social, las grandes empresas de traducción audiovisual y también por los profesionales de la TAV (Traducción Audiovisual) [...]. Claro que debemos enfatizar el hecho de que este tipo de español en realidad no existe, ya que no se habla en ningún país en concreto.

Quizás convenga añadir una palabra sobre el término *koiné*: es especializado, se emplea entre los teóricos de la lengua, los lingüistas. Uno no va por ahí dicien-

---

[2] <http://www.trustedtranslations.com/spanish-translation.asp> (última consulta: 11-I-2011).
[3] <http://voice123.com/eleazaracosta1> (última consulta: 11-I-2011).
[4] <http://www.locucioniberoamericana.com/index.html> (última consulta: 11-I-2011).
[5] La autora resume la polémica y recuerda la oportuna queja de Petrella en 1998 por no haberse consultado a los lingüistas. Así las cosas, ¿no sería preferible dejar de usar el término, incluso en trabajos como estos, traten o no de la traducción audiovisual? (Miquel Cortés 2005: 6).

do a sus conocidos: "El castellano de Alfonso X es una *koiné*", o "el batúa vascuence de hoy es una *koiné*", a no ser que quiera exponerse al desdoro de ser tildado de pedante o redicho... La palabra *koiné*, del acervo que tanto nos sigue surtiendo, el griego, no se traduce por otra cosa que *común*. He aquí una clave: *español común*, esto es, de todos, en un ámbito compartido.

Prosigamos. En 2005, Gómez Font, responsable del español de la agencia EFE, la primera agencia de noticias en español y la cuarta del mundo[6], definió lo que llama *español internacional* y que reserva para los medios de comunicación: "Es de ningún sitio y de todos al mismo tiempo, sin localismos y confluyente para la modalidad escrita" (Gómez Font 2005). Desde entonces y desde el foro de Fundéu, sigue prefiriendo este término al de español neutro o español general[7].

José Antonio Millán, en el II Congreso Internacional de la Lengua Española (Valladolid, 2001), había dicho ya algo que creemos lleno de sensatez: "Quizás merecería más llamarse *español común*" (*apud* Miquel Cortés 2005: 6).

Español general, español común, pues. ¿No son estos adjetivos, precisamente, de todos? Son comprensibles, llanos y, por ende, *comunes*. Creo de suma importancia distinguir entre dos niveles de lengua: el especializado y el general. Al segundo nos acabamos de referir con unos ejemplos. Para el primero ha sido necesario acuñar términos teóricos que desbrozaran lo que se entiende por una cosa y por otra para hacer las precisiones necesarias. De ahí *español estándar*, *koiné*, y este *español neutro* que nos ocupa y que parece haber saltado, como se ha visto, del dominio de la economía de la lengua en sus manifestaciones empresariales y utilitarias más discutibles. También se ha hablado de la necesidad de buscarle otro nombre. A ello volveremos. Por el momento, destaquemos que a las necesidades teóricas que hacen avanzar la ciencia lingüística, despejadas las vacilaciones primeras, les llega siempre el momento de colaborar, idealmente, en

---

[6] <http://www.efe.com/quesefe/principal.asp?opcion=1&idioma=ESPANOL> (última consulta: 11-I-2011).

[7] Desde el Centro Virtual Cervantes, ya en 2001 Gómez Font había resumido y analizado las más serias contribuciones a los conceptos *español internacional, español neutro, español estándar* para los medios de comunicación; entre ellas, las de los filólogos históricos y las producidas en los Congresos de la Lengua Española: "'Español neutro'. Este es el nombre que le dan los profesionales de la traducción y del doblaje, y es uno de sus principales quebraderos de cabeza, pues muchos clientes exigen a los traductores que escriban en ese español que sirva para cualquier país, es decir, entrando directamente en lo comercial, que sirva para presentar y vender sus productos en cualquier país hispanohablante" (Gómez Font 2001). Y años más tarde, Gómez Font (2009: 508) describe un manual de estilo que incluye "una lista de palabras (83 términos) que podríamos calificar de localismos, con su equivalente en 'español general'. Se trata, pues, de un manual de estilo enfocado al 'español internacional'". Fundéu firmó un acuerdo en 2010 con una empresa importante de desarrollo sostenible para corregir todos sus textos. Excelente iniciativa.

el establecimiento y la aclaración de los términos de la discusión para orientar la percepción pública acerca de la lengua. Esto es, para llegar al plano general, común, de ese patrimonio de todos, especialistas o no. Y a la inversa, la discusión académica escucha lo que entienden los hablantes de cada cosa: qué sentido dan a qué conceptos y cómo se refieren a ello. No parece necesario insistir en este asunto, que es de fundamento, pero tal vez sí observar no solo lo que se dirime en la red sino aquello que sucede en la otra realidad.

General es el término que el hablante medio, o sea, el público, sigue empleando en América Latina, dentro de su complejidad lingüística y extensión. El calco aceptado y adaptado *estándar*, más reciente, es más habitual hoy en las publicaciones especializadas y también se enseña en las escuelas y las universidades[8]. En la calle coexiste en desventaja con el *general*. Parece, pues, especializado para las clases de formación media o alta que usan un término u otro, ya que su competencia lo permite. Es muy posible que se trate de un calco del *standard English* de tan larga tradición en el mundo anglosajón y que, al menos en el uso, no tiene alternativa.

¿Se le puede decir a un ecuatoriano, guineano o costarricense, cuando habla o escribe para interlocutores foráneos, que habla español *estándar*? Le parece inadecuado, del mismo modo que si damos por supuesto que se expresa en *castellano*... Esto extraña como anacrónico e impropio. Tampoco está generalizado el concepto de *español neutro*, sino muy restringido[9]. Cada cual de estos hablantes responde que lo que habla es español de Ecuador, español de Guinea o español de Costa Rica o de España. Y que para entenderse con los demás hispanohablantes: a) usan un español general; o b) buscan términos más generales; o c) se entienden de otra manera, pero se entienden. Los riesgos de confundir los dos niveles discursivos, especializado y general, los dejamos al buen criterio de los lectores.

3. Cuestión de términos

Volvamos un instante a una de las aseveraciones más chocantes entre las citadas: "Hablar en neutro da la posibilidad de comunicar en el mundo de habla hispana

---

[8] Las consultas a los corpus CREA y CORDE (abril y octubre de 2010) arrojan poquísimos casos de las tres denominaciones que tratamos. Solo puede asegurarse que la inmensa mayoría de los casos provienen de España. En la *Enciclopedia del español en los Estados Unidos*, coordinada por Humberto López Morales (2009), se emplea "español general" (Gómez Font 2009: 508), pero también Marcos Marín (2009: 976, 977) habla de "español normativo hispánico" y "español normativo y general".

[9] Según las investigaciones de Petrella (1998) y Wilkinson (2004), en Argentina hay más conocimiento del término *español neutro*, pues de hecho se ha de doblar a "idioma castellano neutro" por ley.

sin identificar el origen del hablante". Bien, esta es la uniformidad que no podemos desear ni admirar para nuestro idioma. Y mucho menos para una lengua que ya fue instrumento de imperialismo, de ideologización política. ¿Que lo sea ahora por meros motivos comerciales? ¿Que, por hablar en sus términos, se *deslocalice* asépticamente? No, gracias, en absoluto. Una cosa es hacer uso del español general comprensible dentro de su extraordinaria riqueza, y otra es desposeerlo de expresividad y de sus señas naturales de identidad o identidades. Estamos ante otro caso más de uso impropio de términos en los dos niveles mencionados.

El propio adjetivo *neutro* es desabrido, soso, seco. Es técnico, claro y, por ende, desprovisto de gracia, incluso descarnado, lo contrario al ser de la lengua. Considérese que lo es aún más cuando se aplica a su expresión oral. El concepto de *español neutro* es artificial, espurio y supone que la comprensión se compromete debido a las distintas variedades. Eso no es así, como es bien sabido por los expertos, y los acentos muy cerrados pueden compensarse con el esmero en la pronunciación y en los movimientos de los órganos resonadores.

Hay casos en los que sí cabría, sin embargo, acudir al concepto de *español técnico*. Y ventajosamente, creemos. La ciencia, la tecnología y la traducción que les incumbe precisan de uniformidad terminológica, la misma que puede aumentar el peso del español en estas áreas y su presencia en la Red. Es en ellas donde la variedad de términos de cada país o región ha de supeditarse al imperativo de futuro: la unidad e importancia científica del idioma (Lodares 2005: 137, Grijelmo García 1998: 274).

Aparte de esa aplicación concreta, de utilidad tan comprensible y acotada, para los restantes ámbitos, resulta más conveniente español general o común, pues. Quedémonos con ello para los dos planos de lengua, el especializado y el compartido, ya que sirve justamente para eso, para unir. La estadística, con números que son importantísimos, tiene la prueba definitiva: el nivel de coincidencia entre el español formal de España con el de Hispanoamérica o América Latina en el campo de los noticiarios televisados oscila entre el 92% y el 99%. El español es general en los géneros formales de comunicación, los que utilizan un nivel de lengua normativo, elevado dentro de lo común.

Para acabar con la cuestión de los términos, que es social y cultural, lingüística y científica, y económica, como se ha visto, queda lo que se juega en los ámbitos ideológico y político. Sobre ello baste aquí un apunte de José del Valle (1999):

> La legitimidad del estándar para desempeñar esta función –como artefacto que genera cohesión cultural–, y, por supuesto, el éxito que alcance, dependerá del proceso de historificación a que las sometan la filología y la lingüística, y de la credibilidad con que las instituciones del estado le presenten al ciudadano esa lengua como suya propia.

La elección de un término u otro no es tampoco inocente.

Como demuestran los hechos y la experiencia de cualquier hablante, el altísimo nivel de coincidencia internacional del español, el general, se da en la expresión escrita, o escrita para ser leída como sucede en los medios de comunicación. De ahí que sea esta una distinción pertinente. La expresividad espontánea y natural, que es local, brota en la oralidad genuina. De las aguas profundas del manantial que es el español, se encauza y fluye por distintas tierras, y las fertiliza absorbiendo los sustratos autóctonos por los que transcurre. Y fluye..., permitiendo que cada campo y solar produzca lo que tiene de único cada tierra, cada lengua autóctona, cada país. Y ello, en beneficio propio y de lo común.

4. El español general y la oralidad

Lo común es la memoria siempre actual y actualizada. Es Mnemósine, no una antigualla, sino la memoria tan ancestral como siempreviva, no en vano madre de las nueve musas. No solo es la recordación de los datos y recados que no queremos olvidar, los recuerdos de fuera, sino de los sucesos y la cultura interna, reconocible, que podemos explicarnos como patrimonio (en grandísima parte oral, por cierto), como el folclore conocido y compartido (Havelock 1996), en este caso, del mismo idioma.

El español general ahí conoce sus límites, en la oralidad. Es esta la que garantiza la riqueza plural de variedades del español, mientras que la capacidad cultural es la que permite cambiar de un nivel de español general a otro regional o local.

Aclaradas las cuestiones previas para el tema de esta intervención, puede observarse la impropiedad y el perjuicio que supone mezclar la noción de español neutro con la de oralidad, al extremo de resultar conceptos antitéticos por definición.

Me sirvo de las palabras de López Eire (2001) y Rodríguez Adrados (2008), especialistas en lenguas clásicas, el fondo del español: la oralidad es la comunicación primera, la primigenia, que nacen siendo expresiva. Es la primera, la natural, la espontánea, es la única "consustancial al ser humano" (Calsamiglia Blancafort/Tusón Valls 1999: 27)[10]. Por ella nacen la épica genuina, las epopeyas, las crónicas de los antepasados. Pero no solo la memoria de sus vivencias o

---

[10] Frente a la modalidad escrita, que es un artificio, una tecnología, esto es, un arte (Calsamiglia Blancafort/Tusón Valls 1999: 28), tal como lo es la preparación de un discurso o un sermón. Incluyamos también un artículo académico, una ponencia.

gestas (y las batallitas de los abuelos) sino también nuestra narrativa del acontecer cotidiano. La expresión oral tiene la rapidez de acción y reacción de la vida pública, permite improvisar un argumento que de pronto se ha olvidado, se acomoda a las reacciones del que tenemos enfrente. Pues aprovecha el momento, el *kairós*, la ocasión que decían los griegos, y que los romanos pintaban calva. Uno de los diálogos de Platón, el *Fedro*, sostiene la superioridad de la oralidad sobre la alfabetización, la cultura escrita. La oralidad es móvil, permite la *energeia*, la energía, el vigor necesario que muestra la pasión. Y es lo que hoy denominaríamos "interactiva", esto es, participativa y situacional.

Por otro lado, hoy hablan los especialistas –en concepto acertadísimo– de un tipo de oralidad *fingida*, la del teatro[11], y también la del cómic, o sea, la enunciación oral de los medios audiovisuales (Brumme 2008).

Y es que la oralidad vuela a estos últimos medios gracias a la tecnología, como los teléfonos o el programa *Skype*. Hermes o Mercurio, dios de la comunicación, es cada vez más multiforme, proteico y veloz. Calzando sus sandalias, ya tecnológicas, vuela a oídos que están lejanos…, tal como el escrito lo hace a ojos que están distantes…, con el correo electrónico que empleamos a diario.

Xosé Castro Roig (2001: 37) distingue adecuadamente entre la cultura oral y la cultura audiovisual. Dentro de la primera, y esto es muy interesante, incluye la radiofónica y la lectora. Piensen los jóvenes de hoy en la formación y los hábitos de sus padres en la lectura y la radio. La cultura audiovisual es en cambio tecnológica, cosa muy distinta. Excuso aquí los detalles y voy a lo que me interesa destacar: la tecnología, que habla en inglés, ha cambiado el léxico común, el idioma y la concepción de las cosas, empezando por algo muy obvio, la transferencia (incursión) de conceptos técnicos, los lenguajes de especialidad, al español general. No puede extrañar tampoco, en el ámbito peninsular que nos rodea, la inquietante desaparición del artículo que determina, con la consiguiente pérdida de la individualidad o concreción de las cosas, la vacilación en el empleo de las preposiciones, indicio de inseguridad en lo fijo, además del cambio en otros

---

[11] Permitan una sátira teatral oportuna: la compañía de teatro Els Joglars ha representado recientemente *Omen-aje* ('Homenaje'), una fantasía que sitúa a todo el elenco en 2036. En ella los actores hacen de viejecitos, octogenarios. Sus asistentes jóvenes, contratados sin formación y pagados para ser cínicos cuidadores animadores, gesticulan, bailan, fuerzan la palabra y la intención en un exceso insincero, utilitario, impostor. Y para entonces, para 2036, farfullan o gritan una mezcolanza de inglés y español (el polémico *spanglish* o *espanglés*). Los actores, mayores, hablan con frases como "Y fue el otro y dijo…", "como corolario…" y "oye, que es que esta pierna me tiene hecha una piltrafa". Los espectadores seguimos atentos y una actriz, como cayendo de pronto en la cuenta, con el relámpago de la lucidez, nos mira y dice: "Ah, pero un momento…, ustedes… ¿entienden español antiguo…?".

conceptos ya conocidos. Ni unos ni otros pueden ser debidos en exclusiva al descuido de la norma[12].

5. Oralidad y traducción

Ya se ha hablado aquí de un uso concreto para el español técnico. El mencionado Xosé Castro Roig decía en un congreso celebrado en 1996: "Lo cierto es que esta ponencia debería llamarse 'El español técnico neutro'". A mí me parece que tuvo mucho tino, es un concepto bien traído, feliz. Era necesario decirlo para, entre otras cosas, permitirnos hoy sugerir que el primer adjetivo puede ser suficiente si se define en propiedad.

Cabe añadir que, incluso tratándose de un español general, pues se surte de él, tiene una aplicación, un uso concreto, el científico y tecnológico ya dicho y, en concreto, la mecanización, o sea, el español controlado (lo investigan, hasta donde yo sé, en la Carnegie Mellon University): permite asegurar la uniformidad de las traducciones que hablan de productos y procesos industriales (también de la informática); deben tener homogeneidad terminológica para que, en cualquier país y para cualquier país, a lo mismo se llame siempre de la misma manera, especialmente en listas de productos y procesos. Ambas aplicaciones industriales son cruciales para la presencia, peso y unidad de la lengua española en la ciencia y la tecnología. Y para su traducción.

Más específica forma de oralidad son los programas de reconocimiento de voz. Si bien queda mucho por hacer, sobre todo en la reproducción de la proso-

---

[12] Tanto George Lakoff (2007) como Paolo Fabbri (2000) o Zygmunt Bauman (2005), entre otros, perciben el cambio en la lengua y sus valores como parte de un cambio mayor: el de la concepción del signo y la significación. Aquí no me refiero solo al vocabulario relacionado con la Red o surgido de esta, como *cibernauta* (bella acuñación, por cierto, de evocación navegante y remota), sino a que la técnica y las nuevas tecnologías han extendido a la lengua general palabras como *solucionar* en vez de 'resolver', *formulación* en lugar de 'presentación', *planificar* por 'planear', *desconvocar* por 'suspender' o 'anular' o *implicar* cuando se puede 'suponer'. Y lo mismo sucede con la *honestidad*, que sustituye a la franqueza, o la honradez, la *especificidad*, al carácter o índole de un asunto, y la *afectividad*, al llano afecto. Estas palabras pertenecen, innegablemente, a la cultura audiovisual... Del mismo modo que las risas enlatadas de ciertos programas son prefabricadas. Esta cuestión, seria, es cultura global, y, por más señas, de origen anglófilo. Atestiguan el menoscabo de idiomaticidad, esto es, de naturalidad en la expresión propia y heredada, con la pérdida consiguiente del modismo y el giro que suponen el auténtico genio del idioma. A mi parecer, estamos inmersos en un nuevo tipo de colonialismo (postcolonialismo se llama hoy), precisamente sufrido por la cultura hispánica, que ha sido tan acusada de ello mismo en el pasado, colonialismo que consiste en una ruptura intersemiótica.

día, algunos han avanzado mucho. Es de desear que atiendan también a las variedades fonéticas del español. Mientras esa oralidad no sea neutra en el peor sentido, todo bien. Es esta un área de traducción extraordinariamente productiva.

Y por fin hay otra forma moderna de oralidad, la edición del habla, que convierte el enunciado oral en texto escrito por el ordenador con un programa de edición, como *Text to Speech, Speech to Text (T2S2T)*. Como se fuerza el flujo oral al saber que este se hace escritura automática, se parece a la oralidad fingida (sugerencia a los entendidos de la Universitat Pompeu Fabra) que trata de evitar las elisiones, las pausas rellenas de "eh", "hum", "ah" y silencios prolongados para no encontrarse con un texto lleno de líneas de puntos y transcripciones curiosas. Ignoramos qué resultados tienen los intentos de traducción en estos casos. Tal vez el propio lenguaje controlado, prosodia controlada incluida, pueda ayudar a hacer el texto oral más reconocible en un programa que lleve incorporado, además del reconocedor de voz, un traductor.

La forma más extendida de traducir la oralidad es el doblaje, dominio más generalizado que la traducción oral simultánea y la consecutiva (o, mejor, sucesiva). A nadie escapa el impacto y la responsabilidad de sus profesionales en lo que respecta al español general (nuestra "democracia de la lengua") y sus variedades, como tampoco a los empresarios de los emporios audiovisuales. Los intérpretes de conferencias y los profesores de tal especialidad saben mucho de ello. Miguel Ángel Bernal Merino (2001), de la Universidad de Alicante, sugiere que para el doblaje podría darse una indicación previa de la variante de que se trata: español general o variante diatópica tal o cual (de Chile o de Honduras), pero también y, por qué no, la indicación diastrática o diafásica (formal, coloquial, vulgar, jerga tal o cual…).

Si los guionistas y tantos profesionales que figuran en los títulos menores de créditos, decía Gregorio Salvador (1995), "están en condiciones de hacer, con buen sentido, mucho más por el porvenir del español, no ya que filólogos y escritores, sino que todas las Academias de la Lengua juntas" (*apud* Lodares 2005: 116), ¿qué decir entonces de la labor de los traductores?

Y no lo olvidemos, en especial para la expresión oral: el oído siempre incorpora, interioriza, hasta el punto de haber sido estudiado seriamente, filosóficamente, como fenomenología. La vista, en cambio, como nos dice su sentido etimológico, discierne y divide. La expresión oral es cultura de la acción; la escrita, de la ciencia y el pensamiento. Por mencionar solo un caso, de ambos, en la traducción: "la no grabación de lo oído en las versiones inglesas de *Pedro Páramo*" (Charron 2003).

La cultura tecnológica nos presenta un tipo nuevo de oralidad, impregnada de lo audiovisual y lo escrito. Nunca en la historia se ha conocido algo igual. Este mundo de hoy nos transforma, como modifica nuestra visión del mundo, de la comunicación y de los nuevos modos de relación humana. Se ha apuntado aquí alguna consecuencia para la lengua y su expresividad. Algunos sociólogos y filósofos han hablado de la muerte del *logos*, esto es, del acuerdo del lenguaje con la verdad y el pensamiento. Michel Foucault (1990) hablaría de una nueva episteme, de un cambio sustancial en el modo del ser. Pero eso ya es incalculable...

Bibliografía

BAUMAN, Zygmunt (2005): *Amor líquido. Acerca de la fragilidad de los vínculos humanos*. Trad. Mirta Rosenberg y Jaime Arrambide. México/Buenos Aires/Madrid: Fondo de Cultura Económica.

BERNAL MERINO, Miguel Ángel (2001): "Traducción y oralidad", en: *Actas I Congrés SETAM*. Barcelona: Universitat Pompeu Fabra; <http://www.vives org/pdf/setam/Bernal.PDF> (última consulta: 11-I-2011).

BRUMME, Jenny (ed.) (2008): *La oralidad fingida. Descripción y traducción. Teatro, cómic y medios audiovisuales*. Madrid/Frankfurt: Iberoamericana/Vervuert.

CALSAMIGLIA BLANCAFORT, Helena/TUSÓN VALLS, Amparo (1999): *Las cosas del decir. Manual de análisis del discurso*. Barcelona: Ariel.

CASTRO ROIG, Xosé (1996): "El español neutro", en: *Congreso Anual de la ATA, 5 de noviembre de 1996, Colorado Springs, EE. UU.*; <http://xcastro.com/index_es.htm> (última consulta: 12-VII-2010).

— (2001): "El ciberespanglish, el español comercial y el español neutro en la Red", en: *Panace@: Boletín de Medicina y Traducción* 5, 2, 36-41; <http://medtrad.org/panacea/PanaceaPDFs/Septiembre2001.htm> (última consulta: 11-I-2011).

CHARRON, Marc (2003): "Oralidad y traducción: el caso de la no grabación de lo 'oído' en las versiones inglesas de *Pedro Páramo*", en: *Espéculo. Revista de Estudios Literarios* 25; <http://www.ucm.es/info/especulo/numero25/oraltrad.html> (última consulta: 11-I-2011).

FABBRI, Paolo (2000[1998]): *El giro semiótico. Las concepciones del signo a lo largo de su historia*. Trad. Juan Vivanco Gefaell. Barcelona: Gedisa.

FOUCAULT, Michel (1990): *Las palabras y las cosas. Una arqueología de las ciencias humanas*. Trad. Elsa Cecilia Frost. México: Siglo XXI.

GÓMEZ FONT, Alberto (2001): "El español en los medios de comunicación en EE. UU. El español internacional y la prensa hispana en Estados Unidos: la posible y necesaria unidad del español en los medios de comunicación", en: *El español en Estados Unidos: Simposios de Chicago*; <http://cvc.cervantes.es/obref/espanol_eeuu/comunicacion/agomez.htm> (última consulta: 11-I-2011).

— (2005): "Proyecto Rosario: el español internacional de los medios de comunicación", en: *Congreso Internacional de la Lengua Española de 2004 (Rosario)*; <http://congresosdelalengua.es/rosario/ponencias/internacional/gomez_a.htm> (última consulta: 11-I-2011).

— (2009): "Los libros y manuales de estilo", en: López Morales, Humberto (coord.): *Enciclopedia del español en los Estados Unidos*. Madrid: Santillana, 505-511.

GRIJELMO GARCÍA, Álex (1998): *Defensa apasionada del idioma español*. Madrid: Taurus.
HAVELOCK, Eric Alfred (1996): *La musa aprende a escribir: reflexiones sobre oralidad y escritura desde la Antigüedad hasta el presente*. Barcelona: Paidós.
IGLESIAS GÓMEZ, Luis Alberto (2009): *Los doblajes en español de los Clásicos Disney*. Salamanca: Universidad de Salamanca; <http://gredos.usal.es/jspui/bitstream/10366/76261/1/DTI_Iglesias_Gomez_LA_Los_doblajes_en_espanol.pdf> (última consulta: 11-I-2011).
INSTITUTO CERVANTES (2009): *Enciclopedia del español de los Estados Unidos*. Madrid: Santillana.
LAKOFF, George (2007): *No pienses en un elefante. Lenguaje y debate político*. Trad. Magdalena. Madrid: Editorial Complutense.
LODARES, Juan Ramón (2005): *El porvenir del español*. Madrid: Taurus.
LÓPEZ EIRE, Antonio (2001): "Retórica y oralidad", en: *Logo* 1, 1, 119-224.
MARCOS MARÍN, Francisco (2009): "Los servicios religiosos", en: López Morales, Humberto (coord.): *Enciclopedia del español en los Estados Unidos*. Madrid: Santillana, 975-977.
MARTÍNEZ LÓPEZ, Ana Belén (2008): *La traducción editorial de los manuales especializados dentro del ámbito biosanitario. Aplicaciones a la enseñanza y a la práctica profesional de la traducción médica del inglés al español*. Granada: Universidad de Granada; <http://0-hera.ugr.es.adrastea.ugr.es/tesisugr/17325973.pdf> (última consulta: 11-I-2011).
MILLÁN, José Antonio (2001): "El español en la sociedad digital: una propuesta", en: *II Congreso Internacional de la Lengua Española, Valladolid, 16 a 19 de octubre del 2001*. Valladolid: Real Academia Española/Instituto Cervantes; <http://congresosdelalengua.es/valladolid/mesas_redondas/millan_j.htm> (última consulta: 11-I-2011).
MIQUEL CORTÉS, Consuelo (2005): "Traducción y (auto)censura: el caso de *Kill Bill* en España y Latinoamérica", en: *Jornades de Foment de la Investigació*. Castellón: Universitat Jaume I, 1-19; <http://sic.uji.es/bin/publ/edicions/jfi10/trad/1.pdf> (última consulta: 11-I-2011).
PETRELLA, Lila (1998): "El español 'neutro' de los doblajes: intenciones y realidades en Hispanoamérica", en: Cortés Bargalló, Luis/Mapes, Carlos/García Tort, Carlos (coords.): *La lengua española y los medios de comunicación: [Primer Congreso Internacional de la Lengua Española, día de emisión, 7-VI-97, Zacatecas]*. México/Madrid: Siglo XXI/Secretaría de Educación Pública/Instituto Cervantes, vol. 2, 977-989; <http://congresosdelalengua.es/zacatecas/ponencias/television/comunicaciones/petre.htm> (última consulta: 11-I-2011).
REAL ACADEMIA ESPAÑOLA (2001): *Diccionario de la lengua española*. Madrid: Espasa-Calpe.
— (2005): *Diccionario panhispánico de dudas*. Madrid: Santillana.
— CORDE (Corpus Diacrónico del Español); <http://corpus.rae.es/cordenet.html> (última consulta: julio-agosto de 2010)
— CREA (Corpus de Referencia del Español Actual); <http://corpus.rae.es/creanet.html> (última consulta: julio-agosto de 2010).

RODRÍGUEZ ADRADOS, Francisco (2008): *Historia de las lenguas de Europa. Una visión general de la evolución de las lenguas de Europa.* Madrid: Gredos.
RODRÍGUEZ CORRAL, Lucía/MARTÍN DE SANTA OLALLA SÁNCHEZ, Aurora (2001): "Definición y aplicaciones del concepto de español neutro en la traducción", en: Cruz Cabanillas, Isabel de la (coord.): *La lingüística aplicada a finales de siglo xx: ensayos y propuestas 2.* Madrid: Asociación Española de Lingüística Aplicada, 827-832.
SALVADOR, Gregorio (1995): "La lengua de los culebrones", en: González, José M./ Terrón, Jesús (eds.): *III Jornadas de Metodología y Didáctica de la Lengua.* Cáceres: Universidad de Extremadura, 101-117.
VALLE, José del (1999): "Lenguas imaginadas: Menéndez Pidal, la lingüística hispánica y la configuración del estándar", en: *Bulletin of Hispanic Studies* 76, 2, 215-233; <http://elies.rediris.es/elies16/Valle.html> (última consulta: 11-I-2011).
VILLEGAS ERCE, Álvaro (2006): "El espanglés y la utilidad del español neutro. On Spanglish and the Usefulness of 'Neutral' Spanish", en: *Panace@: Boletín de Medicina y Traducción* 7, 24, 318-321; <http://www.medtrad.org/panacea/IndiceGeneral/n24_tribuna-villegas.pdf> (última consulta: 11-I-2011).
WILKINSON, Kenton T. (2004): "La diferencia de lenguas en la exportación de novelas", en: *Global Media Journal* 2, 2; <http://gmje.mty.itesm.mx/Wilkinson.html> (última consulta: 11-I-2011).

Algunos recursos en Internet sobre la práctica del español neutro [comentados]

Alternativa Teatral: <http://www.alternativateatral.com/propuesta.asp> [escuela argentina de actores que oferta cursos de español neutro].
Blog de traducciones-Spanish Translation (EE. UU.): <http://blog-de-traducciones.spanishtranslation.us/etiquetas/espanol-neutro> [se ofrece por entregas un glosario de español neutro, aunque en realidad la mayor parte de las "entradas con la etiqueta 'español neutro'" son voces de español general o bastante conocidas, que el autor reconoce haber tomado del *DRAE*].
Blogidiomas: <http://blogidiomas.com/requisito-excluyente-dominio-de-espanol-neutro/> [se comenta: "Requisito excluyente: dominio de español neutro. [...] Hoy en día el dominio del español neutro es un requisito fundamental para insertarse en el mercado laboral internacional"].
Ibero: <http://www.locucioniberoamericana.com/index.html> [se da formación en los clientes en la práctica del español neutro].
Sitio web de Eleazar Acosta: <http://voice123.com/eleazaracosta1> [este locutor dominicano se contrata para todo tipo de necesidades: anuncios, telefonía, documentales, incluso contenidos "adultos"].
Trusted Translations: <http://www.trustedtranslations.com/spanish-translation.asp> [se ofrecen traducciones en español neutro].
Word Reference Forums: <http://forum.wordreference.com/showthread.php?t=400697> [en el foro "Sólo español" se produce una larga disertación sobre el español neutro].

Xoops. Soporte Oficial en Español (EE. UU.): <http://www.esxoops.com/modules/newbb/viewtopic.php?viewmode=flat&type=&topic_id=5383&forum=29> [presenta un *Manual de español neutro*].

ESPAÑOL DE ESPAÑA Y ESPAÑOL DE AMÉRICA EN EL DOBLAJE: LA VARIACIÓN LINGÜÍSTICA A TRAVÉS DE UN ESTUDIO DE CASO

Lola Pons Rodríguez
Universidad de Sevilla

1. Introducción

Cuando nació el cine, la narración era universal por ser muda de texto y de voces. La representación icónica, desnuda de toda forma de información distinta del carril de imágenes sucedidas que se proyectaban, alcanzaba a espectadores de toda lengua. Era el llamado *esperanto universal del cine mudo* (Chaume Varela 2004: 40) que pronto comenzó a segmentar la galería de imágenes mediante cartelas que informaban de lo que iba aconteciendo. Esos intertítulos (enunciados cortos e ilustrativos para la trama) daban carta de naturaleza al nacimiento de un cine definido lingüísticamente, que, por esa misma razón, necesitaba por un lado ser traducido si quería exportarse y, por otro, ser también leído si quería ser difundido entre aquellos que no estaban alfabetizados. La figura del *explicador*, propia de esa etapa primera del cine, es conocida en España desde al menos 1901 (Ávila Bello 1997: 43); a él correspondía la lectura de los intertítulos, aunque con el tiempo muchos explicadores asumieron el papel de comentar humorísticamente y de acompañar con sonidos lo que aparecía en la pantalla.

Desde esos momentos germinales del cine hasta la masiva producción salida de las industrias audiovisuales en la actualidad (películas, documentales, series...) la narración audiovisual se ha hecho más compleja como código. El cine se hizo sonoro, aparecieron *El cantor de jazz,* las *talkies*, las dobles versiones y también el subtitulado y el doblaje, desaparecieron los explicadores, aumentó la producción audiovisual y su distribución internacional. La traducción audiovisual, previa al propio cine sonoro, ha servido desde entonces de invisible mediadora en esa industria creciente que ya no habla en el esperanto de la mera imagen. Y esa mediación se hace produciendo subtítulos, preparando versiones dobladas, gestando las transcripciones audiodescritas, etc.

En las páginas que siguen me ocuparé de una modalidad de traducción audiovisual, la destinada al doblaje, y de cómo esa traducción audiovisual para el ámbito hispánico se desempeña de manera pluricéntrica, en América y España. Ello nos permitirá cotejar de modo empírico la forma en que una misma enunciación de partida puede verterse a un mismo idioma mediante enunciados muy distintos, en los que constatar las principales diferencias en el plano morfosintáctico y léxico entre español de España y español de América, así como las diferencias en cuanto a volcado de rasgos diafásicos entre una y otra variedad.

2. Doblar, adaptar la lengua y neutralizar la cota de variación

Una traducción, cualquiera que sea su soporte, implica no solo un hacer equivaler los enunciados de partida a la lengua de destino, sino también una operación paralela e indisoluble de acomodación del original a las condiciones de la lengua, la sociedad y la cultura metas. En esa acomodación, hay en general una tendencia a reducir el nivel de variación lingüística expreso en la fuente. Goris (1993) sintetiza en tres pasos tal proceso de acomodación. En el primero, hay una *estandarización lingüística* del original, de forma que se reducen los elementos propios del lenguaje hablado, los rasgos dialectales o los elementos puramente idiolectales.

En el segundo, se adaptan los referentes culturales del texto original, es decir, se da lo que se conoce como *naturalización* (véase Marcelo Wirnitzer 2007 para referencias recientes). Las posibilidades que se presentan –*domesticación* o eliminación de elementos del texto origen que puedan ser ajenos para la cultura de llegada, *extranjerización* o mantenimiento de tales referentes, y *neutralización* o eliminación del elemento por razones de conveniencia– pueden de igual manera suscitar consecuencias en la forma de entender la configuración y el registro de partida. Por ello no se puede decir que exista una solución óptima con que resolver este problema, en parte previsto por ciertas productoras, como las factorías de series estadounidenses, que cuentan de entrada con la posibilidad de la exportación y hacen residir parte de su éxito fuera de las fronteras americanas en sus transparentes guiones, libres casi por completo de referentes culturales indígenas[1].

El tercer y último proceso de acomodación es el que Goris llama *explicitación*, esto es, el enriquecimiento respecto al original de un número de referencias que sirven para asegurar la continuidad de la historia.

En el caso del doblaje, por consistir en la "sustitución de los diálogos de una cinta por otros en un idioma diferente al de origen, armónicamente sincronizados con los movimientos labiales de los intérpretes" (Vigil 2009: 2), hay que sumar a

---

[1] "[These texts] have proved to be extremely exportable around the world, using a formula so 'transparent' that they could stand in for 'indigenous' programming for the local audience" (Hartley 2001: 6).

esa triple acomodación un condicionante más: el del *lip synch* o sincronía labial entre los movimientos faciales de los actores de la producción original y el texto doblado.

Conciliar la distribución comercial de las cintas con su comprensión por parte de todo el público ha hecho que la industria del cine desarrolle variadas estrategias con intención de llegar a los espectadores de la forma más exitosa y barata posible. Y ello ha tenido importantes consecuencias en el nivel de variación lingüística de los productos emitidos.

Históricamente, hay que mencionar la producción de *dobles versiones* en la primera parte del siglo XX; en efecto, en los años veinte y treinta las mismas productoras estadounidenses que rodaban las películas americanas reutilizaban sobre la marcha decorados y maquinaria para grabar, con actores hispanohablantes, las versiones vernáculas castellanas de la misma película. Este procedimiento fue abandonado en favor del doblaje, que resultaba más barato y más controlable ideológicamente. De hecho, convive con movimientos que reclamaban patrióticamente la producción de cine español (por ejemplo, así hacía la productora ECESA cuando imprimía carteles con el alarmante mensaje: "¡Españoles, España está en manos del cine extranjero[!]").

También existió producción propia panhispánica sostenida sobre todo en el eje España-México-Argentina; en ella vemos cómo se tiende a hacer un concierto de rasgos propios, eliminando los más idiosincrásicos pero preservando algunas particularidades. De alguna forma, como ha puesto de manifiesto Diego Galán (2003), latía en estos filmes la idea de que existe una comunidad hispánica, en lo racial, lo moral y también lo lingüístico; es el primer caso de español neutro:

> El afán mercantil por conformar una industria sólida, un mercado común hispano, logró superar este conflicto de las distintas versiones del español. Durante la década de los cuarenta, y muy especialmente de los cincuenta, a ningún espectador español parecía echar para atrás el dramatismo trascendente, y a "la argentina", de Zully Moreno, ni menos aún los churriguerescos discursos de Mario Moreno Cantinflas. Por su parte, a los mexicanos o argentinos les fascinaba el fogoso andalucismo de Lola Flores... ¿Cómo se logró el acuerdo? A base de una especie de español neutro. Por ejemplo, las películas argentinas renunciaron al "vos" para hablar de "tú". En el cine el lenguaje era, pues, sofisticado, irreal, alejado del español popular de la calle, incluso del español más culto. De ahí que, cuando en 1958 Fernando Ayala dirigió *El jefe* utilizando el "vos" en los diálogos, la película se convirtiera en uno de los mayores éxitos de taquilla conocido hasta entonces en Argentina. El público bramó (Galán 2003).

La coproducción decayó desde los años sesenta, y eso activó el rodaje de producciones con referentes culturales propios, con la torcida consecuencia de que eran desconocidas las cintas españolas al otro lado del Atlántico y viceversa, y que, además, muchas películas hispanoamericanas eran dobladas al español de España cuando se emitían en nuestras fronteras.

Esto es una muestra de cómo el hecho de que un producto esté grabado en español no lo iguala en aceptación en toda la comunidad hispanohablante; por eso, razones culturales e identitarias[2] han hecho que desde la segunda mitad del siglo XX haya ido creciendo la división territorial en la industria hispánica del doblaje, y, aunque todos hemos visto telenovelas venezolanas donde supimos qué eran *pana, chévere* o *placard*, series con fuertes rasgos dialectales como la mexicana *El chavo del ocho* o películas argentinas donde hemos comprobado las particularidades del español bonaerense, lo habitual es que, si el producto audiovisual está originalmente en una lengua distinta del español, lo hayamos consumido doblado al español peninsular.

Tal español peninsular se identifica en lo fonético y lo morfosintáctico con la variedad estándar castellano-norteña, pero, en el caso de América, ¿con qué variedad se dobla? Recordemos que la distribución de productos audiovisuales es una operación mercantil, con la que las empresas aspiran a aumentar sus ingresos; por ello, una inversión multiplicada en doblaje para hacer una versión en cada país donde la cinta se proyecte resulta irrealizable, además de poco práctica, ya que no en todos los países hispanoamericanos presenta la misma vigencia el doblaje frente a la subtitulación[3]. Ante las diferencias dialectales internas de Hispanoamérica, las empresas productoras tienden a dar una respuesta tan rentable como ecuménica: enfrentar la diversidad dialectal hispanoamericana, bien componiendo en sus productos una especie de "retablo de acentos" (cada personaje con una procedencia geográfica distinta) o bien, lo que es más general, con un lenguaje común, ayuno de rasgos léxicos propios a una zona concreta y

---

[2] Podemos agrupar estos factores dentro de la idea de *empatía* a la que recurre Bravo García (2008: 65) para aludir a "la identificación mental y afectiva entre los individuos" que "se consigue con referentes culturales, estructuras y expectativas de vida comunes y, por supuesto, con un modo de expresión compartido".

[3] México y, en menor medida, Argentina están a la cabeza del doblaje en Hispanoamérica, ya que no en todos los países se dobla ni en todos es general la emisión doblada. Así, en Perú, como pone de manifiesto el trabajo de Miquel Cortés (2005), suele emplearse el subtitulado en las emisiones y solo se doblan de manera sistemática los productos de animación para niños. En el caso de México, su industria del doblaje alcanzó una notabilísima difusión en todo el mundo hispano, incluida España, cuando desde inicios de los años cincuenta se comenzó a doblar allí la producción audiovisual animada de Disney. Cabe recordar que el doblaje llegó a estar prohibido "a finales de la década de los cuarenta, en parte porque se pensaba que hacía una competencia grave al cine nacional, por lo que solo se permitió en el caso de películas animadas o de series infantiles" (Bravo García 2008: 67).

aséptico en lo posible. Es lo que se ha dado en llamar *español neutro, español internacional, norma hispánica* o *español estándar*, que suele consistir (de ahí una de las críticas que ha recibido) en un español fonéticamente mexicano reducido de algunas voces propias. Así, Pérez Chavarría (1997) cita los casos de Teleuno, Univisión o CNN en español como cadenas que emplean, en la producción ajena que emite doblada, una especie de lenguaje aséptico que trata de servir de variedad lingüística neutra[4], una variedad paralela al inglés estándar. El reputado traductor audiovisual Xosé Castro Roig[5] llamaba a ese español neutro "un español que disgusta a todos por igual" ya que, efectivamente, su surgimiento y uso ha sido fuertemente criticado por diversos autores. Curiosamente, se ha objetado que sea una variedad nacida por razones comerciales, hecho que no deja de ser llamativo, teniendo en cuenta la legitimidad de las empresas para intentar traspasar fronteras comerciales ahorrando en traducciones adaptadas[6]: "Su invención está motivada por intereses económicos de las grandes productoras y elevada a *koiné* fundamentalmente por los medios de comunicación social, las grandes empresas de traducción audiovisual y por los profesionales de la traducción audiovisual" (Miquel Cortés 2005: 1). Las dobles versiones de doblaje son, pues, una realidad común en el escenario audiovisual de hoy.

Contar con dos traducciones distintas de un mismo producto extranjero de partida nos permite ver cómo un texto es acomodado en dos variantes de español distintas (peninsular y americana), qué elementos de la fuente son preteridos o preferidos en cada una de las versiones, y cómo pueden coincidir rasgos de esti-

---

[4] En otros casos de versiones múltiples de doblaje, y, por ejemplo, en un DVD americano distribuido en Argentina, podemos encontrar a nuestra disposición versiones en castellano neutro y argentino, además de la correspondiente versión original con subtítulos en español. Menciona Bravo García (2008) los casos de *redoblaje* por el que "materiales ya traducidos para o en Hispanoamérica se vuelven a doblar antes de lanzarlos al mercado español"; y alude, por ejemplo, al caso de *Los increíbles* que "tiene en total cuatro doblajes: español neutro, mexicano, argentino y español de España".

[5] En la sección "El Trujamán" del Centro Virtual Cervantes (24 de enero de 2000, "Español neutro").

[6] Con todo, debemos tener en cuenta que el *español neutro* no solo ha sido empleado comercialmente. Lo vemos también reclamado legislativamente, como ha puesto de manifiesto Petrella (1998) en el caso de Argentina, donde el término *español neutro* fue usado en la normativa gubernamental sobre doblaje: "El doblaje deberá ser realizado en idioma castellano neutro, según su uso corriente en nuestro país, pero comprensible para todo el público de la América hispanohablante". Dos años más tarde, otra reglamentación lo ampliaba así: "Se entenderá por idioma castellano neutro al hablar puro, fonética, sintáctica y semánticamente conocido y aceptado por todo el público hispanohablante, libre de modismos y expresiones idiomáticas de sectores".

lo o enunciados concretos en dos traducciones no emparentadas genéticamente, pero nos permite también observar de qué modo cada escenario de receptores deja sus marcas en la forma lingüística que se escoge en el ejercicio traductológico. Podemos hacer, pues, un repertorio variacional[7] de lugares morfosintácticos y léxicos que muestran la diversidad de ambas modalidades a partir de un texto común; estamos, al fin y al cabo, ante dos discursos "hermanos", o sea, nacidos de un mismo texto en lugares distintos. Aprovechando esta práctica audiovisual de un doblaje escindido territorialmente, haremos un análisis variacional de un mismo capítulo de una serie estadounidense difundida en dos versiones distintas en el mundo hispánico.

3. Una muestra contrastiva de dos doblajes al español

Se someterán a análisis comparativo dos versiones de un mismo capítulo de la serie *Friends*[8] (Warner Bros) dobladas desde el inglés, una hecha en España y otra en México. Se ha escogido esta serie como corpus de análisis por el género audiovisual que representa: una comedia de situación o *sitcom*, género que suma rasgos de comedia y de drama, y en la que está muy presente el humor. Esto da lugar a la aparición de chistes y de un lenguaje coloquial con diálogos que pretenden representar conversaciones rápidas, familiares y cotidianas[9]. A continua-

---

[7] Seguimos así la tendencia variacionista generalizada en la investigación en lingüística histórica y sincrónica en los últimos tiempos. Desde los presupuestos variacionales de Eugenio Coseriu a las recientes aportaciones de la lingüística variacional alemana (enriquecida con los datos cuantitativos de la lingüística de corpus), contamos ya con todo un basamento teórico que nos permite dividir niveles de variación dentro de las lenguas históricas y observar su manifestación discursiva.

[8] La serie *Friends* se emitió en Estados Unidos de 1994 a 2004 (diez temporadas, doscientos treinta y seis capítulos en total) en horario de *prime-time* en la cadena NBC. En España comenzó a difundirse en la cadena de televisión Canal Plus, fue traducida desde el inglés por Darryl Clark y doblada en el estudio barcelonés Sonoblock (Baños Piñero 2009: 27). En México se emitió por Canal 5 y fue doblada en el estudio Grupo Macías (con sede principal en Miami) con actores de doblaje mexicanos.

[9] Ello ha dado lugar a que se estudie en estos productos la representación de lo hablado, como en la tesis de Baños Piñero (2009), quien compara los diálogos de *Friends* y la serie española de producción propia *Siete vidas*, o el trabajo de Quaglio (2009), que compara la versión inglesa de *Friends* con la conversación espontánea en inglés para concluir que en la comedia de situación hay menos imprecisión léxica y menor número de elementos narrativos que en la conversación espontánea, donde, en cambio, aparecen rasgos bien recreados en la producción audiovisual, como el léxico coloquial, los marcadores o los términos de argot. Me exime ocuparme en detalle de este asunto la reciente tesis de Baños Piñero (2009), quien habla

ción ofrezco la transcripción de las tres partes del episodio (capítulo 5 de la temporada nueve, 2002, título original: "The one with Phoebe's birthday dinner") que se analizarán:

DOBLAJE ESPAÑOL LATINO	DOBLAJE ESPAÑOL PENINSULAR
(Aparece Monica en camisón, intenta seducir a su marido, Chandler.) MONICA: Bienvenido. Cómo te extraño. ¿Vienes conmigo? CHANDLER *(esquivo)*: No, gracias, estoy bien. MONICA: Correcto, te haces el indiferente. CHANDLER *(nervioso)*: Bueno, es que acabo de salir del avión y me siento sucio, tal vez debo tomar una ducha. MONICA: No necesitas ducharte. CHANDLER: La verdad... es que yo me ensucié durante una turbulencia. MONICA *(oliendo el ambiente)*: Algo huele mal, huele a humo. *(Enfadada.)* ¡Ay! ¡Fumaste! CHANDLER: Sí, *(nervioso)* pero solo uno, dos, solo dos cigarrillos, de acuerdo... nueve... una cajetilla... dos cajetillas... un paquete, *(gritando)* ¡tres paquetes en menos de dos días! Pero se acabó. Tomé la decisión, no voy a fumar nunca más. *(Ella le descubre otro paquete más en la chaqueta.)* Esos son para ti.	*(Aparece Monica en camisón, intenta seducir a su marido, Chandler.)* MONICA: Bienvenido a casa. Te he echado de menos. ¿Te vienes a la cama? CHANDLER *(esquivo)*: No, gracias, estoy bien aquí. MONICA: Ah, entiendo. O sea que quieres que juguemos, ¿es eso? Chandler *(nervioso)*: Verás, es que acabo de bajar de un avión y me siento un poco guarro, creo que debería ducharme. MONICA: No necesitas ninguna ducha. CHANDLER: Vale, la verdad es que... me he ensuciado los gayumbos en unas turbulencias. MONICA *(oliendo el ambiente)*: ¿A qué huelo? ¿Huelo a humo? *(Enfadada.)* ¿Has fumado? CHANDLER: Sí, *(nervioso)* pero solo ha sido uno, dos, dos pequeños cigarrillos, vale ¡cinco!, un paquete, un cartón, *(gritando)* ¡tres enormes cartones en dos días! Pero se acabó. He decidido que no volveré a fumar nunca más. *(Ella le descubre otro*

de un "equilibrio" en el reflejo de rasgos del español coloquial: "Los cimientos del discurso de los capítulos de *Friends* analizados (doblados del inglés al español) residen en el establecimiento de un equilibrio entre los rasgos propios de la conversación oral espontánea y de la lengua escrita. Entre los factores que contribuyen a mantener este equilibrio cabe destacar la estandarización lingüística, la perentoriedad de la sincronía en el doblaje y el propósito de ofrecer unos diálogos verosímiles y pretendidamente espontáneos. Si bien el traductor procura acercar los diálogos de *Friends* al español 'de la calle' el uso de marcas de oralidad es, por lo general, estereotipado y convencional" (Baños Piñero 2009: 418). Otros trabajos en este volumen se ocupan de la mímesis de la oralidad en los productos audiovisuales.

DOBLAJE ESPAÑOL LATINO	DOBLAJE ESPAÑOL PENINSULAR
[...] *(Ross habla por teléfono, en el salón también está su esposa, Rachel; ambos son padres de una niña recién nacida, Emma.)* Ross: Muy bien, sí te veré cuando regresemos, adiós. *(Cuelga.) (A Rachel.)* Ay. Era mi madre; está atorada en el tránsito. Rachel: Correcto, esa es la tercera señal de que no debo dejar a Emma. Ross: ¿Cuáles son las otras dos? Rachel: Bueno, la primera es que no quiero ir; la segunda no voy a ir. Ross *(tranquilizador)*: Sé que es la primera vez que dejamos a la bebé y oye, yo sé lo duro que es para ti. Pero todo va a estar bien... mi madre, mira, mi madre va a estar con ella y ella es genial con los niños. Rachel: ¿Ah sí? O mejor Monica. Ross: Oye, solo conoces la versión de Monica ¿cierto? ¡Esa gordita era aterradora! Rachel: Siento que yo no debo ir. Ross: Rachel, ¿sabes qué? Puedes y debes ir, en serio, será bueno para ti, es más, ¿sabes qué?, ¿por qué no te adelantas al restaurante y yo espero a mi madre y luego te veo allá? En serio, debes ir, vete, sal ya, en serio. El mundo es tu cantón, ¡avienta la toalla y píntate de colores! Rachel: ¿Tengo que aprender tu nuevo argot? Ross: En serio, anímate, tienes que ir. Ten. *(Van hacia la puerta y él sale con ella, cerrando.)* Vete ya, no no, ¿sabes qué? No vas a volver a casa, la bebé está bien así que sal volando. Sí, y lo cuentas en el camino.	*paquete más en la chaqueta.)* Esos son para ti. [...] *(Ross habla por teléfono, en el salón también está su esposa, Rachel; ambos son padres de una niña recién nacida, Emma.)* Ross: De acuerdo, nos vemos cuando consigas llegar, adiós. *(Cuelga.) (A Rachel.)* Era mi madre; está parada en un atasco enorme. Rachel: Vale, pues ya es la tercera señal de que no debería dejar a Emma. Ross: ¿Cuáles son las otras dos? Rachel: Pues, la primera es que no quiero y la segunda que no voy a ir. Ross *(tranquilizador)*: Ya sé que es la primera vez que dejamos a la peque y oye, entiendo que te cueste hacerlo. Pero, pero no va a pasar nada, ya ves, mi madre estará con ella, es fantástica con los niños. Rachel: ¿Lo es? Ross: Sí. Rachel: ¿Y con Monica? Ross: Solo has oído la versión de Monica. Esa pequeña vaca era una diablilla. Rachel: No creo que pueda soportarlo. Ross: Rachel, no solo puedes hacerlo sino que debes, en serio, te sentará bien. Oye, Rachel, ¿qué te parece si te vas ya al restaurante y yo espero a que llegue mi madre y nos vemos allí? No, en serio, deberías ir. Vete ya. ¡Sal al exterior y cómete el mundo, suéltate la melena y arrasa con todo! Rachel: Tienes que aprender el nuevo argot. Ross: En serio, venga, deberías irte ya. *(Van hacia la puerta y él sale con ella, cerrando.)* Vamos. No, vete ya. No, no,

ESPAÑOL DE ESPAÑA Y ESPAÑOL DE AMÉRICA EN EL DOBLAJE

DOBLAJE ESPAÑOL LATINO	DOBLAJE ESPAÑOL PENINSULAR
RACHEL: Solo iba a decir que dejé mis llaves. ROSS: Ah. Ay santa madre, estamos en un problema... [...] *(En un restaurante, en una mesa para seis están sentados solo Phoebe y Joey.)* PHOEBE: ¿Dónde están todos? Ya esperamos cuarenta minutos. Tengo hambre, sabía que vendríamos hoy aquí y no he comido nada. JOEY: ¿Y qué dices de mí? ¡Solo almorcé una vez! CAMARERO *(fatuo)*: ¿Y esperan que vuestros amigos no tarden? PHOEBE *(cambia su manera de hablar)*: Sí, yo los espero en el presente, ellos no tardarán en arribar. CAMARERO: OK. Tenemos una mesa para dos disponible tal vez estéis más cómodos. JOEY: No ya "vendráis"; los esperaremos aquí. PHOEBE: *(A Joey.)* ¡Joseph!... *(Al camarero.)* Nos os preocupéis, ya no deben tardar. CAMARERO: Es que hay otros comensales esperando PHOEBE *(enfadada)*: Y uno tiene un clavo en el trasero, ¿no es cierto? [...] *(Rachel y Ross en la puerta de su piso pero sin poder entrar; la niña está dentro sola.)* ROSS: Bueno, el encargado no está pero ¿sabes qué? Mi madre va a llegar en cualquier momento y ella tiene llave. RACHEL *(muy nerviosa)*: Tienes que hacer algo..., ¡tira esta puerta! ROSS: Lo haría, pero me salen moretones además, además, linda, todo va a	no, no, ¿sabes qué? No volverás a entrar, la niña está bien así que ¡largo! Cuéntame tus penas mientras te vas. RACHEL: Solo iba a decirte que me he dejado las llaves. ROSS: Ah. Cáspita, ahora sí que estamos en un buen berenjenal... [...] *(En un restaurante, en una mesa para seis están sentados solo Phoebe y Joey.)* PHOEBE: ¿Dónde está la peña? Llevan cuarenta minutos de retraso. JOEY: Sí, lo sé. PHOEBE: Me muero de hambre. Como veníamos a cenar aquí no he comido nada en todo el día. JOEY: Y yo que hoy solo he comido una vez. CAMARERO *(fatuo)*: Bien, ¿se espera la llegada de los comensales en breve? PHOEBE *(cambia su manera de hablar)*: Se espera su llegada presto. Su llegada es inminente. CAMARERO: Verán. Disponemos de una mesa para dos. JOEY: No, esperaremos aquí mismo. PHOEBE: *(A Joey.)* ¡Joseph!... *(Al camarero.)* No se preocupe, no se demorarán. CAMARERO: Es que tenemos algunos grupos grandes que están esperando. PHOEBE *(enfadada)*: Oiga, ¡me parece que alguien tiene un palo metido por el culo! [...] *(Rachel y Ross en la puerta de su piso pero sin poder entrar; la niña está dentro sola.)* ROSS: Vale, el portero no está en casa, pero no te preocupes, mi madre está a punto de llegar y tiene llave.

DOBLAJE ESPAÑOL LATINO	DOBLAJE ESPAÑOL PENINSULAR
estar bien porque la bebé ya se durmió. RACHEL: Pero, ¿y si salta del bambinetto? ROSS *(irónico)*: No sostiene la cabeza, pero sí salta. RACHEL: Oh por Dios, ¡dejé el grifo abierto! ROSS: Rachel, no dejaste el grifo abierto, ya calma tus nervios, ¿quieres? RACHEL: Pero dejé la estufa encendida. ROSS: No has cocinado desde 1995.	RACHEL *(muy nerviosa)*: No puedo esperar tanto, tienes que hacer algo..., ¡echa la puerta abajo! ROSS: Lo haría pero me magullo más que un melocotón. Venga, no te preocupes, no va a pasar nada, la niña está durmiendo. RACHEL: ¿Pero y si salta del moisés? ROSS *(irónico)*: No puede ni levantar la cabeza, pero sí, saltará. RACHEL: Dios mío, ¡he dejado el grifo abierto! ROSS: Rachel, no has dejado ningún grifo abierto, por favor, intenta tranquilizarte. RACHEL: ¿Habré dejado el horno encendido? ROSS: No cocinas desde 1996.

4. Análisis de las dos versiones dobladas

En este trabajo no se comenta el aspecto fónico de cada una de las versiones, pero, de modo general, se puede decir que en la versión americana oímos español de México, con general seseo, mientras que la versión peninsular oímos la variedad castellano-norteña con distinción entre /s/ y /θ/[10]. Las principales diferencias no fonéticas entre ambas versiones se concentran en los planos morfosintáctico y léxico: la elección de pronombres y formas verbales, el vocabulario empleado y los procedimientos de marcación discursiva seleccionados serán por ello el objeto de nuestra exégesis.

---

[10] Hay que recordar que en la operación de doblado se diluyen, en general, las marcas fonéticas dialectales y sociolectales del original. Así, en el *Friends* original hallamos personajes con fuerte acento neoyorquino que el doblaje convierte en estándares de su correspondiente lengua meta, a menos que se quiera usar algún rasgo dialectal con intención humorística, caso en el que se elige algún dialecto de la lengua de llegada.

4.1. Contraste en los usos pronominales

El mayor contraste observable entre ambas transcripciones en los usos pronominales se da en la construcción de la cortesía en una y otra versión. El trato común entre los personajes de la serie es de total familiaridad, por ello se tutean entre sí; en la muestra transcrita el único personaje que introduce otro comportamiento lingüístico en ese plano es el camarero. La escena es muy interesante (y se entiende mucho mejor viéndola que leyéndola), puesto que el restaurante es un sitio lujoso, caro, y el camarero se expresa de forma muy pedante y engreída. Esto provoca que Phoebe trate de hablar de forma más cuidada (usa *presto*, una voz muy literaria en español, se dirige a Joey como si fuese francés: *Joseph*...). En la versión española, el camarero y los clientes se tratan de *usted*, como sería normal en un entorno de ese tipo en España (lo vemos porque Phoebe lo interpela mediante *oiga*), pero la versión americana es mucho más interesante en ese sentido. Como sabemos (véanse Fontanella de Weinberg 1999 y Real Academia Española 2009a entre otros), en los pronombres de tratamiento del español de América no se utiliza la forma *vosotros* sino *ustedes*, conjugada en tercera persona del plural, con valor de familiaridad y no de cortesía. La forma *vosotros* y su correspondiente verbo conjugado no son utilizados en español de México, como tampoco el posesivo *vuestro*. Solo españoles peninsulares que vivan en México, o que deliberadamente quieran hacerse pasar por personas más cultivadas, utilizarían en México una frase como *vosotros venís de vuestra casa* en lugar de *ustedes vienen de su casa*. Cuando en la versión latina el camarero dice una frase como "¿Esperan que vuestros amigos no tarden?" está siendo representado como un personaje pedante, que utiliza "vuestros amigos" con *vuestros* de sentido deferencial pero que no puede ser un español de España, puesto que no conjuga el verbo en segunda persona sino en tercera. A un hablante de español peninsular esta frase del camarero le suscitaría una gran extrañeza, porque no hay concordancia entre el posesivo y los verbos: "¿Esperan que sus amigos no tarden?" sería lo propio, por ser un entorno formal, o en todo caso, "¿Esperáis que vuestros amigos no tarden?", pero no la mezcla de los paradigmas de segunda y tercera persona. Las respuestas de los dos amigos –él inventa una forma verbal ("ya vendráis") y ella trata al camarero de *vosotros* ("no os preocupéis")– son un precioso testimonio del desuso de *vosotros/vuestro* en el español americano[11].

---

[11] En el guión inglés original (disponible en la web <http://www.friendscafe.org/scripts>) Joey dice: *Thou needn't worry, they shan't be long*, donde se acumulan los arcaísmos como el pronombre *thou*, extinto en el XVII y hoy relegado a apenas algunos discursos jurídicos y religiosos, así como el uso del desaparecido *shan't* en lugar de *shouldn't* y el empleo de *needn't*, cuya negación hoy se construiría con el auxiliar *do* (especialmente en inglés americano).

4.2. Contraste en los usos verbales

En cuanto a los verbos, la diferencia más llamativa es el distinto reparto del pretérito perfecto compuesto o antepresente *(he cantado)* y el del pretérito perfecto simple o indefinido *(canté)*. En siete ocasiones, un antepresente (o pretérito compuesto) de la versión española es en la versión mexicana un pretérito indefinido (o perfecto simple):

me ensucié	*me he ensuciado*
fumaste	*has fumado*
tomé la decisión	*he decidido*
dejé	*he dejado*
almorcé	*he comido*
dejé	*he dejado*
dejaste	*has dejado*

En esta transcripción observamos cómo en el español de América el antepresente tiene un menor grado de uso que en España, aunque hay variaciones por zonas dentro del amplio territorio americano (Real Academia Española 2009b). En España, la oposición entre *he cantado/canté* se basa en una diferencia de temporalidad: ambos tiempos son pasados pero el antepresente es próximo, actual, sitúa la acción en la misma unidad temporal en la que se inserta el propio hablante, mientras que el indefinido es distante, inactual.

En general, atendiendo al comportamiento del doblaje latino, vemos que el pretérito indefinido es el más usado, aunque ello no quiere decir que el antepresente haya desaparecido del paradigma verbal; la gran diferencia es que se emplea con un valor aspectual, no temporal. El antepresente alude a eventos que tienen relevancia en el momento presente. De hecho, en el capítulo de *Friends* hay dos ejemplos de antepresente: en uno, "he comido", coinciden las versiones peninsular y americana; en otro, "no has cocinado desde 1995", es muy interesante observar que la versión mexicana emplea el antepresente precisamente porque ese hecho continúa en el presente y es relevante aún (ella sigue sin cocinar), mientras que esa continuidad es señalada en el español europeo precisamente con un presente ("no cocinas desde 1996").

El dispar reparto de los dos pasados en estas dos variedades hispánicas es consecuencia de una evolución distinta en español moderno desde la situación que existía en castellano medieval y clásico. En general, a lo largo de la historia del español, el indefinido se ha usado más que el pretérito. Los diversos trabajos de Moreno de Alba (véase, entre otros, su artículo de 2006) al respecto de este asunto muestran que el sistema de oposiciones temporales que se da hoy en el español de España se conformó entre los siglos XVIII y XIX. Desde el siglo XVIII, el predominio del indefinido en América creció y descendió gradualmente el del pretérito perfecto.

Por diferencias en la manera de traducir desde el inglés y de construir la escena verbalmente, a veces en una versión aparece en pasado lo que en otra es presente, pero, en cualquier caso, se repite la tendencia de no usar el pretérito perfecto en el español americano. Los casos de "te he echado de menos" y "has oído" son en la versión mexicana-latina "te extraño" y "conoces", y dos presentes peninsulares con un valor claro de continuidad –"llevan cuarenta minutos de retraso" y "está durmiendo"– son en español mexicano sendos indefinidos: "ya esperamos" y "ya se durmió", donde podemos ver cómo el adverbio *ya* refuerza el sentido de pasado cercano que tiene el indefinido.

Por último, hay que aludir a la oposición entre la frase "dejé la estufa encendida" frente a "¿Habré dejado el horno encendido?". En español, el futuro compuesto se puede usar para formular una hipótesis referida a una acción del pasado. Pero en español mexicano es menos empleado que en España y se prefiere el indefinido o la perífrasis *poder* + infinitivo, que tiene ese mismo sentido de duda.

4.3. CONTRASTE EN LA SELECCIÓN DE MARCADORES DISCURSIVOS

En cuanto a los marcadores, los hay compartidos en las dos variedades del español ("bueno", "oye", "pues"...); otros, en cambio, se usan solo en una de ellas. Es el caso de "venga" como marcador (Cestero Mancera/Moreno Fernández 2008, Gras Manzano *et al.* 2007) con uso para el cierre conversacional distinto al valor común hispánico de marcador de conformidad y anuencia; este es un desarrollo bastante reciente (de hecho, españoles que han pasado unos años fuera del país dan como ajeno a ellos este empleo). Algunas diferencias más se hallan entre los marcadores conversacionales de conformidad: "OK" aparece esporádicamente en el español peninsular, pero es mucho más frecuente en el español mexicano; en cambio, el uso de *vale* como "OK, de acuerdo" es inusual en México. Es muy común en México el uso de *correcto*, que en español de España es un marcador poco usado fuera de interacciones dialógicas formales. Por último, aunque *en serio* se emplee a ambos lados del Atlántico (como constatan ambas versiones, que traducen como "en serio" dos ocurrencias de *really* y un *I'm serious* del original), hay que advertir que es preferido en México, mientras que en España es *de verdad* la forma más utilizada con ese valor de operador de refuerzo argumentativo (que contrasta con el mexicano *de veras*).

4.4. Contraste en la selección léxica

En el léxico son varias las diferencias que se observan: en unos casos, hallamos variaciones en la fonética de una misma palabra: para la mancha morada o parda que surge en la piel tras un golpe, en el español de América, al igual que en Andalucía, se sigue usando la forma originaria "moretón" (derivado de *mora* y paralelo a otras formaciones similares como *chupetón*, véase Corominas-Pascual s.v. *mora*), mientras que es *moratón* (aunque no aparece en la versión doblada que transcribimos) la general en la España central y norteña (*DPD*, s.v. *moretón*), con cambio a /a/ en su segunda sílaba, posiblemente por la analogía con *morado*.

Otras aparentes diferencias léxicas tienen una raíz morfológica: por ejemplo, es raro el uso de "la peque" en México, como también en España el acompañar de artículo femenino al sustantivo *bebé*: ni "la bebé" ni "la bebita" son frecuentes en la Península, donde este sustantivo (*DPD*, s.v. *bebé*) se sigue considerando epiceno masculino (*el bebé* puede ser un niño o una niña). En América, en cambio, lo más frecuente es hacer el sustantivo común en cuanto al género y acompañarlo de artículo (*el bebé, la bebé*) o, en la zona del Río de la Plata, flexionarlo con terminación: *el bebé, la beba*. En el caso de "cigarro" frente a "cigarrillo", el español mexicano no emplea lexicalizada la forma con diminutivo.

Puede ocurrir que una palabra sea solo utilizada en una de las dos variedades y resulte desconocida en la otra. Es lo que sucede con la palabra "gayumbos", usada muy coloquialmente en España desde principios del siglo XX para indicar una prenda interior masculina y no empleada en México, sino *truza*, *bóxer*... En cambio, es insólita en España la voz "bambinetto", usada en el español de México para designar una cuna portátil. En España *cuna* es el término tradicional y se usa también (aunque sean realidades diferentes) *moisés*, palabra que en México está connotada de conservadora o antigua.

En otros casos, el contraste entre las dos variedades está en la acepción que se le da a una palabra. Las frases "atorarse en el tránsito" y "estar en un atasco" son un ejemplo de ello. Las palabras que aparecen en ambas estructuras son conocidas en las dos zonas hispanohablantes, pero se les dan sentidos distintos. Para la circulación poco fluida de automóviles, un español de España diría "estoy en un atasco", que para un mexicano muy probablemente significaría "estar en una comilona, comiendo mucho"; "atorarse en el tránsito" o "estar el carro atascado" serían las formas usadas en México. En el español peninsular, *atorar* se usa para "atascar, obstruir" pero no se suele relacionar con la circulación de automóviles; *atorarse* es "atrancarse, trabarse". Si en el español de México se usa *tránsito* y también *tráfico*, en el de España es *tráfico* la palabra que se emplea relacionada con *atasco*, y *tránsito* se usa con el sentido de "actividad de personas y vehículos que pasan por una calle, una carretera...", por ejemplo, en frases como "Es incesante el tránsito de vehículos hacia las playas". Muy llamativo es el contraste del significado de *estufa*, que en español es "calefactor para calentar el ambiente" y en México es el fogón, la hornilla para cocinar. Otra diferencia está en el uso en español peninsular de "paquete de cigarros" (por caja con doce cigarros), en México "cajetilla" (palabra también muy usada en España). El contenedor de varias cajetillas es un *cartón de cigarros* en España y un *paquete* en México.

Otras diferencias léxicas están en la marcación coloquial o muy culta que tienen algunas palabras. Así, la expresión "te sentará bien", no marcada en España, en México es sentida como culta frente al más común "te caerá bien". Ese "dónde está la peña" que usa Phoebe coloquialmente para preguntar "dónde está todo el mundo" es en el español peninsular un rasgo muy propio de hablantes de generaciones jóvenes, en tanto que en México es desconocido o parece estar connotado como rural. Menos conseguida está la traducción de la fraseología coloquial que aparece en el enunciado donde Ross intenta animar a Rachel: ni la traducción española peninsular ni, aún menos, la latina logran ser muy naturales. El guión original inglés reza: *Really, the world is your oyster. Kick up the heels. Paint the town red*[12], y ni la equivalencia cultural ni la idiomática al pasar esa cadena de modismos al español se alcanzan.

Por último, el uso de "guarro" o "culo" que vemos en la traducción peninsular (para las frases del original *I'm feeling kinda gross* y *One really does have a stick up one's ass, doesn't one*) no se emplean, en cambio, en la traducción hecha en México, donde ambos vocablos son conocidos, pero no se suelen hallar en un producto audiovisual que difunde una lengua estándar (se prefieren "sucio" y "trasero"). Esto es un ejemplo de otro rasgo contrastivo que se advierte entre ambas versiones: la de España está más abierta al reflejo coloquial y vulgar de la inmediatez comunicativa, mientras que la versión mexicana, aun exhibiendo un español coloquial, tiende a un nivel de elaboración más alto. Como Miquel Cortés ha afirmado al respecto de la suavización del lenguaje obsceno que se observa en la traducción audiovisual hispanoamericana,

> es interesante comprobar que el tratamiento que reciben los términos vulgares o coloquiales es completamente diferente en España y en los países latinoamericanos. Por ello, lo que a priori parecería ser una actitud intransigente y de censura por parte de los estudios de doblaje y subtitulación, no es más que el reflejo de una sociedad culturalmente diferente a la nuestra (Miquel Cortés 2005: 16).

---

[12] *The world is your oyster*: 'el mundo está a tus pies'; *kick up the heels*: 'disfruta con lo que te gusta'; *to paint the town red*: 'echar una cana al aire'.

Así, en el doblaje hispanoamericano es común reemplazar los vulgarismos del original por formas más suaves como *maldito* o *bastardo* o por expresiones interjectivas típicas del registro de ficción como *rayos, demonios, diablos*... Hay que decir que la versión original de *Friends* no abunda en el uso de palabras malsonantes en su recreación de la oralidad; de hecho, Quaglio (2009) ha relacionado la ausencia de voces como *shit* y *fuck* en la versión original con restricciones impuestas por la cadena NBC.

5. Conclusiones

A través de los doblajes de esta serie en el mundo hispánico hemos podido observar cómo a un corpus de producción ajena se sobreponen dos discursos geográficamente distintos. En la situación actual, el español de España y el de América son dos variedades diatópicas del idioma español cuyas particularidades fónicas, morfosintácticas o léxicas no impiden la mutua inteligibilidad. Si un hablante de español ve la versión de esta serie doblada a la otra variedad la podría entender, aunque, obviamente, tendría que resolver a partir del contexto el referente de algunas formas léxicas no usadas en su variedad propia. Pero un hablante de México también reconocerá en el capítulo voces que no se corresponden exactamente con las suyas propias, lexemas neutralizados (es el caso de *llave*, neutralizada frente a *grifo*) a la búsqueda de un español más internacional que local.

El traductor parece asumir y ampliar la labor del *explicador* del cine de orígenes y se encarga de adaptar la lengua original a las expectativas lingüísticas propias del público: es un reductor de variación desde el inglés, pero también, involuntariamente y como hablante, es un creador de variación en la versión nueva, que, en este caso, son dos y, por venir emergidas de enclaves distintos, nos revelan nuevas muestras de variación diatópica. Esa variación surgida del traductor nos interesa a los estudiosos de la variación dialectal dentro una misma lengua histórica. La *invisible mediadora* –como hemos llamado anteriormente a la traducción audiovisual– se hace, pues, visible y objeto por sí misma de análisis lingüístico.

Bibliografía

ÁVILA BELLO, Alejandro (1997): *El doblaje*. Madrid: Cátedra.
BAÑOS PIÑERO, Rocío (2009): *La oralidad prefabricada en la traducción para el doblaje. Estudio descriptivo-contrastivo del español de dos comedias de situación: "Siete vidas" y "Friends"*. Tesis doctoral. Granada: Universidad de Granada.

BRAVO GARCÍA, Eva María (2008): *El español internacional: conceptos, contextos y aplicaciones*. Madrid: Arco/Libros.

CESTERO MANCERA, Ana María/MORENO FERNÁNDEZ, Francisco (2008): "Usos y funciones de 'vale' y '¡venga!' en el habla de Madrid", en: *Boletín de Lingüística* 29, 65-84.

CHAUME VARELA, Frederic (2004): *Cine y traducción*. Madrid: Cátedra.

FONTANELLA DE WEINBERG, María Beatriz (1999): "Sistemas pronominales de tratamiento usados en el mundo hispánico", en: Bosque, Ignacio/Demonte, Violeta (dirs.): *Gramática descriptiva de la lengua española*. Madrid: Espasa-Calpe, vol. 1, 1399-1425.

GALÁN, Diego (2003): "La lengua española en el cine", en: *Anuario del Instituto Cervantes*; <http://www.cvc.cervantes.es/obref/anuario/anuario_03/galan/> (última consulta: 12-I-2011).

GORIS, Olivier (1993): "The Question of French Dubbing: Towards a Frame for Systematic Investigation", en: *Target* 2, 169-190.

GRAS MANZANO, Pedro/POLANCO MARTÍNEZ, Fernando/SANTIAGO BARRIENDOS, Marisa (2007): "Forma, función y evolución del marcador conversacional 'venga' en español", en: Cano López, Pablo (coord.): *Actas del VI Congreso de Lingüística General, Santiago de Compostela, 3-7 de mayo de 2004*. Madrid: Arco/Libros, vol. 2, t. 1, 1621-1636.

HARTLEY, John (2001): "Situation Comedy. Part 1", en: Creeber, Glen (ed.): *The Television Genre Book*. London: British Film Institute, 65-67.

HERNÁNDEZ, Manuel/TIRADO, Carlos (1997-1998): "Doblaje y subtitulación de *Pulp Fiction*", en: *Jornades de Foment de la Investigació*. Castellón: Universitat Jaume I; <http://www.uji.es/bin/publ/edicions/jfi3/doblaje.pdf> (última consulta: 15-IX-2010).

MARCELO WIRNITZER, Gisela (2007): *Traducción de las referencias culturales en la literatura infantil y juvenil*. Frankfurt: Peter Lang.

MIQUEL CORTÉS, Consuelo (2005): "Traducción y (auto)censura: el caso de *Kill Bill* en España y Latinoamérica", en: *Jornades de Foment de la Investigació*. Castellón: Universitat Jaume I, 1-19; <http://www.uji.es/bin/publ/edicions/jfi10/trad/1.pdf> (última consulta: 15-IX-2010).

MORENO DE ALBA, José G. (2006): "Valores verbales de los tiempos pasados de indicativo y su evolución", en: Company Company, Concepción (dir.): *Sintaxis histórica de la lengua española 1. Primera parte: la frase verbal*. México: Universidad Nacional Autónoma de México/Fondo de Cultura Económico, 5-92.

PÉREZ CHAVARRÍA, Mariela (1997): "Variables dialectales del español: ¿valor agregado o descuento cultural en el flujo de productos audiovisuales?", en: *Razón y Palabra* 7.

PETRELLA, Lila (1998): "El español 'neutro' de los doblajes: intenciones y realidades", en: Cortés Bargalló, Luis/Mapes, Carlos/García Tort, Carlos (coords.): *La lengua española y los medios de comunicación: [Primer Congreso Internacional de la Lengua Española, día de emisión, 7-VI-97, Zacatecas]*. México/Madrid: Siglo XXI/Secretaría de Educación Pública/Instituto Cervantes, vol. 2, 977-988; <http://congresosdelalengua.es/zacatecas/ponencias/television/comunicaciones/petre.htm> (última consulta: 2-III-2010).

QUAGLIO, Paulo (2009): *Television Dialogue: The Sitcom Friends vs. Natural Conversation*. Amsterdam/Philadelphia: John Benjamins.

REAL ACADEMIA ESPAÑOLA/ASOCIACIÓN DE ACADEMIAS DE LA LENGUA ESPAÑOLA (2005): *Diccionario panhispánico de dudas*. Madrid: Santillana.

— (2009a): "El pronombre personal. La correferencia. Las formas de tratamiento", en: *Nueva gramática de la lengua española*. Madrid: Espasa-Calpe, 1161-1267.

— (2009b): "El verbo (I). Tiempo y aspecto. El aspecto léxico. Los tiempos del modo indicativo", en: *Nueva gramática de la lengua española*. Madrid: Espasa-Calpe, 1673-1795.

ROMERO FRESCO, Pablo (2006): "The Spanish Dubbesse: a case of (un)idiomatic Friends", en: *The Journal of Specialised Translation* 6, 134-151; <http://www.jostrans.org/issue06/art_romero_fresco.php> (última consulta: 15-IX-2010).

VIGIL, Soledad (2009): "El doblaje al español: un problema para las compañías cinematográficas", en: *Primeras Jornadas Regionales de Actualización en Comunicación "La investigación en comunicación social"*. Facultad de Artes y Ciencias-Departamento de Comunicaciones Sociales, Universidad Católica de Salta; <http://www.ucasal.net/templates/cobinco/apps/vigil.pdf> (última consulta: 15-IX-2010).

II. HISTORIA Y TEORÍA DE LA TRADUCCIÓN

TWITTER-TRADUCCIÓN

DÁMASO LÓPEZ GARCÍA
Universidad Complutense de Madrid

La traducción *twitter* no existe, la *twitter*-traducción es una acuñación que pretende describir de forma simultánea una historia posible y un estado de cosas. La historia posible es la de la presencia efectiva de la traducción en la vida social, en su conjunto, y en la historia de la lengua. La primera de estas historias está por hacer, pues si bien la traducción ha sido una especialización del consumo lingüístico de los hablantes, no se ha determinado con exactitud qué relación mantenía la traducción con otros usos especializados de la lengua. Por otra parte, la traducción ha desempeñado siempre un papel relevante en la vida de las lenguas, aunque no haya sido tan evidente su papel, hasta tiempos recientes, en el conjunto de las sociedades. Sin duda, el mundo de la globalización se expresa también mediante el hecho de que la traducción es, de manera eminente, un fenómeno global; y que son ahora, en tiempos de Internet, millones las personas que se sirven, de una u otra forma, de la traducción y de los servicios de traducción. El ciudadano global es, además de otras muchas cosas, usuario y consumidor de traducciones. El estado de cosas no existe, porque no se reconoce lo que pretende describir, pero es evidente que esto, lo que se pretende describir, puede existir. Puede hacerlo del modo en que lo hacen las descripciones ideales del presente; en particular de aquellas regiones del presente que aún no poseen una cartografía propia y diferenciada. Cierta parte de la historia de la traducción y algunas manifestaciones de su presente se relacionan de espaldas a lo que la observación común de los fenómenos dice a quienes desean estar informados.

La historia a la que se alude aquí no es la historia de la traducción, que, en términos generales, suele seguir el curso del relato cronológico de las propias traducciones y de la reflexión en torno al trabajo hecho y sus características. Una excelente historia de la traducción literaria, como la de José Francisco Ruiz Casanova, *Aproximación a una historia de la traducción en España*, se propone estudiar la traducción como un sujeto histórico de pleno derecho: "En este libro se estudiará, como se hace con las obras literarias en cualquier Historia de la Literatura, la aparición, desarrollo y extensión de la traducción en el ámbito de la lengua española" (Ruiz Casanova 2000: 12). Con pocas o muchas diferencias, este es el punto de vista que suele organizar el campo de estudio en las historias de la traducción. Se trata de un enfoque positivista que ensancha con rigor el campo del conocimiento. Además de ese sujeto histórico central, constituido por el objeto traducido, hay un elemento que acompaña y ha acompañado siempre la traducción y el conjunto de las traducciones. Se trata de la reflexión o defensa de la traducción que, generalmente, han redactado los traductores a modo de estética justificativa y proyectiva, cuando su trabajo exigía de ellos algo más que el simple cumplimiento de un deber o el desarrollo de una función. Como señala Ruiz Casanova, no debe concebirse, pues, esa historia de la traducción solo como "un registro de obras y autores ni tampoco como una colección de manifestaciones en torno a la labor de los traductores" (Ruiz Casanova 2000: 12). Es decir, la historia de esta rama de la actividad humana está sujeta al conjunto de leyes o normas que hacen de la historia, propiamente dicha, una disciplina que no es, sencillamente, una secuencia cronológica de datos. Con otras palabras, la historia de la traducción no puede verse desligada del resto de fenómenos sociales que son su contexto, en el que se integra, del que puede ser, alternativa, dialécticamente, tanto causa como consecuencia. Debe tenerse muy en cuenta, por otra parte, que la historia de la traducción ha estado y está dominada, en sentido general, por estudiosos de la literatura. Bien por comparatistas, bien por historiadores, bien por teóricos cuyo interés dominante era o es el de la literatura. El caso de Walter Benjamin es ilustrativo. Su impagable "La tarea del traductor", su *selbstbewussten Aufsatz*, su 'atrevido y persuasivo ensayo', fue precisamente el prólogo de su traducción de las poesías de Baudelaire. Pero ese dominio, si alguna vez fue suficiente, hace ya tiempo que no lo es bastante para establecer la relevancia de la traducción en los procesos de comunicación y de cultura. Hay algo más. Hay deudas y presencias de la traducción que acaso no siempre se hayan tenido en cuenta.

 Hay un punto de vista sobre la historia de la traducción al que no suele prestarse mucha atención. Es aquel desde el que pudiera apreciarse algo así como una historia externa de la traducción. La historia de las condiciones materiales de la producción y de la presencia social de la traducción. Quizá esté por escribir la historia de las condiciones de producción material de las traducciones y de su recepción. Esta otra historia es la de la importancia, extensión y condiciones generales de la traducción y del ejercicio de la traducción en el pasado. Asomarse a esta historia exige un moderado esfuerzo de la imaginación. En cualquier país europeo, esta historia muestra en tiempos recientes modificaciones que acaso expliquen el repentino interés por la teoría y la función de la traducción en las sociedades modernas. Si el término de comparación con el presente fuera cincuenta, ciento cincuenta o cuatrocientos cincuenta años, contados desde el cambio de los siglos XX al XXI, las condiciones generales y la existencia misma de la traducción serían algo completamente diferente de lo que en el siglo XXI es el mundo de la traducción. Para empezar, el público consumidor de traducciones en

1950, en 1850 o en 1550 sería muy diferente en cuanto al tamaño y al sector que representaba de la población. A medida que se retrocede en el tiempo, los consumidores potenciales de traducciones, los receptores efectivos, disminuyen de forma considerable. Se convierten en una porción marginal, insignificante, de la sociedad. Este hecho no hace menos importante la relevancia de la traducción en la historia de la lengua. Sin duda fue determinante la traducción entre las clases cultivadas y entre quienes leían libros traducidos. Lectores que, a su vez, introducían en la lengua vocablos nuevos y modificaban, siquiera leve, pero eficaz, irrevocablemente, las normas gramaticales. La historia externa de la lengua española da cuenta de la presión del latín durante el Renacimiento y del francés durante los siglos XVIII y XIX. Las fuentes impresas son la vía de entrada de esta nada despreciable cantidad de vocablos en ambos casos[1]. Los vocablos mismos son testimonio de modificaciones de otra índole. Si se tuviera en cuenta solo un aspecto, para valorar la influencia directa de estas traducciones, cuanto mayor fuera el retroceso en el tiempo, la proporción de población analfabeta sería muy superior a la de tiempos posteriores, y la capacidad de esta parte de la población no alfabetizada para beneficiarse de las traducciones sería muy limitada. Incluso para la población alfabetizada, el uso o disfrute de traducciones no dejaba de ser problemático. No debía de ser el menor problema el hecho de que las traducciones de lenguas extranjeras fueran miradas con desconfianza y, en ocasiones, se prohibieran o, en el mejor de los casos, se censuraran. Quedaba la posibilidad de la lectura en la lengua original, es cierto, pero quienes tenían la capacidad de leer en las lenguas originales, paradójicamente, no despertaban o no solían despertar el interés de los censores de igual modo que sí lo hacían los que leían textos traducidos. La lectura de textos en lengua original, además, no arroja información relevante sobre las traducciones. En cualquier caso, el control de lo traducido y de las traducciones resultaba relativamente fácil para las autoridades. La literatura, por ejemplo, podía traducirse, pero, en general, necesitaba adaptaciones para hacerla adecuada a la idiosincrasia literaria, política, moral y social de la lengua a la que se vertía. Estos usos privativos no han permanecido nunca estables en la historia de cada una de las lenguas. Por poner un solo ejemplo, el vocabulario en lo relativo a la vida sexual de las personas ha estado sometido a una especial vigilancia que, incluso en personas a quienes, en tiempos relativamente recien-

---

[1] Las fuentes impresas fueron la vía común de entrada, pero acaso en el siglo XVI también las fuentes orales pudieron condicionar ciertas naturalizaciones de la lengua latina. Hay no pocos ejemplos, uno, bien conocido, *necessitas caret lege*, se convierte, traducido de oído, en 'la necesidad tiene cara de hereje'. Sobre *necessitas caret lege* y su traducción 'la necesidad tiene cara de hereje', dice Gonzalo Correas: (1992[1627]: 260): "La necesidad tiene cara de hereje. Dícese con donaire traduciendo al sonido de las palabras *necessitas caret lege*".

tes, se conoce por haber defendido usos lingüísticos adaptados a la realidad social, sorprende por su carácter restrictivo. El ejemplo proviene de la lengua inglesa en un momento en que la sociedad británica se liberaba de ciertas ataduras que la ligaban a la época de la reina Victoria, una época en la que en Inglaterra, sin duda, las cosas relativas a esta área del vocabulario no habían sido muy diferentes de las españolas.

> I do not remember at what date Strachey issued his edict that certain Latin technical terms of sex were the correct words to use, that to avoid them was a grave error, and, even in mixed company, a weakness, and the use of other synonyms a vulgarity. But I should certainly say that this was later. In 1903 those words were not even esoteric terms of common discourse (Keynes 1989: 437).

Una parte del vocabulario tan apta para medir la temperatura moral y la libertad de las sociedades ha estado siempre sometida a condiciones que varían dentro de la misma lengua a lo largo de su historia o en diferentes lugares en un mismo momento histórico, por lo que es difícil hallar los equivalentes exactos en cuanto a la reacción ante cada vocablo, su ironía o su pragmática. La política y la religión plantean problemas no menos complicados para el traductor. La historia de las traducciones de la Biblia al español, por ejemplo, es un buen índice de los obstáculos que debe vencer un traductor que se interne en el área de la experiencia religiosa. En cuanto a los libros de análisis político o los de filosofía, no hace falta decir qué clase de resistencia encontraban en las diferentes lenguas. Una parte relevante de la actividad traductora en tiempos recientes, la comercial, la económico-administrativa, era considerablemente inferior en volumen en el pasado. Su número decrece apreciablemente al retroceder en el tiempo. Lo mismo les ocurría a las traducciones científicas, acaso con la excepción de las ciencias naturales, la geografía y las ciencias biosanitarias. Aunque no cabe duda de que los libros sobre estas disciplinas se leían solo entre los especialistas en las materias o se leían en lengua latina, mientras esta fue la lengua de la comunicación científica en Europa. Correlativamente al descenso de potenciales consumidores de las traducciones, el número y la clase de traducciones también descendía. Se trata, pues, de dos fenómenos estrechamente ligados entre sí.

En las tres áreas señaladas anteriormente, la moral, la política y la religiosa, el retroceso hasta 1550 va reduciendo el número de lectores de traducciones hasta convertirlo en insignificante. Exceptúese de esta cuenta la literatura. Para gran número de personas en Europa, en la Europa católica, ni siquiera la experiencia religiosa –al menos buena parte de ella– podía conocerse en la propia lengua, puesto que la lengua oficial de la Iglesia era el latín. Solo en los países protestantes empieza la experiencia religiosa en ese siglo a naturalizarse en su propia lengua. En España, la primera traducción significativa de la Biblia es la *Biblia del oso*, de 1569, pero es una Biblia protestante, por lo tanto, sus lectores en España fueron necesariamente una minoría nada significativa. La versión inglesa en su Versión Autorizada, la *King James Bible*, se concluyó en 1611. La versión alemana, impulsada por Lutero, se había publicado en 1534. La primera traducción significativa de la Biblia dentro de la tradición católica española fue la de Petisco y Torres Amat, en 1825. Hasta esta fecha, la experiencia religiosa más común de los hablantes de español solo era accesible a través de hagiografías, catecismos, libros piadosos, devocionarios, y toda suerte de literatura religiosa redactada originalmente en lengua española.

Hasta fechas tan tardías como el siglo XVIII, probablemente, una parte significativa de las traducciones estaba aún dominada, en sus aspectos formales y teóricos, por la traducción literaria, pues incluso para los géneros menos próximos a la literatura la referencia debía de ser la traducción literaria. Las cosas empiezan a cambiar en el siglo XIX. El incremento de la alfabetización y el comienzo de la generalización de la enseñanza son, indudablemente, estímulos para traducir. Estas dos razones hacen crecer el mercado de la letra impresa. En España, tal vez, con algo de retraso respecto de otros países europeos. El mercado nacional no es suficiente para alimentar la industria editorial. Hay que recurrir a las traducciones. Pero, además, el incremento de las comunicaciones entre los diferentes países y el aumento de las relaciones comerciales llevan al telar de los traductores nuevos documentos: desde cartas comerciales hasta títulos de propiedad, convenios, contratos, acuerdos comerciales y todo un enjambre de diferentes documentos que empiezan a ganar terreno progresivamente. El crecimiento de toda esta documentación necesitada de traducción es extraordinario. Baste decir que en la Red un buscador como *Google* ofrece servicios de traducción para más de ciento treinta lenguas. Lejos están, todavía, estas herramientas lingüísticas de ser todo lo precisas y refinadas que desearía el usuario. Una frase que podría haberse leído en cualquier medio de comunicación, "Pido que se abra una investigación a fondo para determinar quién ordenó el asesinato de mi hermano. Quiero que se sepa la verdad y que los asesinos comparezcan ante la justicia", la traduce así *Google* a la lengua rusa: "Просим вас открыть пололное расследование, чтобы определить, кто заказал убийство своего брата. Я хочу, чтобы вы знали правду и что убийц к ответственности". Si del ruso se vierte al inglés, puede leerse lo siguiente: "Ask you to open a full investigation to determine who ordered the murder of his brother. I want you to know the truth and that the killers to justice". Traducida de esta última lengua al irlandés, una de las lenguas cuyo servicio ofrece el programa, el resultado es este: "Iarrann tú a oscailt imscrúdú iomlán a chinneadh a d'ordaigh an dúnmharú a dheartháir. Ba mhaith liom tú a fhios ag an fhírinne agus go bhfuil na marfóirí a ceartais"; traducido del irlandés al islandés, el resultado es este otro: "Biður þig um að opna fullt rannsókn til að ákvarða hver fyrirskipaði morðið á bróður sínum. Ég vil að þú vitir sannleikann og að Killers fyrir rétt"; del islandés al letón sufre la siguiente transformación: "Lūdz, lai jūs atvērtu pilna izmeklēšana, lai noteiktu, kas lika slepkavību savu brāli. Es gribu, lai jūs zināt patiesību, un ka slepkavas pie atbildības"; si de esta última lengua, en fin, vuelve a traducirse al español, el resultado es este: "Le pide que abra una investigación exhaustiva para determinar quién ordenó el asesinato de su hermano. Quiero que usted sepa la verdad, y que los asesinos a la justicia". No es una traducción perfecta. A decir verdad, es una traducción bastante imperfecta. Pero nadie dejará de reconocer que, a través de las dificultades, buena parte del sentido original permanece inalterado. El último resultado, a pesar de todo y si bien con dificultad, permite reconstruir buena parte del sentido de la frase original. No sorprende tanto lo que desaparece cuanto lo que permanece: siempre existe en un grado variable cierta entropía en los procesos de traducción automática; es, sin embargo, sorprendente cuánto de la frase original permanece en este caso a través de sus transformaciones.

Tómense como ejemplos las dos fechas más separadas entre sí de las anteriormente señaladas. El año 1550 y el año 2000. Con toda seguridad, la experiencia de un ciudadano medio en un año o en otro sería muy diferente. El ciudadano de 1550 solo tendría acceso a las traducciones por vía manuscrita o impresa. No es muy probable que entre los manuscritos hubiera muchas traducciones. Menos probable aún sería que estas traducciones llegaran a un ciudadano de la clase media. Tal vez esas hipotéticas traducciones alcanzarían a sus destinatarios, quienes serían, a su vez, casi consumidores únicos de esa traducción. En cuanto al material impreso, este se hallaba reducido, de forma casi exclusiva, a los libros. Entre estos, el ciudadano medio es difícil que en números representativos se interesara por obras traducidas. Podía haber libros de historia, doctrinales, de literatura, de geografía, devocionarios y de literatura religiosa. Entre todas estas materias y muchas otras que podrían señalarse sin duda habría traducciones, pero solo un grupo reducido de lectores sería el destinatario final de las traducciones. Predominarían, en cualquier caso, las traducciones del latín y del griego, "las reinas de las lenguas", que hallarían su público natural en aquella época entre el público culto, religioso en una buena mayoría. Es probable que una de las lenguas desde la que mayor número de traducciones se hiciera a la lengua española fuera el italiano; quizá, secundariamente, el francés fuera también una lengua favorecida, mientras que es difícil imaginar que, por parte de los impresores, editores o lectores españoles, el inglés o el alemán recibieran mucha atención en torno a 1550.

Doscientos años después, estas dos últimas lenguas no eran mejor conocidas en España. En lo relativo al acceso de las personas a las traducciones, no parece que en el siglo XVIII las cosas fueran muy diferentes de cómo lo habían sido en el siglo XVI. El acceso a las traducciones era limitado, pero también era limitado el número de lenguas de las que se traducía:

> El francés fue la única lengua extranjera que alcanzó tal popularidad. En la edición del *Índice* español de 1790 rebosan los títulos franceses de obras condenadas desde 1750. Hay algunos en italiano, lengua que los españoles cultos, poseyendo conocimientos de latín, podían leer sin preparación, pero casi no contiene ninguno en otra lengua viva. En cambio el *Índice* contiene títulos como *Algernon Sidney, Discours sur le Gouvernement, traduits de l'anglois*, *Le Spectateur, ou Le Socrate moderne*, *La Vie et les aventures de Robinson Crusoe* y otras obras traducidas del inglés, y el *Code Frederich, ou Corps de Droit pour les États de Sa Majesté le Roy de Prusse. Traduit de l'allemand*. Como la Inquisición condenaba los libros solamente cuando, después de haber sido denunciados, sus funcionarios habían examinado un ejemplar, era claro que libros franceses, y algunos italianos, eran prácticamente las únicas publicaciones en lenguas vivas extranjeras que circulaban en España. Corrientemente, los traductores españoles no traducían directamente las obras contemporáneas, escritas originalmente en inglés, o en otros idiomas, que no fuesen francés, sino que las traducían a través de ediciones francesas. Antes de 1788 las personas que podían leer inglés eran muy escasas en España, pero la "Ilustración" estaba al alcance de una minoría significativa, con la forma y los colores que sus partidarios franceses le daban (Herr 1979: 64-65).

La lengua italiana, por las privilegiadas relaciones de los dos países, por el hecho de compartir la misma fe religiosa, por el prestigio cultural de sus autores, sí debe de ser un buen exponente de lo que podría tener al alcance de su mano un lector medio en torno a 1550. En el siglo XVI era la lengua italiana la que ocupaba el puesto que en el siglo XVIII ocuparía la lengua francesa. Afortunadamente, aunque acaso el registro no sea completo y haya que esperar que en el futuro aumente, se conocen los libros que se tradujeron de la lengua italiana al español durante el siglo XVI. Se trata de los libros que verdaderamente se leyeron. Están catalogados en una base de datos[2]. Entre 1500 y 1600, por ejemplo, considerando solo las fuentes impresas, el número de libros de poesía traducidos del italiano al español alcanza la alta cifra de 217 títulos. Téngase en cuenta que de algunos de estos títulos habrá reediciones; y, además, que tampoco hay información sobre tiradas y difusión. Sin salir del epígrafe de la literatura, en la novela italiana, traducida en esta misma época, el registro alcanza solo las 16 fichas. Si se busca, por ejemplo, la representación de los libros traducidos al español de la

---

[2] Se trata del Proyecto Boscán: *Catálogo de las traducciones españolas de obras italianas (hasta 1939);* <http://www.ub.edu/boscan> (última consulta: 20-X-2010).

lengua italiana, en la materia de medicina, el número de fichas es de 7, de las cuales 3 son reimpresiones, que también se catalogan en esta base de datos. Bajo el epígrafe de "Literatura científica" se alcanza la cifra de 23 títulos, entre los que hay varias reimpresiones y donde, por cierto, vuelven a aparecer prácticamente todos los títulos que aparecían bajo el epígrafe de "Medicina". La literatura religiosa, razonablemente, llega a la cifra de 124 títulos y la literatura política, a la de 6. Se está considerando todo un siglo de traducciones a la lengua española. Por mucho que los datos sean incompletos, tampoco puede esperarse que haya eludido la diligencia de los investigadores algún título que haya sido verdaderamente leído, que haya sido solicitado por los lectores de la época. Se trata de la lengua italiana, una de las lenguas que más facilidad pudo presentar a impresores y libreros, a editores. Si se comparasen estas fechas con las equivalentes del siglo XX, de 1901 a 2000, las diferencias serían abrumadoras. No solo porque habría que deslindar lo perteneciente a la traducción impresa, que por sí sola arrojaría cifras imposibles de manejar, sino que habría que añadir, para entender la relevancia de la traducción, todo aquello no impreso, manuscrito o mecanografiado, representado en teatros o proyectado en películas, traducido para los servicios de la administración de justicia, en el campo biosanitario, en el campo científico y en el campo de las relaciones económicas y comerciales. Pero, además, durante los dos últimos decenios de este siglo se extiende de forma determinante el uso de Internet. Este vehículo de comunicación incorpora, desde el primer momento, gran número de posibilidades para la traducción y para los traductores. Ya en el siglo XXI el portal del buscador *Google* posee una página con ayudas para la traducción de la que ya se ha hecho mérito. Sin duda, la capacidad de traducir de instrumentos informáticos como *Google* es lisa y llanamente prodigiosa, y en nada es comparable a cualquier otra experiencia traductora del pasado.

La referencia de la presencia de las traducciones en la vida ordinaria de una persona, en los comienzos del siglo XXI, la referencia respecto de alguien que no necesita pertenecer a una clase social elevada puede proporcionarla la descripción de los hábitos de una persona un día cualquiera. Cualquier trabajador que se levante por la mañana para cumplir con sus obligaciones laborales lo hará mediante un despertador, fabricado, seguramente, en un país en el que se dotó al aparato de un manual que, a su vez, se tradujo a varias lenguas. También será de procedencia remota el reloj de pulsera, que tendrá, sin duda, todo un manual de uso. Difícil será que esa persona llegue a desayunarse sin utilizar algún aparato cuyo manual de instrucciones se haya traducido a la lengua del usuario. En el hogar de esta persona, todo el equipamiento de maquinaria doméstica necesita de manuales que, en numerosas ocasiones, han sido traducidos a la lengua del usuario. Si antes de llegar a su trabajo esta persona lee prensa escrita o escucha las noticias, es probable que la sección internacional y aun la nacional hayan recibido información proveniente de agencias de noticias extranjeras que habrá habido que traducir a la lengua de los consumidores de las noticias. Ya en su centro de trabajo, pocos puestos debe de haber que no lleven consigo alguna clase de mediación de la traducción, bien en el equipamiento material, incluido el ordenador, bien en la gestión, etc. La telefonía móvil, fabricada buena parte de ella en Asia, llega a través de manuales traducidos, en los que, en muchas ocasiones, ni siquiera se acredita este hecho. Si esa persona se desplazó hasta su lugar de trabajo en un vehículo propio, es probable que este se fabricara en un país diferente del conductor y es también probable que el manual de uso y mantenimiento haya sido traducido. De regreso a su hogar, si necesita usar algún aparato como el lavavajillas o la lavadora, probablemente tendría que usar manuales traducidos. Si antes de acostarse desea ver la televisión o el vídeo o el DVD será difícil o imposible que pueda prescindir de los correspondientes manuales que, casi con seguridad, habrán sido traducidos a su lengua. Finalmente, si a lo largo de la semana participa en alguna actividad religiosa, comprobará que los textos de su religión son también traducciones.

Entre las dos fechas mencionadas, las traducciones no han hecho sino ganar continuamente terreno. En la película *La guerra de las galaxias*, los personajes, que no tienen ninguna dificultad en entenderse entre sí –aunque, al parecer, vivan en un universo en el que abundan las lenguas–, van acompañados continuamente de un *droide* de protocolo, C-3PO, que es capaz de hacerse entender nada menos que en seis millones de formas de comunicación. Se trata de una profecía que pertenece al campo de la ficción científica, pero es una ficción que anuncia un mundo en el que las lenguas son muchas, pero la comunicación es posible, siempre y cuando cada persona vaya acompañada de un traductor personal. Las herramientas lingüísticas de *Google* empiezan a parecerse a ese modelo.

Junto a este modelo de expansión casi ilimitada de la traducción, he aquí que la literatura, salvadas todas las distancias que sea necesario salvar, ha sufrido un proceso análogo. Un proceso que seguramente no es nuevo, pero en los últimos tiempos se ha manifestado de diferentes formas. Por ejemplo, la idea de resumir el contenido de un libro para ver cuántos y quiénes pueden reconocerlo a través del resumen (un resumen más o menos desfigurado) no es nueva. Umberto Eco (1990), quien atribuye la propuesta de la idea a Omar Calabrese, publicó en "Las aventuras del libro enmascarado" una relación de diez libros que habrían podido reconocerse o no por sus propios lectores, quienes, incluso, habrían podido confundirse con otros libros próximos o parecidos. Este es uno de esos libros:

> Inteligente, curioso, sagaz, de buena posición social, tenía una familia ejemplar. Pero, obsesionado por las mujeres, los viajes y los caballos, no sabía resistirse a las

tentaciones. Y venga a trasnochar en compañía de amigos que se comportan como cerdos. Alguien que abusa tanto como él merecería que a su regreso no le esperara ni siquiera un perro. En cambio, ahí tenemos todavía a la mujer tejiendo sola, aunque a ella sí que no le habrían faltado las ocasiones (Eco 1990).

El libro en cuestión, no es difícil reconocerlo, es la *Odisea*. Lo interesante es que la capacidad para hacer un resumen es la misma capacidad que habilita al lector para equivocarse, porque el resumen, dígase así, no se ha hecho siguiendo los modelos tradicionales de punto de vista, contexto y referencias precisas. El resumen aporta el hecho de que se tiene en cuenta un público que acaso no esté muy familiarizado con el texto original, ni siquiera en forma de traducción. Sin embargo, incluso en un resumen hecho de buena fe, se espera que haya un grado de incertidumbre. Las apresuradas refacciones del traído y llevado canon muestran que nadie espera lectores *globales* para un canon *global*.

Un libro como *Twitterature: The World's Greatest Books Retold Through Twitter* ('Los libros más importantes del mundo contados a través de Twitter'), de Aciman y Rensin (2009), se propone –oportunamente– reescribir la literatura mundial a través de las condiciones que impone el portal de Internet *Twitter*. Señaladamente, se propone cumplir con la exigencia de que ningún mensaje se extienda más allá de los ciento cuarenta caracteres. Los autores, en cierta forma, se presentan como traductores. Si Lutero tradujo la Biblia a la lengua alemana, hecho que revolucionó la fe y las letras en el siglo XVI, los autores de esta obra, Alexander Aciman y Emmett Rensin, esperan lograr algo parecido en el presente. Después de todo, tanto el resumen como la paráfrasis están en la base de la experiencia de la traducción. La conjunción del dominio de la experiencia y del dominio estético de la literatura con el medio mecánico de *Twitter* ha dado ocasión ya a una modificación que altera la percepción de ambos. El anuncio de *The Guardian* con el que se recomienda la compra del libro informa a los lectores de lo siguiente: "Los clásicos, ¡son tan del siglo pasado!"[3]. El siglo pasado es el siglo XX.

Son sesenta obras literarias del canon mundial las que se resumen y estilizan en este libro. Probablemente su celebridad, la del libro, sea, más que pasajera, fugaz. Probablemente en poco tiempo no haya recuerdo que dé testimonio de esta publicación. Sin embargo, hay un fenómeno de convergencia con la lectura y con la traducción que conviene tener presente. Se dice que las generaciones de nuevos lectores, los que han adquirido hábitos de lectura en el siglo XXI, han leído más en la pantalla que en textos tradicionales. Se dice que estos lectores no

---

[3] Traducción de Dámaso López García. Todas las traducciones cuyo autor no se acredite las ha llevado a cabo el autor de este mismo trabajo.

mantienen la atención largo tiempo, que la multitarea es su forma ordinaria de trabajo, que el drenaje de los hipervínculos evacua su atención sin cesar, que se deslizan por la información o por las páginas, que leen manteniendo una 'atención intermitente', *fleeting attention*. Si todo esto es verdad, entonces esta forma de entender la literatura es un síntoma más que puede o debe añadirse a una serie de fenómenos culturales que necesitan una perspectiva de tiempo que permita una mejor visión de conjunto. Del libro *Twitterature* puede aprenderse mucho. En realidad, a muchos, les parecerá que ni siquiera es muy nuevo lo que en él se propone. El primer libro que se resume, en dieciocho *tweets* es *El paraíso perdido*, de John Milton. He aquí la versión, según traducción propia del inglés de *twitter*, que no consiste solo en limitar el número de caracteres:

¡¡¡¡¡¡¡¡CAIGO AL ABISMO!!!!!!!! Lo contaré en unos cuantos centenares
       de páginas, para evitar cualquier confusión.
....

¡AH! DIOS MÍO, ESTOY EN EL INFIERNO.
....

Esto es Pandemónium. Me revolcaría de risa en el suelo, pero está demasiado caliente.
....

Me aburro. Soy el presidente del consejo. Mis compatriotas son r-trasads.
       ¿Inactividad? ¿Es esto lo único
       que sabemos hacer? ¡Somos
       unos jodíos demonios!
....

Aquí sentados, engordando el culo, esperando a que D-s se disculpe, eso no
       es ser unos apóstatas traidores. Mariquitas.
....

¿Alguien ha oído hablar de la Tierra? ¿Bien? ¿Mal? Me voy ahí esta noche y les
       llevo LA PLAGA
       LIBERTARIA. Si alguien se
       viene, que me envíe un txt.
....

Mejor pensado, me voy solo.
....

Así es que hubo una pelea. A veces inventas la pólvora y dices QUÉ BIEN pero entonces te sacan un JESUCRISTO EN PERSONA y ¡PUM! al infierno que nos vamos.

....

Cómo derrotar a tu propio hijo, hijo ¡DE TU PROPIA HERMANA! Freud se lo habría pasado bomba.

....

¿Saben que puedo transformarme? PUM: halo, alas, gracia. Elegante, vestido para la ocasión. Es hora de ir a dar patadas en algún culo prometeico.

....

¿Cómo? ¿Que el Todopoderoso sabe todo? El mamón envió a Gabriel –el mismísimo jodío arcángel en persona– a avisar a Adán y a su primera dama.

....

Es tranquilizador saber que las mujeres fueron la primera buena idea del hombre.

....

Me gustaría convocar a *Angry Mob* contra Frankenstein –no nos hacemos responsables de todas tus tonterías–.

....

Resulta que la mujer es más tonta que el hombre, pero ella tiene esa cosa que si no se la da a él, él empieza a obedecer. Sacaré ventaja de esto.

....

Vestido de serpiente. Ella ha picado... ¡Sí! ¡Se comió la manzana prohibida! Seguro que Dios no estaba atento. Omnisciente, ¡ja!

....

Gané. Los echan a patadas. Je, je.

....

Se han cogido de las manos y lloran. Me gustaría que alguien me cogiera de la mano ☹.

....

Belcebú no es precisamente lo que quiero. ¡Dejad de llorar! Yo no lloré cuando mecharon a patadas del cielo y perdí el Para... ¡YA TENGO NOMBRE PARA MIS MEMORIAS! ......

El texto *twitterature* en inglés de este libro es una traducción del inglés elevado de John Milton al inglés de *Twitter*, que no es solo un inglés limitado por el número de caracteres, sino que incluye abreviaturas y expresiones propios del canal de expresión utilizado (Aciman y Rensin 2009: 1-2):

FALLING INTO THE ABYSS!!!!!! I'll talk more about why in several hundred pages to avoid any confusion.
......

OH MY GOD I'M IN HELL.
......

'Tis Pandemonium down here. Would ROFL[8] but it's very hot.
......

I'm bored. I'm the chairman of the board. My compatriots are r-tards. Inaction? Is that the best we can do? We art fucking demons!
......

Sitting on our asses waiting for an apology from G-d isn't exactly renegade. Pussies.
......

Anyone heard anything about earth? Good? Bad? Will be tonight there bringing THE MOTAFUCKING RUCKUS. If anyone wants in txt it.
......

On second thoughts, I'm going alone.
......

So there was a fight. Sometimes you invent gunpowder and you think SWEET but then you whip out JESUS CHRIST HIMSELF and BAM! We are in hell.
......

---

[8] El acrónimo ROFL es en lengua inglesa *Rolling on the floor laughing*, es decir, 'revolcándome de risa'.

How do you defeat your own son, born to YOUR OWN DAUGHTER! Freud would have a field day.

Did you know I can change shapes? BAM: halo, wings, grace. Looking sharp, looking tha part. Time to go kick some Promethean ass.

What? The almighty knows everything? Asshole sent Gabriel – the mothafuckin archangel himself – to warn Adam and his first lady.

It's comforting to know that women were just man's first really good idea.

I'd like to cite Angry Mob v. Frankenstein – we are not responsible for all your nonsense.

Turns out the woman's dumber than the man, but she has this thing that if she doesn't give it to him, he starts to abbey. I shall exploit that.

Dressed as a snake. She's going for it... Yes! She ate the forbidden apple! Guess God wasn't paying attention. Omniscient hah!

So I won. They're getting kicked out. Boo hoo.

They're holding hands and crying. I wish someone would hold my hand ☹.

Beelzebub just isn't what I want. Stop crying! I didn't cry when I got kicked out of heaven and lost Parad – I FOUND A NAME FOR MY MEMOIRS!

Lo que señala este libro es que hay elementos *twitter* en el mundo contemporáneo que acaso no se han reconocido todavía. Los jóvenes a principios del siglo XXI no toleran con facilidad mantener la atención concentrada en la lectura durante mucho tiempo. El mundo de *twitter* es en buena medida audiovisual, el texto se ha quedado reducido a un subtítulo. En *twitterature* son blancos más fáciles las novelas largas que las novelas breves, por ejemplo. La literatura se distancia de sí misma, se comprime, se hace difusa, se caricaturiza, se vuelve difícil en un terreno en el que no solía ser difícil en el pasado: en el del resumen paródico de sí misma. La literatura se convierte en un objeto maleable, apto para sufrir transformaciones inesperadas, adecuado para reflejar inquietudes que nunca pudieron estar presentes en el texto original.

En el campo de la traducción se aprecia, de manera generalizada, esta continuada erosión de la precisión. Precisamente se nota en Internet y en los medios de comunicación. De los textos traducidos, los lectores esperan tener una idea general que, con alguna ayuda y con intuición, con buena voluntad, debe alcanzar un sentido más o menos parecido al del original. La consecuencia de todo ello es el hecho de que la lengua materna se empiece a usar por muchos hablantes no ya con contaminaciones de construcciones de otras lenguas, del inglés, principalmente, sino con una imprecisión que hace presuntamente previsible la comprensión de un mensaje a pesar del ruido del sistema.

El asunto de las traducciones, de la calidad de las traducciones y de la fiabilidad de las traducciones automáticas aparece con alguna frecuencia en los medios de comunicación. En 2010, el periódico *El País* publicaba una noticia en inglés, distribuida por la agencia Reuters, en la que el presidente de Estados Unidos anunciaba que había conseguido nuevos apoyos para hacer aprobar en el Congreso la reforma de la ley sanitaria. La noticia era la siguiente (Martín 2010: 28):

> **Agency Reuters: Obama picks up new support for health bill.** President Barack Obama picked up support for healthcare reform on Wednesday from a prominent liberal and a group of Catholic nuns, who broke with bishops on the issue of abortion and urged passage of the overhaul. Representative Dennis Kucinich, one of the most liberal members of Congress and a supporter of nationalized healthcare, became the first Democrat in the House of Representatives to switch from "no" to "yes" on the overhaul as it neared a likely final vote on Sunday.

En la misma página se publicaba la noticia traducida por dos sistemas de traducción mecánicos y en una tercera versión que había llevado a cabo un profesional. Los resultados fueron los esperables:

> **Obama consigue nuevos apoyos para la ley sanitaria.** El presidente Barack Obama consiguió el miércoles, para su reforma sanitaria, el apoyo de un líder liberal y de un grupo de monjas católicas, que rompieron con los obispos por el tema del aborto y que piden la aprobación de la reforma. El congresista Dennis Kucinich, uno de los miembros más liberales del Congreso y partidario de un servicio sanitario nacionalizado, se convirtió en el primer demócrata de la cámara de representantes en

pasarse del "no" al "sí" de la reforma, en vísperas de la probable votación del domingo.

Obama recoge el nuevo soporte para proyecto de ley de salud. El presidente Barack Obama recogió apoyo a la reforma de salud el miércoles de un liberal prominente y un grupo de monjas católicas, que rompió con los obispos sobre la cuestión del aborto e instó a la aprobación de la revisión. El representante Dennis Kucinich, uno de los miembros más liberales del Congreso y partidario de la asistencia sanitaria nacionalizadas, se convirtió en el primer demócrata en la Cámara de Representantes para pasar de "no" a "sí" sobre la reforma al acercarse a un voto final probablemente el domingo.

Obama recoge el nuevo soporte para el proyecto de ley de salud. Presidente Barack Obama recogido apoyo para la reforma de salud el miércoles de un prominente liberal y un grupo de monjas católicas, que rompió con los obispos sobre la cuestión del aborto e instó a la aprobación de la revisión. Representante Dennis Kucinich, uno de los miembros más liberales del Congreso y un partidario de la asistencia sanitaria nacionalizada, se convirtió en el primer demócrata en la cámara de representantes para cambiar de "no" a "sí" en la revisión, cuando se acercó a una probable votación final el domingo.

No hace falta un análisis muy detenido para averiguar a quién corresponde cada traducción. Mejor dicho, no hacen falta análisis muy profundos para averiguar cuál es el texto traducido por manos humanas y cuáles son los textos traducidos por programas informáticos. El texto que aparece en tercer lugar es acaso aquel en que mayores deficiencias en artículos y conectores presenta. Por ese motivo, pocos dudarían en identificarlo como uno de los mejores candidatos para representar un esfuerzo mecánico. El segundo texto tal vez presente algunas dificultades, la selección léxica no parece convincente, el uso de las preposiciones no parece que pueda haberlo hecho un hablante nativo de la lengua española, pero… ¿dejaría de entenderse?, ¿dejaría de entender este tercer texto un considerable grupo de lectores? Incluso dentro de ese grupo, teniendo en cuenta la clase de atención que se invierte en la lectura de párrafos como este, ¿serán muchos los lectores que repararán en, por ejemplo, la ausencia de artículos, las preposiciones inesperadas, el sujeto equivocadamente atribuido?

Si el análisis se hiciera en sentido inverso, si se valorara la traducción tradicional desde el criterio de las traducciones mecánicas, tampoco faltarían las sorpresas. Por ejemplo, en el primer texto, del que es responsable un traductor profesional, podría decirse que, en cierta forma, se ha elegido una construcción que recuerda a la concordancia *ad sensum*: "un grupo de monjas católicas, que rompieron con los obispos por el tema del aborto y que piden la aprobación de la reforma". Es esta una forma más popular, acaso, en que la versión de la traducción mecánica, primer texto, que ha vertido más fielmente la forma de la frase inglesa: "un grupo de monjas católicas, que rompió con los obispos sobre la cuestión del aborto e instó a la aprobación de la revisión"; al igual que se ha hecho en el tercer texto: "un grupo de monjas católicas, que rompió con los obispos sobre la cuestión del aborto e instó a la aprobación de la revisión". En los dos últimos casos, el antecedente de la oración de relativo es el sujeto de la oración anterior y no el complemento preposicional. No menos interesante es el hecho de que los traductores mecánicos hayan traducido correctamente el verbo *urge*, 'instar', mientras que el traductor profesional ha elegido el verbo 'pedir', que no refleja la deseada inminencia ni la necesidad de la ejecución de lo acordado que se solicita por parte del grupo de presión. La equivalencia de los vocablos parece más precisa en el caso de la traducción automática, se repite de igual forma en ambos textos, pero puede ser más rígida, menos capaz para traducir matices o acepciones diferentes. El verbo *pick up*, puede ser 'recoger', en su acepción más común, pero también es 'conseguir', una acepción que el traductor profesional supo identificar y usar convenientemente. En poco tiempo, las comparaciones entre unas y otras traducciones serán relevantes para entender los cambios en el mundo de la traducción.

Quizá en un futuro no tan lejano puedan leerse traducciones en las que la mediación mecánica ofrezca una garantía de fidelidad parcial, una garantía que obligará a revisar el propio concepto de fidelidad. La situación es relativamente nueva. La traducción siempre fue un trabajo de colaboración. Los trabajos de la Biblia, por ejemplo, fueron siempre colectivos. Incluso la *Septuaginta* fue una obra de colaboración llevada a cabo por individuos aislados entre sí. No se pierde la perspectiva de la comunidad ni siquiera en el trabajo individual. En tiempos recientes las formas de colaboración han variado y han dejado su huella en las traducciones.

Si aceptamos el hecho de que, por ejemplo, los escritos técnicos y las instrucciones que aparecen en incontables lenguas como fruto de la globalización del comercio y del desarrollo tecnológico, al igual que la legislación que exige que los productos se vendan con instrucciones escritas en la lengua del país en el que se comercialicen, la mayoría de estos textos ha de redactarla un grupo de traductores, no un solo traductor. El texto del que se traduce puede cambiarse en cualquier momento, por razones de elegancia lingüística o para ponerlo al día. El texto original puede que se haya traducido al inglés, que funciona como una moderna *lingua franca*, posteriormente, desde esta lengua vehicular puede traducirse a otros idiomas. Puede que las traducciones las revisen editores, en la lengua a la que se haya traducido, que no consulten la lengua original de la que se tradujo, así esta traducción pierde *autoridad* y además se convierte en una entidad imprecisa. Esto es muy evidente en las traducciones mecánicas que se ofrecen gratuitamente en Internet[4].

De momento, lo que hay es un mundo mediado por las traducciones ya formalmente reconocible entre los hablantes de casi cualquier lengua cuyo instrumento de comunicación privilegiado es Internet. Este momento *twitter* incluye textos de comprensión moderadamente difícil, pero que se dirigen a lectores poco exigentes en materia de corrección lingüística y que, además, pueden hacer uso de sus conocimientos, más o menos precarios, de la lengua de la que se traduce o pueden comparar con otras traducciones. Ese mundo inestable es el de gran número de manuales de instrucciones y de traducciones más o menos improvisadas o encargadas a algún programa informático. En cualquier caso, se trata de textos que, en general, cumplen su finalidad comunicativa. Un ejemplo elegido al azar, un texto que establece un protocolo de relaciones comerciales, tomado de Internet. ¿Habrá algún lector español o hablante del español que llegue al final de la lectura sin haber entendido con mayores o menores dificultades lo que se dice en el texto?

> La política del reembolso y la vuelta de Kagi (Español / Spanish)
> Los reembolsos están disponibles en un plazo de 30 días de la compra del producto enviando una Forma para Reembolso a refund@kagi.com. Siempre que recibamos una petición de reembolso, notificamos a surtidores del producto para darles una oportunidad de resolver el conflicto. Se procesan las peticiones del reembolso que no se han resuelto en un plazo de dos (2) semanas; y, para las compras de tarjeta de crédito, el reembolso aparece en la declaración siguiente de la tarjeta de crédito del comprador. Para productos físicos, ponemos a surtidores del producto en tacto con los compradores para determinar cómo el producto debe ser vuelto. Los productos físicos se deben devolver para que un reembolso sea terminado. Para que los productos digitales sean reembolsados el comprador debe reconocer que cualquier uso continuado de los productos digitales constituye una violación voluntariosa de la ley de copy-

---

[4] Cf. Dollerup (2005: 92): "When we make allowances for, for instance, technical writing and instructions that appear in numerous languages as a result of the globalization of trade and technological development, as well as legislation demanding that products must be sold with instructions in the languages of the countries in which they are marketed, most texts are written by teams rather than by an author. The source text can be changed any time, either for linguistic elegance or in order to be updated. The source text may be translated into English, which functions as the modern lingua franca, and then, from this relay language, be translated into other languages. Translations may be checked for fluency by target-language editors without any reference to the source text, which thus loses 'authority', and also becomes an imprecise entity. This is at its most obvious in the instantaneous translations offered for free on the Internet".

right, para la cual el comprador puede ser obligado para los daños civiles substanciales. La Forma para Reembolso se puede utilizar por los compradores que solicitan un reembolso o a surtidores del subproducto que solicitan un reembolso para sus clientes[5].

Traducciones como esta son más que abundantes, son muy comunes, y dan testimonio de un estado de cosas que probablemente se consolidará en breve espacio de tiempo. Los rasgos de estas traducciones pueden tipificarse con facilidad: usos léxicos a veces incomprensibles, formas verbales compuestas anómalas, uso arbitrario, apartado de los usos comunes, de partículas, artículos, preposiciones, uso incorrecto o incomprensible de tiempos y modos verbales, etc. El hecho de que exista y en tan gran número este tipo de traducciones lo justifica el que alcancen la finalidad que se proponen. Mientras la plusvalía comunicativa esté asegurada, no habrá que hacer nada por corregir una situación que ya tiene una funcionalidad evidente. En cualquier caso, el propio concepto de traducción se verá modificado con el paso del tiempo. Bajo ese nombre se reconocerán actividades y formas de relación entre las lenguas que no se conocieron en el pasado anterior a Internet.

Bibliografía

ACIMAN, Alexander/RENSIN, Emmett (2009): *Twitterature: The World's Greatest Books Retold Through Twitter*. London: Penguin Books.
CORREAS, Gonzalo (1992[1627]): *Vocabulario de refranes y frases proverbiales*. Edición de Víctor Infantes. Madrid: Visor Libros.
DOLLERUP, Cay (2005): "Models and Frameworks for Discussing Translation Studies",

---

[5] El texto original del que se ha hecho la traducción anterior es el siguiente: "Kagi Refund / Return Policy (English): Refunds are available within 30 days of product purchase by submitting a Refund Request Form to refund@kagi.com. Whenever we receive a refund request, we notify the product suppliers to give them an opportunity to resolve the dispute. Refund requests that have not been resolved within two (2) weeks are processed; and, for credit card purchases, the refund appears on the buyer's next credit card statement. For physical goods, we put product suppliers in touch with buyers to determine how goods must be returned. Physical goods must be returned for a refund to be completed. For digital goods to be refunded the buyer must acknowledge that any continued use of digital goods constitutes a willful violation of copyright law, for which the buyer may be liable for substantial civil damages. The Refund Request Form may be used either by buyers *requesting a refund or by product suppliers requesting a refund for their customers*" (<http://www.kagi.com/refundpolicy/>; última consulta: 22-IX-2010). El texto lo ha traducido y hecho público Kagi, una compañía de comercio electrónico que se anuncia en Internet.

en Károly, Krisztina/Fóris, Ágota (eds.): *New Trends in Translation Studies. In Honour of Kinga Klaudy*. Budapest: Akadémiai Kiadó, 75-93.

Eco, Umberto (1990): "Las aventuras del libro enmascarado" (trad. Daniel Sarasola), en: *El País*, 27 diciembre; <http://www.elpais.com/articulo/opinion/aventuras/libro/enmascarado/elpepiopi/19901227elpepiopi_1/Tes> (última consulta: 3-VII-2010).

Herr, Richard (1979): *España y la revolución del siglo XVIII*. Trad. Elena Fernández Mel. Madrid: Aguilar.

Keynes, John Maynard (1989): "My Early Beliefs", en: *The Collected Writings of John Maynard Keynes. Vol. X: Essays in Biography*. London: Macmillan/Cambridge University Press.

Martín, Javier (2010): "Un mundo sin fronteras idiomáticas", en: *El País,* 4 de abril, 48.

Ruiz Casanova, José Francisco (2000): *Aproximación a una historia de la traducción en España*. Madrid: Cátedra.

CIENCIA Y RELIGIÓN EN LA TRADUCCIÓN MEDIEVAL

Mohamed El-Madkouri Maataoui
Universidad Autónoma de Madrid

1. Introducción

Una de las características inherentes a la operación traductora –a lo largo de su evolución– es la supeditación de su conceptualización y aplicaciones a los conocimientos interdisciplinares de su época. No disponemos de ninguna prueba, indicio o argumento que probase que la traducción ha sido alguna vez, a través de su larga historia, independiente del nivel general del conocimiento de la lengua en la cual ha sido ejercida, ni de los avatares políticos, ideológicos y confesionales de su época. La traducción, lejos de considerarse como un mero medio de comunicar información entre lenguas, es un instrumento de cambio social, cultural, ideológico y hasta religioso. La traducción ha creado lenguas, ha legitimado otras y hasta ha fundado religiones. Este papel agentivo de la traducción moderna ha sido estudiado desde el punto de vista de teorías lingüísticas como el polisistema, o desde otras críticas como el postcolonialismo y los estudios críticos de la globalización cultural.

En el presente trabajo me centraré en la traducción medieval, la empleada en el segundo movimiento más importante de la historia de la traducción del Medioevo en el Mediterráneo. Intentaré explicitar la relación existente entre la trilogía formada por la religión, la traducción y la ciencia. Esta última palabra se entiende en su sentido más amplio, significando en este trabajo 'conocimiento deductivo o inductivo basado en el pensamiento racional o experimental'. Abarcará tanto el ámbito de las ciencias humanas como el de las exactas y experimentales como la medicina, por ejemplo. La finalidad última de esta investigación es arrojar un poco de luz sobre la supeditación de la traducción, sus constricciones y los usos que se hacían de ella tanto en el pasado como en el presente. Los datos empíricos que han servido de base a este trabajo lo constituyen la traducción alfonsina de *Calila y Dimna*[1], algunas tablas astronómicas al romance y la ver-

---

[1] Por dificultades circunstanciales de acceso, no se ha podido consultar la última edición del texto, la realizada por Hans-Jörg Döhla (2009), y en su lugar se ha empleado la antigua

sión de algunos fragmentos médicos al latín. Describiré y presentaré inicialmente la traducción de los fragmentos de tal obra que pueden considerarse marcados desde el punto de vista religioso. Haré referencia a la polémica sobre la traducción de las obras científicas árabes al latín y finalizaré mi exposición con algunas anécdotas sobre la relación entre pensamiento experimental lógico y recepción confesional mítica.

2. Lengua y traducción en el Medioevo

Es evidente que nuestros conceptos o conceptualizaciones de una realidad o fenómeno concreto determinarán los procedimientos y métodos para acometerlo. Si entendemos que la traducción es una versión hecha meramente de palabras, el traductor intentará reproducirlas todas y cada una de ellas y, si es en el mismo orden, mejor. Si se entiende que lo que se traduce de un documento es lo que se entiende y que debe entenderse de igual modo en la lengua de llegada, la traducción irá en consonancia con esta conceptualización. En esto influyen varios factores:

1. La génesis del pensamiento teórico sobre la traducción. Toda la literatura traductológica sobre la historia de la traducción remite a una sola fuente: el pensamiento teórico sobre la traducción nació en el ámbito de lo religioso, especialmente de la traducción bíblica.
2. Siendo los textos bíblicos los primeros en traducirse y comentarse de una manera bastante relevante desde el punto de vista cuantitativo y cualitativo, es esperable que sus técnicas y procedimientos influyeran también en las demás traducciones. El mejor representante de estas técnicas es el famoso Gerardo de Crémona, que tradujo muchas obras médicas del árabe al latín en la Edad Media: "À l'opposé de cette méthode se place celle de Gérard de Crémone qui traduit chaque mot dans l'ordre offert par l'original. Les inconvénients d'une telle littéralité sont évidents" (Jacquart 1989: 110). En este caso, si Gerardo de Crémona tradujo en la manera que lo hizo, era *normal* porque era algo que se hacía o, por lo menos, que se podía hacer.
3. La lengua de lo sagrado es divina. Las palabras en el texto sagrado no son palabras humanas, sino divinas, es decir que lo que contienen estos textos

---

edición, también autorizada, de la RAE (1915). En cuanto al original árabe, las referencias se han extraído de: Abdullah Ibn Al-Muqaffa (2000): *Calila wa Dimna*. Beirut: Al-Maktaba Al-Asriyaa.

son palabras de Dios. Se supone que Dios dictó exactamente esas palabras y en la misma disposición y orden.
4. El hombre-traductor no está legitimado para alterar un orden divinamente dispuesto.

Frente a esta conceptualización el hombre-traductor solo puede *trasladar*, *conducir*, *verter* (materialmente) estas palabras de una lengua considerada como un continente en otro contenedor (El-Madkouri 2000). No puede ni tiene derecho a cambiar el orden de las palabras. Si no, se perdería el misterio del orden y disposición divina de aquellas. Si a esto sumamos la falta, en la época de la legitimación de la conciencia, de las asimetrías lingüísticas, entendemos que la traducción no podía ser más que literal. Parece ser que se creía que lo que distinguía una lengua de otra era el léxico, y no los aspectos morfológicos, sintácticos, semánticos y, menos, los pragmáticos. Solo así se puede inferir, al leer algunas crónicas de la época, que ciertos personajes aprendieran una lengua determinada en dos o tres meses. Aquí, "aprender" ha de entenderse como la memorización de un glosario o lista de palabras.

Las limitaciones "divinas" al conocimiento lingüístico y traductológico no se restringen al veto a la alteración del orden de las palabras del original, a la conceptualización de la lengua como un conjunto de palabras sin más, o a la definición de la traducción sobre la base de verbos como *conducir*, *trasladar* o *verter* de matices innegablemente materiales, sino que lo trasciende al ámbito de las descripciones lingüísticas. Así se lee en un anónimo del siglo IX: "El verbo tiene tres personas. Sostengo yo que esto ha sido inspirado por Dios para que nuestra creencia de la Trinidad se refleje en las palabras" (*apud* Arens 1976: 57).

En este caso la inspiración divina, en versión trinitaria, determina la morfología verbal en tres personas. ¿Cómo considerar las lenguas cuyo sistema morfológico prevé más de tres personas? El anónimo no nos contesta a esta pregunta, pero encontramos a otro autor, esta vez identificado, Esmaragdo, abad de Verdún (805-824), que nos presenta esta consideración sintáctica:

> Unos han afirmado que las partes de la oración son más de ocho, otros menos. Pero la Iglesia, extendida por el mundo, solo comprende ocho. Yo estoy convencido de que esto obedece a la inspiración divina. Como por el conocimiento del latín los elegidos llegan los primeros a la creencia en la Trinidad y bajo su guía caminan a la patria celestial por el camino real, era necesario que la lengua latina fuese completada con este número de partes. También se encuentra frecuentemente el número 8 en los libros santos como número sagrado (*apud* Arens 1976: 57).

Además de la inspiración divina de las partes de la oración en el siglo IX, tenemos otra consideración no menos importante: la consagración y sacralización paulatina del latín en sustitución del hebreo. Esto va reduciendo el intento, aunque sin lograrlo del todo, de demostrar que todas las lenguas proceden del hebreo porque era lengua de Dios.

De todos modos, este es el marco ideológico confesional en que se enmascararía la traducción, tanto profana como científica, en los cinco siglos siguientes. A este propósito Wittgenstein opina:

> su más alta meta es la demostración de que todo lo que es tiene que ser lógicamente como es; todo, por lo tanto, obedece a una gran ley y forma, por consiguiente, unidad. Precisamente por esto no hay investigación en la Edad Media, ni en las ciencias de la naturaleza ni en la Lingüística; no hay investigación ninguna ni, por lo tanto, ciencia (*apud* Arens 1976: 64-65).

Solo así podremos entender la relación con lo ajeno, con lo que procede del Otro, de su creencia, de su modo de ver el mundo y de su ciencia. Cabe mencionar que el panorama en la España medieval era algo distinto, especialmente a partir del siglo XIII. A la rivalidad con el Otro y, especialmente, al dilema de hacer compatibles los postulados descritos anteriormente se sumaban otras dos condiciones: el progreso de los reinos españoles del Sur y la necesidad de rellenar el vacío intelectual y científico que experimentaban los territorios reconquistados.

3. La traducción de lo religioso en *Calila y Dimna*

El *Calila y Dimna* no es una obra genuinamente árabe; esto explica que no haya sido concebida con todos los condicionantes ideológicos y confesionales de lo musulmán, como traducción directa del persa preislámico que es. Transpuesta tal observación en términos religiosos, ello viene a significar que la presencia del texto religioso marcadamente musulmán es mínima. Esta obra tiene, sin embargo, cierto tono moral oriental, pero no estrictamente árabe-musulmán, lo que no excusa la presencia en el original árabe de muchos fragmentos de carácter etnológico. Ante estos fragmentos religiosos, o de moral o aspecto religiosos, los traductores de *Calila y Dimna* han adoptado una de estas tres estrategias:

1. *La omisión*

Siempre que aparece alguna concepción *exageradamente* no compatible con la confesión del Yo, los traductores optan por la solución drástica de omitirla. En ocasiones no solo se procede mediante la omisión, sino también por su sustitución por algo internamente aceptable y compatible con la doctrina de fe:

[Texto original = TO] Falammā ḏahabtu 'altamisu al-`uḏra linafsī fī luzūmi dīni al-'abā'i wa-l-aŷdādi wa lam aŷid lahā `alā al-ṯubūti `alā dīni al-'abā'i ṯāqatan bal waŷadtuhā turīdu an tatafarraga `ani-l-adyāni wa-l-mas'alati `anhā wa li-l-naẓari ilayhā (Ibn Al-Muqaffa 2000: 60).

[Texto traducido = TT] E non fallé ninguna escusaçión porque non deviese fincar en la ley del padre (RAE 1915: 36).

Lo que dice realmente el texto original es que el protagonista buscaba razones para seguir con la ley del padre, religión de los antepasados. Al proceder así aspiraba a poder dedicarse al examen y conocimiento de otras religiones. La versión española del *Calila y Dimna* omite este relativismo religioso y esta sumisión de la fe a la razón, a la investigación y a la comparación contrastiva.

2. *La adaptación*

El contenido del TO aparece en el TT, pero adaptado a la cultura de este:

[TO] Wa an aqtaṣira `alā kulli `amalin taṣ hadu al-anfusu `alā annahu ṣaḥīḥ wa tatawāfaqu `alayhi al-adyān (Ibn Al-Muqaffa 2000: 69).

[TT] Et tovéme por pagado de toda obra que solamente las almas testiguan que es buena et en que se acuerdan las almas de las leyes (RAE 1915: 45).

La traducción de "adyān" por "leyes" es un caso de adaptación, ya que la lexía árabe significa exactamente 'religiones', mientras que "leyes" es un término polisémico que puede significar las diversas opciones dentro de la misma religión o, incluso, las disposiciones reglamentarias y prescriptivas de esta.
Otro caso de adaptación es el siguiente:

[TO] Qāla Kalila: 'Yarā al-lahu laka fīmā `azamta `alayhi' (Ibn Al-Muqaffa 2000: 93).

[TT] Dixo Calila: 'Hermano, Dios te lo ençime en bien esto que tú quieres fazer et ve ala graçia de Dios' (RAE 1915: 69).

Este ejemplo no es solo de adaptación religiosa, sino también de analogía traductora. La frase árabe, traducida en su sentido inherente, puede resultar ininteligible. Veamos lo que sucede en este otro ejemplo:

[TO] Mā arā illā al-iŷtihāda wa-l-muŷāhada lil qitāl. Fa'innahu lysa lil muṣallī fī ṣalātihi wa lā li-l-muḥtasibi fī adaqatihi wa li-l-wari`i fī wara`ihi mā li-l-muŷahidi `an nafsihi iḏā kānanat muŷāhadatuhu `ani al-ḥaqqi (Ibn Al-Muqaffa 2000: 68).

[TT] Non se asemeja qué he defazer; si non conbidar al león a lit; ca nin el rreligioso por sus oraciones nin el limosnero por su limosnas, nin el que teme a Dios por su simpleza, non ha tanto galardón commo aquel que se ocupa si quiera una ora del día, manteniendo la verdat, e su enemigo mentira. Ca que manifiesta mente tiene la verdat, si lo mata vase a paraíso, e si él mata vençe y sale por bueno (RAE 1915: 133).

En el TO tenemos una serie de lexías con la raíz *ŷhd* (raíz léxica de 'esfuerzo'): *iŷtihād* ('aplicación', como en los estudios por ejemplo, o también 'renovación' de las doctrinas, teorías,...) , *muŷāhada* ('aguante', 'superación', 'lucha'...), *muŷāhid* ('resistente', 'luchador'), etc., que hacen referencia al campo semántico referente a la idea de esfuerzo. Además, tenemos el caso curioso de la anexión de *al-muŷāhada* a *al-qitāl*: 'lucha'. Estos conceptos solo aparecen levemente en el TT, quizá por adaptación a lo reconocido y consentido socialmente.

3. *La transmisión*

Los traductores de *Calila y Dimna* parecen percibir cierto fondo común espiritual entre cristianismo e islam, como, por ejemplo, la creencia en el *otro siglo* (más allá), lo transitoria que es la vida mundana, los conceptos del bien y del mal, la resurrección... Estos conceptos comunes, y muchos más, se han transmitido íntegramente al TT:

[TO] Yā nafsu lā tarkinī ilā haḏihi al-dār al-fāniyya (Ibn Al-Muqaffa 2000: 30).

[TT] ¡Ay alma! Non te fíes en las rriquezas en las dignidades en que se alegran los mundanos (RAE 1915: 39).

Sin embargo, cabe señalar lo siguiente: el TO es genérico y teórico, desaconseja aferrarse a la vida mundana, y no menciona la palabra *riqueza* ni hace referencia directa a ella. El TT sí que introduce el concepto de *riqueza*. En el original no se establece ninguna oposición, directa o indirecta, entre los bienes terrenales, el renombre social y la piedad. Una persona puede, teóricamente, serlo todo a la vez: rica, piadosa y contar con renombre social. Así pues, en esta vida mundana, en sus riquezas y en el intento de transitarla cómodamente es donde se desarrolla la ciencia, que busca mejorar el bienestar del hombre. Si a este le hacemos desconfiar de las riquezas, lo disuadimos de investigar lo material para que, de este modo, lleve una vida de asceta que espera el inevitable desenlace de la vida mundana.

Ahora bien, haciendo una estimación cuantitativa de la presencia de las tres estrategias estudiadas arriba, hemos observado la supremacía de los casos de adaptación, algo lógico en un marco político-religioso medieval. La traducción, además, no podía tener como finalidad informar neutralmente del Otro, ni normalizarlo, sino transmitir una serie de valores morales y literarios que deben ser compatibles.

En todos los casos el factor religioso está siempre presente en la determinación de la estrategia traductora. El relativismo religioso, la presentación de la religión como una opción más entre varias posibles, la naturalización y la aceptación positiva del mundo terrenal, el pensamiento libre fuera de la esfera de la propia religión, el pensamiento abstracto, racional y no condicionado confesionalmente, y la traducción neutra son todavía inconcebibles en esta época si los intentamos detectar a partir de la presente traducción.

4. La traducción de la ciencia

La historia de la traducción revela, tanto en el pasado como en el presente, que la traducción científica y técnica destaca sobre la traducción literaria. En el caso de la Edad Media, Juan Vernet (1975: 84) presenta un interesante estudio estadístico sobre lo que se traducía en esta época: ciencias exactas, 47%; filosofía, 21%; medicina, 20%; y ciencias ocultas, 4%.

Observamos aquí una despreocupación por las obras filológicas y literarias. Esta elección se debe, quizá, al hecho de que la ciencia en general es adaptable, mientras que la literatura difícilmente sería separable de los aspectos identitarios (incluida la religión) del Otro. De hecho, las mayores influencias y transmisiones literarias entre identidades y confesiones distintas entran por vía de la literatura popular, más que por traducción elitista directa.

A continuación intentaremos analizar, para contrastar las estrategias traductoras anteriores, la traducción de un texto científico. Se trata del examen de unos fragmentos de la traducción de un tratado de astronomía de Azarquiel. Millás Vallicrosa (1933) adjunta como apéndice unos extractos tanto del original como de la traducción. El cotejo de ambos textos nos ha permitido resaltar –además de lo concluido por este investigador– otras consideraciones acerca de la operación traductora en esta época. Salta a la vista, en primer lugar, lo que el propio autor ha tratado en su artículo: el excesivo literalismo. Sin embargo, no se repetirán aquí las descripciones de este fenómeno, puestas de relieve por el autor mencionado, sino que intentaremos extraer una teoría general acerca de la naturaleza del literalismo en esta época.

El literalismo no es propio de la traducción de una lengua en concreto, sino que es un procedimiento inherente a la condición de traductor medieval y a la conceptualización que se tenía tanto de la lengua como de la traducción, tal y como se ha avanzado en la introducción del presente trabajo. La traducción del árabe es quizá una de las traducciones en donde –a pesar de todo– los literalismos son menos numerosos y sistemáticos.

1. La traducción del árabe no es una traducción sagrada y, por tanto, no se condena ni se premia por la conservación y reproducción fiel de sus contenidos. Ya hemos observado el fenómeno contrario en la traducción de *Calila y Dimna*. Para que una traducción sea buena y aceptable, debe ser desislamizada y desorientalizada. El traductor tiene poder de decisión sobre lo que traduce.
2. El traductor no se sitúa confesionalmente por debajo, sino por encima del texto que traduce. Ni la lengua árabe ni sus textos se consideran sagrados y, por tanto, el traductor tiene todas esas licencias que no disponen los traductores bíblicos y de lo sagrado para intervenir en el original. El traductor puede resumir, omitir, sustituir, cristianizar, explicar, etc. Cervantes, a través del *Quijote*, ya se hacía eco de este fenómeno (El-Madkouri 2006).
3. En la traducción literaria son numerosos los literalismos, pero no son tantos si se comparan con la traducción de los textos científicos, como es el caso del texto sobre los astros analizado aquí. El traductor literario no tenía otra restricción más que la confesional y la inherente al ejercicio de la profesión, que ha querido que la traducción de la época fuese literal en términos generales: no se tenían nociones claras de las condiciones extralingüísticas –que no fuesen las religiosas– de la traducción, ni se podía concebir que las lenguas son algo más que su vocabulario y gramática.
4. La compatibilidad doctrinal de lo que se traduce es una condición *sine qua non* para su aceptación. Si el traductor y sus mentores estiman que el contenido traducido no atenta contra la fe ni contra su unidad, y si es útil y necesario, se procede a su traducción.

4.1. Literalismo y explicación en la traducción científica

El literalismo se entiende, generalmente, como el calco de la estructura sintáctica de una lengua en otra distinta. Es definido como tal porque rompe con lo habitual en los mecanismos sintácticos de la lengua de llegada. Además, se contempla muy a menudo desde el texto de llegada. Es un fenómeno que se advierte por extrañeza ante lo inhabitual en los mecanismos expresivos de la traducción. No obstante, esto por sí solo es insuficiente para calificar una estructura *extraña* de literal. Se precisa cotejarla con el original. De hecho, en cualquier traducción habrá que distinguir entre estructuras literales y estructuras agramaticales o poco aceptables desde un punto de vista gramatical, pues todos los literalismos tienden a ser agramaticales, pero no todas las estructuras que llamaremos convencionalmente *agramaticales* son literales. Las estructuras agramaticales son estructuras que no reproducen las originales, sino que, sencillamente, solo pueden considerarse fallos expresivos en la propia lengua. Son generalmente oraciones desafortunadas y mal redactadas que, a veces incluso, no guardan relación alguna con el original: "Non se obre esto sin el sol de rectificamiento dél et de las estrellas al tiempo que tu obras" (*apud* Millás Vallicrosa 1933: 185).

Esta oración, por ejemplo, se aleja bastante de esta otra, de la cual se supone que es traducción: "Falā yu`malu bigayri amsi al-Raṣdi aw Kawkabi al-Raṣdi" (*apud* Millás Vallicrosa 1933: 184).

Se advierte claramente que estas dos frases ofrecen escasos paralelismos, y que ninguna calca simétricamente la otra. Si nos fijamos en la traducción de *Kawkab al-Raṣd*, vemos que el singular *Kawkab* se ha convertido en un plural y ha perdido el elemento *al-Raṣd*, que lo especifica. El original árabe alude a la estrella que ayuda normalmente a detectar la dirección y, por tanto, a establecer las coordenadas espaciales. La guía en este texto astronómico árabe es mundana: es una estrella que puede perfectamente guiar a los extraviados en un mar, en un bosque o en el desierto, por ejemplo. Por otro lado, el segmento "al tiempo que tu obras" es incrustado en el texto B sin ninguna correspondencia en el texto original. No obstante, esta incrustación no altera los contenidos del original sino que, más bien, los explica. Aquí el traductor incorpora ciertos matices explicativos al lector. Estas añadiduras son inconcebibles, por ejemplo, en la traducción religiosa, pues en esta las palabras se consideran palabras literales de Dios. Ahora bien, este segmento del texto B, en su totalidad, no se puede considerar una traducción literal, aunque su estructura dentro de la lengua romance pudiera ser agramatical. Todo el rodeo dado en esta traducción medieval es para reproducir lo que el original especifica en los siguientes términos: "La lámina deja de ser operativa sin la ayuda del sol y de alguna estrella guía".

Además, abundan ejemplos de estructuras con difícil inteligibilidad: "Et los otros aparatos cuemo pilares redondos, o redondos et anchos en fondon et en sumo agudos, cuemo quier que fuesen fechos segund su posición" (*apud* Millás Vallicrosa 1933: 164), traducción esta de la siguiente oración árabe: "Wa minhā ustwāniyatun aw majrūṭatun kayfa mā `umila `alā waḍ`ihā" (*apud* Millás Vallicrosa 1933: 163). Una posible traducción de la misma sería: "Las hay también redondas o cónicas según el lugar de su posicionamiento".

Y es que en la traducción castellana medieval notamos dos fenómenos característicos:

1. El afán explicativo (de la lengua), debido quizá a la falta de la terminología apropiada, hizo que *redonda* se vea traducida por "cuemo pilares

redondos", y *cónica* por pilares "redondos et anchos en fondón et en somo agudos". El sintagma "cuemo quier que fuesen fechos segund su posición", que en árabe desempeña cierta función explicativa de por qué algunos aparatos son *redondos* y otros *cónicos*, se ha visto convertido en algo que, a su vez, necesita ser explicado. La traducción de los términos *ustwāniya* y *majrūta* por perífrasis castellanas ha hecho que la explicación ulterior sea redundante y algo más complicada que lo que normalmente explica. Este tipo de traducción, que hemos encasillado bajo el denominativo de *oraciones mal redactadas*, se debe en gran medida al afán explicativo del traductor; es decir, explica lo que quieren decir ciertas palabras (en este caso *ustwāniya/majrūtiya*) pero en otra lengua, el castellano.
2. El traductor hace lo posible para aclarar los significados lingüísticos, y no sus referentes conceptuales. No obstante, esto no se produce de una manera estructurada y *sistemática* para toda la unidad de sentido (todo el fragmento), sino que explicita un segmento y deja otro, lo que engendra cierto desequilibrio en la estructura general de este mismo fragmento. Este aspecto, sin embargo, en ningún caso ha de calificarse como literalismo, ya que no guarda ninguna relación estructural con los elementos del original sino que, aunque la expresión es atípica, constituye un fenómeno que se ha de estudiar por separado. Es lo que hemos denominado *estructuras agramaticales*.

El traductor, al tratar un tema científico preciso, puede haber querido permanecer fiel al original en su nivel lingüístico. Hemos visto una serie de ejemplos en los cuales aquel hubiera podido optar por otras estructuras menos agramaticales o más aceptables. No obstante, prefirió quedarse apegado al original para transmitir exactamente los contenidos tal y como estaban expresados en árabe. Otra explicación posible consiste en que el traductor tenga pocos conocimientos de astronomía y eso le empuje a no alejarse, ni mucho ni poco, del texto original. El análisis de la traducción de los términos astronómicos, como veremos más adelante, prueba que el traductor no sobresalía en el tema, aunque se nota de vez en cuando cierto afán explicativo. Con todo, cabe tener en cuenta que explicita los significados lingüísticos y no los conceptuales. Dicho en otros términos, se explica un significado árabe en español y no el referido del mismo. Ejemplo de ello es la siguiente frase: "que pasan por las partidas de las quintas, son las linneas circulares que son los almodarates" (*apud* Millás Vallicrosa 1933: 181), traducción de "al-latī tamurru bil-aqsāmi al-jamasāti hiya al-madārāt" (*apud* Millás Vallicrosa 1933: 179).

Las linneas circulares supone una explicación lingüística, pero no conceptual, del término *al-madārāt*. Una traducción adecuada hubiera sido *las líneas trópicas*, cuya explicación conceptual podría ser la siguiente: "Según los cosmógrafos, son dos círculos que se imaginan en el cielo igualmente distantes de la equinoccial". Esta última concepción es quizás el concepto referido por Azarquiel, que habla de *madār al-istiwā'*. Las *linneas circulares* son los *al-madārāt*, y estos son los *trópicos*. En este caso, el traductor de Azarquiel no ha podido superar el nivel lingüístico de los textos. Hacía una traducción de corte lingüístico, no conceptual. La diferencia entre ambas es evidente: la primera puede realizarla cualquier traductor con dominio suficiente de las dos lenguas en contacto, aunque no de sus contenidos; la segunda solo puede llevarla a buen término un especialista en la materia (en el caso que analizamos un astrónomo o un traductor con conocimientos suficientes de astronomía).

4.2. Invisibilización de los traductores

Existen también otras causas que pudieran justificar el literalismo en esta traducción del tratado de astronomía de Azarquiel como, por ejemplo, un dominio limitado de las dos lenguas en cuestión. Sin embargo, no dudamos en que este traductor domina el árabe, dados los numerosos casos lingüísticos que ha podido resolver, a menos que contara con el asesoramiento de un nativo árabe, cosa muy probable y ya advertida por Millás Vallicrosa (1933: 156): "Muchas veces la construcción [de la oración] revela una sintaxis, un estilo semítico". Esto hace suponer, incluso, que este traductor pudiera ser árabe o judío, unas suposiciones que, cada vez más, están cobrando el rango de certezas históricas. Eso sí, no siempre se menciona el nombre del traductor morisco o judío:

> Gérard de Crémone ne livre dans aucune préface ou mention liminaire de renseignements sur la façon de travailler: son disciple, Daniel de Morley signale pour l'*Almageste* la collaboration d'un mozarabe nommé Galib [...]. L'ampleur de l'œuvre traduit et sa diversité invitent à supposer que le nom de Gérard de Crémone renvoie à une équipe plutôt qu'à une seule personne. Dans ce cas, il devrait être possible de discerner quelques nuances d'une traduction à l'autre, voire au sein de la même lorsqu'elle est particulièrement longue (Jacquart 1989: 110-111).

No obstante, errores sintácticos y ciertas equivocaciones acerca de los referidos con los pronombres hacen dudar de que el traductor fuese árabe, al mismo tiempo que plantean ciertas hipótesis acerca de las condiciones en las que se hizo la traducción. Ejemplos de estos errores son los siguientes: "de saber la altura del cuerpo erecho a menos que vayas adelante ni atrás escuentro ella" (*apud* Millás Vallicrosa 1933: 178). El *ella* de este segmento es un *él* que se refiere al *cuerpo*.

El texto árabe dice: "Fī ma'rifati irtifā'i al-qā'imi min gairi an yataqqadama aw yata'ajjara mustaqbilan lahu" (*apud* Millás Vallicrosa 1933: 171). En árabe, *lahu* se refiere *al-qāim/el cuerpo erecho*. Este error puede ser atribuible también al copista, que habría añadido una -*a* a *ell*, o, incluso, al mismo transcriptor que habría interpretado alguna mancha del manuscrito por una -*a*.

Otro ejemplo de este fenómeno es el siguiente: "La diversidat de la noche et de día, en la longura et en la cortura sobre cada orizon, et las otras cosas que se tienen con este" (*apud* Millás Vallicrosa 1933: 164), traducción de "Ijtilāf al-layli wa al-nahāri fī al-tūli wa al-qisari 'alā kulli ufuqin mina al-'āfāqi wa sā'iri mā yattasilu bihāda".

Aquí, el *este* no se refiere a *orizón*, sino a todo el fenómeno descrito por el astrónomo, por lo que una traducción acertada sería *eso*. No obstante, y como ya queda dicho, estos casos de falta de concordancia pueden no ser problemas de escaso dominio de la lengua sino más bien de un restringido conocimiento del tema. El traductor, al no estar muy versado en astronomía, no captó que el pronombre pudiera no referirse únicamente a la lexía nuclear que le precedía. Esto prueba una vez más que el traductor hacía una traslación idiomática, y no la debida traducción conceptual.

Ahora bien, si analizamos estas traducciones a la luz de nuestro conocimiento de cómo se entendía la traducción y la lengua, podemos apreciar el texto meta como legítimo y acorde a lo convencional en su época. Al igual que los traductores religiosos, los traductores de textos profanos, que podrían ser los mismos, traducen palabras. Debe tenerse muy presente que los centros de formación de la época eran los propios lugares de culto. El dominio de la dimensión confesional y religiosa es determinante en la formación del traductor.

No debe pasarnos tampoco desapercibido el determinismo religioso en la omisión de los traductores y colaboradores de otras confesiones, pues la historia de la traducción científica medieval nos proporciona varios nombres de cristianos viejos y nuevos, hispanos y de otra procedencia, pero no de musulmanes y judíos. A estos habría que llegar mediante análisis filológico y de indicaciones indirectas, pero casi nunca mediante una mención explícita del traductor científico.

De todos modos, esto no invalida ni la afirmación anterior ni la siguiente sobre la omisión de los nombres de los traductores:

> Las traducciones del árabe al latín anteriores al siglo XII son casi siempre anónimas y es difícil identificar al autor del cual se traduce. A partir del siglo XII, época de la que conservamos muchos manuscritos, ocurre lo contrario y gracias a sus íncipits y colofones estamos relativamente bien informados de las aficiones de aquel entonces (Vernet Ginés 1999: 167).

Este fenómeno atípico empezó a subsanarse relativamente con Alfonso X el Sabio, el cual

> [s]e encariñó con la cultura del pueblo vencido, intentó atraerse a los sabios musulmanes y judíos; se interesó por sus disquisiciones filosóficas; fomentó el estudio de su lengua fundando colegios y enseñanzas, y trasladó a lengua romance, obras históricas, de ciencias matemáticas y hasta libros de juego (Steiger 1955: 93).

La pregunta que se plantea a la investigación si esta afirmación es cierta –cosa que creemos– es la siguiente: ¿por qué se omitían los nombres de los traductores cuando eran generalmente de otra confesión?

En este sentido, el caso de Gerardo de Crémona ha llamado significativamente la atención de los investigadores. La amplitud y la diversidad de las obras médicas que tradujo invitan a suponer que el nombre de Gerardo de Crémona remitía a un equipo de traductores más que a una sola persona (Jacquart 1989: 110), como ya hemos señalado. Es decir, mucho de lo que aparece atribuido a Gerardo de Crémona podría ser cosecha de otros traductores cuyos nombres se quisieron ocultar: "Les interprètes sont plus souvent des juifs mais il y a aussi probablement des mozarabes 'Fernando de Toledo', 'Bernardo el Arábigo'" (D'Averny 1989: 199).

En todo caso, no solo se omiten los nombres de los traductores científicos, sino también los nombres de los verdaderos autores. Los avatares históricos, especialmente en la Edad Media tardía, desbaratan testimonios como este, relatado por Mosé Ibn Ezra:

> Una vez, en los días de mi mocedad y en el país de mi nacimiento, preguntóme uno de los más distinguidos sabios musulmanes (era uno de mis amigos y bien hechores), muy conocedor de su religión, que le recitase en lengua árabe los diez mandamientos. Yo comprendí su intención, la cual no era sino rebajar el modo de su expresión. Comprendiéndolo yo así, le rogué que me recitara la primera azora del Corán en lengua latina (él podía hablar en esta lengua y la conocía sólidamente). Así que dicho sabio musulmán probó de traducir aquella azora al latín, su expresión era muy deficiente y desfiguró su belleza... (*apud* Vernet Ginés 1999: 86).

De este testimonio de primera mano podemos sacar las siguientes tres conclusiones:

1. Siempre hubo conflicto religioso interconfesional en al-Ándalus. Además, de este testimonio se puede aducir el hecho de que algunos reinos musulmanes se aliaban con reinos cristianos en contra de otros musulmanes, y otros reinos cristianos de aliaban con reinos musulmanes en contra de otros cristianos.

2. A pesar de la arabización de gran parte de la Península, hubo musulmanes que hablaban no solo el romance, sino también el latín. Aquí tenemos a un religioso (a pesar del conservadurismo inherente a lo religioso) que habla latín.
3. Si la situación es esa, ¿por qué se omitían muy a menudo los nombres de los traductores musulmanes y judíos, mientras que se hacía constar a los de la otra confesión religiosa?

Varias hipótesis se pueden barajar para contestar a este interrogante, pero se necesitan pruebas históricas concluyentes que nos puedan explicar la paradoja del acercamiento/alejamiento:

a. Existe una necesidad científica que ha ido creciendo desde el siglo IX, y que obligaba al acercamiento al Otro.
b. Contrariamente a esta necesidad científica de acercamiento, existe otra de repulsa –quizá motivada religiosamente– para distanciarse y "limpiarse" de la contaminación del moro, aunque superior en conocimiento.

Esta apropiación de la ciencia, especialmente la exacta y la medicina, era notoria en España. Sin embargo, al mismo tiempo, la ciencia era asociada a la brujería en otros territorios cristianos de Europa. La no separación entre ciencia y religión es lo que quizá llevase a la muerte a Giordano Bruno y a Miguel Servet, entre otros. En el caso de este último, opina Juan Vernet (1999: 385-386):

> Un médico árabe damasceno, Ibn Nafis (m. 687/1288), en su comentario a la *Anatomía* de Avicena (Kitab Sharh tashrih Ibn Sina), expone dos siglos antes que Servet las mismas ideas que este, según demostró ya en 1924 el médico egipcio Muhyi Eddine Tatawi en la tesis que presentó en la Universidad de Friburgo. El conocimiento del texto de Ibn Nafis por Servet parece innegable dado el paralelismo de las descripciones de ambos autores.

Esta acuciante presencia mental de lo religioso es la que motivó también la reinterpretación de conceptos de izquierda/derecha en términos religiosos. Danielle Jacquart (1981) nos transmite la anécdota siguiente sacada de la traducción excesivamente literal que Gerardo de Crémona hizo de la famosa obra médica de Avicena: el *Canon*. En el texto latino de la traducción –en un capítulo relativo al aparato reproductor masculino– se puede leer que el testículo derecho suele ser siempre más fuerte: "Nisi in illo qui est in iudicio lassitudinis". Según esta investigadora, esta afirmación un tanto extraña y absurda es la traducción del árabe: "Illā man huwa fī ḥukmi al a'sar". Dos lexías no se han podido interpretar correctamente por el traductor literalista: *hukm* y *aʿsar*. *Ḥukm* en árabe designa normalmente 'juicio'. La expresión *kāna fī ḥukmi al-šay'i* significa 'estar sujeto a algo' o 'contar entre'. El adjetivo *aʿsar*, en cambio, significa 'izquierdo' o 'siniestro' en oposición a 'diestro'. El traductor lo confundió con el sustantivo *ʿusr* que significa 'pena' y 'desgracia'. Dejó entender, por tanto, que el que tenga el testículo izquierdo más desarrollado que el derecho es un desgraciado. Es de imaginar que los estudiantes de medicina de la época –cuando leyeran esta versión latina– tendrían que callar su *desgracia* en el caso de tener el testículo izquierdo más desarrollado que el derecho.

Bibliografía

ARENS, Hans (1976): *La Lingüística II*. Madrid: Gredos.
D'AVERNY, Marie Thérèse (1989): "Les traductions à deux interprètes: d'arabe en langue vernaculaire et de langue vernaculaire en latin", en: Contamine, Geneviève (coord.): *Traduction et traducteurs au Moyen Âge*. Paris: CNRS, 193-208.
DÖHLA, Hans-Jörg (2009): *El libro de Calila e Dimna (1251): nueva edición y estudio de los dos manuscritos castellanos*. Zaragoza: Instituto de Estudios Islámicos y del Próximo Oriente.
EL-MADKOURI, Mohamed (2000): "La denominación de lo desconocido: un problema de la traducción terminológica y su reflejo en versiones alfonsíes", en: *Hispanófila* 130, 1-30.
— (2006): "Escuelas y técnicas de traducción en la Edad Media", en: *Tonos Digital: Revista Electrónica de Estudios Filológicos* 11; <http://www.um.es/tonosdigital/znum11/portada/tritonos/tritonos-edadmedia.htm> (última consulta: 9-XI-2010).
IBN AL-MUQAFFA, Abdullah (2000): *Calila wa Dimna*. Beirut: Al-Maktaba Al-Asriyaa.
JACQUART, Danielle (1981): "Quelques réflexions sur la traduction de 'Kitab al-Mansuri' de Rhazès par Gérard de Crémone", en: *XXVII congrès international d'histoire de la médecine*. Barcelona: Acadèmia de Ciències Mèdiques de Catalunya i de Balears.
— (1989): "Remarques préliminaires à une étude comparée des traductions médicales de Gérard de Crémone", en: Contamine, Geneviève (coord.): *Traduction et traducteurs au Moyen Âge*. Paris: CNRS, 109-118.
JACQUART, Danielle/TROPEAU, Gérard (1981): "Traduction de l'arabe et vocabulaire latin: quelques exemples", en: *La lexicographie du latin médiéval et ses rapports avec les recherches actuelles sur la civilization du Moyen Âge*. Paris: CNRS, 367-376.
MILLÁS VALLICROSA, José María (1933): "El literalismo de los traductores de la corte de Alfonso el Sabio", en: *Al-Andalus* 1, 155-188.
REAL ACADEMIA ESPAÑOLA (1915): *Antigua versión castellana del Calila y Dimna cotejada con el original de la misma*. Madrid: Librería de los sucesores de Hernando.
STEIGER, Arnald (1955): "Tradición y fuentes islámicas en la obra de Alfonso X el Sabio", en: *Revista del Instituto Egipcio de Estudios Islámicos* 3, 93-109.

VERNET GINÉS, Juan (1975): *Historia de la ciencia española*. Madrid: Instituto de España/Cátedra Alfonso X el Sabio.
— (1999): *Lo que Europa debe al islam de España*. Barcelona: El Acantilado.

LA TRADUCCIÓN: SU INDETERMINACIÓN Y SU PRAXIS COMO FORMA DE VIDA

Sylvain LeGall Maze
Universidad de Cádiz

Empezaré diciendo que las definiciones o los análisis lingüísticos de las palabras, de tipo etimológico, morfológico, semántico, etc., no me interesan en absoluto. En cambio, dada mi formación universitaria sí he practicado la traducción, una traducción que quizás a primera vista parece alejada de lo que generalmente se entiende como traducción, pero no lo es tanto. Me refiero a la traducción de sistemas simbólicos a otros lenguajes formales, por ejemplo la traducción del álgebra de probabilidades a ciertos lenguajes de la teoría de conjuntos. En la actualidad, cuando no me dedico a la gestión del servicio de traducción lingüística para la comunidad universitaria de Cádiz, sigo trabajando en la traducción de axiomas de la lógica modal epistémica de David Lewis al lenguaje intuicionista del álgebra de Heyting. Como es lógico, a lo largo de este trabajo me he ido encontrando de manera constante con tesis semánticas sobre la traducción, y otras de índole menos ontológica y más teleológica, sobre su praxis. Las más frecuentes e influyentes versan sobre los marcos y grados de inestabilidad situacional, o sea, contextual, de los lenguajes meta o metalenguajes; otras nos hablan de cómo se vincula la traducción con nuestra vida práctica y cotidiana.

Desde Willard Quine (1960) y su famosa tesis de la *indeterminación de la traducción* (doctrina formulada en *Word and Object*, su aportación más refinada a la filosofía del lenguaje y entre las más discutidas también), es común decir que la naturaleza de la traducción es esencialmente de carácter conjetural o hipotético, por lo que solo puede considerársela como una cierta tonalidad de la experiencia. Y se añade que no hay nada parecido a una *certidumbre absoluta* en todo el campo de la traducción. Se trata de un planteamiento puramente *escéptico* y *pesimista*, heredado de las reflexiones de Quine. Esta idea sigue estando muy arraigada en la literatura analítica, pues se expresa en términos de *ausencia de preferencias semánticas*. Personalmente, he de considerarla una idea desacertada, y no estoy solo en esta valoración. Recordemos que tal doctrina se basa en la imposibilidad de reconocer objetiva o empíricamente hasta qué punto otras personas utilizan un marco conceptual distinto del nuestro. Conduce a la imposibilidad de establecer una distinción clara entre el uso que un hablante hace de palabras cuyo significado difiere de las de nuestro idioma y el hecho, para el mismo hablante, de poseer un gran número de creencias falsas. Profundizando un poco más en este razonamiento, concluimos que la idea de "personas que se expresan en nuestro idioma pero no creen en nada de lo que nosotros creemos" es perfectamente coherente. Esto explicaría, según este enfoque, que las traducciones sean siempre problemáticas, ya que el lenguaje ordinario es problemático en sí mismo. Y son esas consideraciones las que llevaron a Quine a desarrollar su radical escepticismo subjetivista.

Así, según Quine y sus sectarios, si tuviésemos que intentar generalizar la teoría de la traducción como rama de la teoría del conocimiento del sentido común, para extraer de ella conocimiento objetivo, solo existiría el conocimiento demostrativo fundado en la deducibilidad (asimilando las proposiciones de la lógica formal de primer orden y la aritmética finita) que podríamos admitir como el único conocimiento objetivo traducible. Pero esto, insisto, es una tesis empapada de escepticismo radical y tenemos buenos argumentos para rechazarla y adoptar otra actitud ante la naturaleza de la traducción y su praxis. El método de la traducción –y me situaré ahora, aunque lo criticaré más tarde, en la línea de la metodología de la praxis de las ciencias de Karl Popper– es un método de conjeturas audaces y de ponderados intentos de refutar y descalificar aportaciones y traducciones previas. Y si no conseguimos refutar una nueva traducción, especialmente en el marco de la refutación de traducciones anteriores, podemos entender entonces que tenemos una de las razones objetivas de conjetura según la cual esta nueva traducción consiste en una mejor aproximación a la verdad contenida en el lenguaje objeto que la o las traducciones anteriores.

Al contemplar las cosas bajo este enfoque *popperiano*, es obvio que examinar traducciones forma parte de su discusión crítica. Desde luego la discusión crítica jamás podrá establecer una razón suficiente para argüir que una traducción es perfecta; nunca la discusión crítica puede "justificar" nuestra pretensión al conocimiento. Pero sí puede, si tenemos suerte, establecer razones suficientes para la siguiente pretensión epistémica: "a la luz de una discusión crítica minuciosa, y de análisis rigurosos y audaces, esta traducción parece ser con diferencia *la mejor*".

Esta declaración puede sintetizarse en una fórmula: nunca podremos justificar de manera racional una traducción (o sea, argüir que sepamos que es perfecta), pero podemos, con suerte, justificar de forma racional una *preferencia* por una traducción examinada dentro del conjunto de traducciones concurrentes en un momento dado, o sea, en función del estado actual de la discusión crítica. Y aunque esta justificación no es lo mismo que declarar una traducción "perfecta", sí es una argumentación de que, según todos los indicios, esta traducción constituye, a este nivel, una mejor aproximación del contenido objetivo del lenguaje objeto que cualquier traducción concurrente que haya sido propuesta hasta ahora.

Algunos escépticos clásicos, entre ellos Cicerón o Sexto Empírico, no se alejaban mucho de la posición defendida por Popper cuando abogaba por una teoría del conocimiento objetivo. El mismo Popper en 1979 proponía traducir "scepsis" por "examen crítico", e identificar el "escepticismo dinámico" con el "examen crítico vigoroso", e incluso con el "examen crítico optimista", siempre que este optimismo tenga una base enteramente racional. Pero eso significa que este "escepticismo optimista", al que también yo invito al lector, ocupe una posición drásticamente distinta del escepticismo radical de Quine.

Casi todos los grandes especialistas continentales de la hermenéutica (desde Wilhelm Dilthey y Hans Georg Gadamer hasta Paul Ricœur, Paul de Man o Umberto Eco) sostienen que las ciencias humanas se diferencian de manera radical tanto de las ciencias de la naturaleza como de las ciencias exactas y que la clave de la diferencia es lo siguiente: la tarea central de las Humanidades es *entender*, hasta el grado que sea posible, a los hombres, y no a la naturaleza y a sus leyes de funcionamiento. Y esta comprensión, dicen, se asienta sobre nuestra humanidad común. Bajo su forma más elemental, se trata de una suerte de identificación intuitiva con los otros individuos, en la cual nos ayudan tanto sus movimientos expresivos como sus acciones y discursos. Se trata, por supuesto, de una comprensión de las acciones humanas; y, en última instancia, de comprender las producciones de la mente humana.

Nuestro conocimiento intuitivo, incluso respecto a nuestros mejores amigos, está lejos de ser perfecto. Es un conocimiento que se funda sobre inferencias inductivas, sobre la reificación estadística de nuestras observaciones empíricas, por lo que –no siendo inferencias deductivas– estamos frente a un conocimiento falible. Y esta conciencia de un fracaso último en todos nuestros intentos de comprensión (fracaso sobre el que tantos de los que estudian las Humanidades han disertado) siempre se ha atribuido a la "alteridad" de los otros espíritus, a la imposibilidad de cualquier verdadera comprensión de uno mismo y a la inevitable simplificación inherente de cualquier intento para entender algo que se revela a la vez como algo único y real[1].

A continuación, quisiera poner de manifiesto y discutir el problema de los *méritos* de una traducción entendida como un objeto susceptible de ser comprendido y de su grado de valor para nuestro conocimiento objetivo. Constatemos

---

[1] No obstante, ya Dilthey (1995) nos hablaba de la necesidad de superar y trascender las tendencias subjetivistas y escépticas. En este contexto podemos mencionar el famoso problema que Dilthey llamó "el círculo hermenéutico": el problema, según él, residía en que un todo (un texto, un libro, la obra de un autor, la suma de producciones de una determinada corriente intelectual) solo podía ser entendido si entendíamos sus partes constitutivas, mientras que estas partes constitutivas no podían ser entendidas sin una entera comprensión del todo.

primeramente que las tesis que se fundan sobre la actividad subjetiva o personal de la comprensión suelen postular que nada es posible sin procesos subjetivos como la comprensión por empatía o la reificación o cosificación *in intellectu* de las acciones de ese Otro que es el novelista, el poeta, el filósofo, el matemático o el físico, etc. Dicho de otra manera, para el traductor resulta necesario ponerse en el "pellejo" del otro, haciendo nuestro su sistema de creencias y valores, sus metas y problemas, y hasta sus estados de ánimo. Así, por ejemplo, para Robin George Collingwood (1986 [1924]) la traducción de un texto no consiste en el análisis crítico de la situación en sí misma sino en el proceso mental de reificación que realiza el traductor: una reiteración por empatía de la experiencia original.

Pero no podemos esperar de un traductor que combine (tal como Collingwood en *Speculum Mentis or the Map of Knowledge* parecía sugerir) las dotes de un Platón, un Cicerón, un Newton o un Einstein. Al igual que ningún historiador del arte puede ser un Rembrandt o un Picasso, y muy pocos de ellos serían capaces de pintar una copia de una obra maestra (y exceptuando tal vez el caso extremo de Pierre Ménard, que se comentará más adelante y que constituye una inquietante anomalía causal sacada de la mente de Borges), ningún traductor puede ser un Cervantes.

En contra de este planteamiento subjetivista, aporto a continuación mi tesis, que es, con algunos matices, la que han defendido vigorosamente Popper (1979) y Nelson Goodman (1978), probablemente dos de los más originales y valientes filósofos del siglo XX.

La actividad de comprensión que realiza el traductor –insisto, al igual que un matemático o un físico– consiste esencialmente en trabajar con objetos conceptuales, los *inteligibles*, que pueden ser tanto los objetos reales *(realia)* como los objetos potenciales, virtuales e incluso ficticios *(ficta)* pero concebibles que pueblan nuestro entendimiento, nuestra conciencia. La relación entre un problema de traducción y su trasfondo constituye lo que llamaré, con Popper, una "situación de problema". Si nos interesamos por nuestro proceso de comprensión y por su resultado, no es sorprendente que debamos describir de manera casi integral lo que estamos haciendo en función de esos objetos de la comprensión: los inteligibles y las relaciones que mantienen entre sí. Cualquier descripción, por ejemplo la de nuestras impresiones sensoriales y subjetivas, puede resultar interesante desde un punto de vista fenomenológico, pero no tiene nada que ver con nuestro problema, que es el de la comprensión de los inteligibles.

En mi opinión, la actividad de comprensión que lleva a cabo el traductor es, fundamentalmente, similar a la que se da en la resolución de cualquier problema en las ciencias experimentales o exactas. Al igual que cualquier actividad intelectual, la traducción consiste en procesos subjetivos y eso no lo niego. Pero es una operación creativa que engendra muy a menudo una suerte de familiaridad con esos objetos y su forma de manejarlos. Para ayudarnos de una analogía que le habría gustado a Goodman, podemos compararlo con la actividad de un constructor de puentes o de casas. Al igual que un ingeniero de caminos y puentes o un arquitecto intentan resolver problemas prácticos, el traductor trabaja con elementos estructurales simples o complejos, y con la ayuda de herramientas, a veces sencillas, a veces perfeccionadas. Es cierto que nunca podemos explicar en su integridad ninguna acción creativa. Sin embargo, podemos intentar, de forma conjetural, proponer una reconstrucción idealizada de la situación del problema en la que se encontró el propio autor y hacer, en esta medida, la acción de comprensión objetiva (o "racionalmente comprensible"), o sea, adecuada a su situación de agente tal como la percibió el propio autor.

Podemos encontrar numerosos análisis de este estilo en la obra de Ernst Gombrich (1963). Un ejemplo de problema que surge y sobre el que Gombrich hace hincapié es el de cómo interesar al lector y cómo poner en marcha su cooperación activa, por ejemplo, planteándole una serie de problemas de interpretación y haciéndole partícipe de la reconstrucción. Los análisis de Gombrich arrojan nueva luz sobre el problema que podríamos llamar de la *autonomía de la obra*, que siendo una producción humana, crea sus propias conexiones internas. Hay una bonita historia acerca del compositor Haydn y la traducción de una partitura; parece que el día que escuchó el primer coro de su *Creación*, se puso a llorar diciendo: "Yo no he escrito esto". En este sentido, los traductores son *creadores* de mundos. Hacen algo verdaderamente ambicioso y digno de admiración: construyen con sus aportaciones un nuevo mundo sobre el anterior y estoy seguro de que, en muchos casos, lo enriquecen. No son solamente, como muchos piensan, una simple y fantasmagórica interfaz entre el lenguaje objeto y el lenguaje meta.

Llego ahora a la pregunta propiamente hermenéutica: ¿cómo podemos aprender a entender un problema de traducción? Propongo que esto solo puede hacerse aprendiendo a entender un problema *vivo* y *en vivo*. Y sostengo, tal y como nos lo enseñó Popper, que a su vez eso solo puede hacerse intentando resolverlo y fracasando en la búsqueda de su solución. Supongamos que un joven traductor se enfrenta a un problema que no entiende, situación que, me consta, ocurre con cierta frecuencia. ¿Qué puede hacer en este caso? Aun si no entiende el problema, podrá intentar resolverlo y luego *criticar su propia solución* o pedir a otros traductores más veteranos y curtidos que la critiquen. La cooperación dentro de nuestro colectivo de traductores me parece en este sentido fundamental. Ya que el primer traductor no logra entender el problema, su solución será un fracaso, cosa que la discusión crítica pondrá de manifiesto. Pero de esta forma se realiza ya un primer paso hacia la identificación del punto en el que radica la dificultad. Pues, aunque suene tautológico, un problema es una dificultad. Y para entender un problema, hace falta detectar que existe una dificultad y localizar en qué radica, algo que solo se puede hacer descubriendo por qué algunas soluciones no funcionan en primera instancia.

Esto no consiste, como bien lo vio Popper, en una reificación sino en un análisis situacional. El análisis que el traductor hace de la situación problemática es una conjetura semántica consistente en proponer una metateoría sobre el razonamiento del autor. Como esta metateoría no está al mismo nivel que el razonamiento de este sino que se sitúa en una escala superior que permite al traductor introducir predicados semánticos en el lenguaje objeto traducible, este traductor nuestro no reefectúa el razonamiento, sino que intenta producir una reconstrucción idealizada y razonada omitiendo los elementos accesorios y, tal vez, añadiéndole algo nuevo. Así el *metaproblema* del traductor es el siguiente: ¿cuáles fueron los elementos decisivos en la situación planteada por el autor? En la medida en la que el traductor logra resolver este metaproblema, podemos afirmar que *entiende* la situación del autor. Su tarea como traductor no consiste entonces en la reificación de las experiencias pasadas sino en la ordenación de los argumentos objetivos a favor y en contra de su análisis situacional y su conjetura audaz, racional e innovadora. De esta manera, nuestra reconstrucción conjetural de la situación original puede llegar a ser un auténtico hallazgo filológico. Puede lograr explicar un aspecto de la obra de un autor hasta ahora inexplicado y puede resultar corroborado por una nueva prueba, por ejemplo al llamar nuestra atención sobre algunas alusiones hasta el momento despreciadas o inexplicadas.

Hilary Putnam (1990), refiriéndose a los trabajos de Martha Nussbaum sobre el problema de la interpretación y el valor moral de los hechos literarios, citaba el caso concreto de Aristóteles y mostraba en qué medida la relatividad de interés de la comprensión adopta una forma singular. Según Putnam, aunque Aristóteles hubiese escrito en castellano actual, seguiríamos teniendo un problema de traducción. Y es que aunque hubiese escrito "la felicidad es la actividad de la psique conformemente a la virtud de una vida llena" y no la frase en griego que en efecto escribió, tampoco podríamos contestar a la pregunta exegética diciendo como suelen decir los lógicos: "la frase es verdadera si y solo si la felicidad es la actividad de la psique conformemente a la virtud de una vida llena". A nosotros lo que nos interesa son las *implicaciones* de lo que escribió Aristóteles y, si se da el caso de que lo que escribió Aristóteles resulta vago, borroso o ambiguo, lo que nos interesa es saber qué significado más preciso podríamos dar a estas proposiciones y lo que implican para nuestra comprensión y vida práctica una vez hayamos conseguido precisar más todas esas posibles lecturas.

En este punto, podría pensarse que estoy reduciendo torpemente la práctica exegética a la traducción y prescindiendo de la diferencia existente entre una exégesis y una traducción. De hecho, existe una diferencia. Según el filósofo analítico Donald Davidson (1973), si la obra está escrita en nuestra lengua entonces es su interpretación homofónica o tomada "al pie de la letra" lo que constituye su interpretación perfecta. Pero como bien indica Putnam (1990) en su artículo, Davidson no tiene en cuenta el problema que planteó Borges, y es que incluso el texto del *Quijote* en castellano puede dejar de funcionar como una "traducción literal" del *Quijote* español de Cervantes para hablantes del español, y por tanto la significación que podemos dar al texto puede no ser la de Cervantes. Este hecho de que hasta en el caso ideal (digamos, en el caso de que esté escrita la obra en español estándar sin idiosincrasia ninguna) la única "exégesis perfecta" sea la propia obra es algo de lo más significativo: no se puede trazar una distinción entre la exégesis y la discusión crítica. Y eso significa entonces que cualquier exégesis que no sea trivial debe contener una discusión crítica cuya mejor manera de llevarla a cabo es la praxis de la traducción.

Concluiré diciendo que en este ensayo he intentado señalar el interés de una teoría práctica de la traducción cuya meta consiste en combinar una comprensión intuitiva de los textos con la objetividad de la crítica racional. Hay en la práctica de la traducción algo que resulta muy cercano a una noción transparadigmática de racionalidad que se encuentra a disposición del traductor. Como he dicho, no se trata de convertirnos en escépticos que pasan la navaja de Occam a cualquier texto antes de realizar su traducción ni de adoptar una tesis tan radical y relativista como la de la indeterminación de la traducción. Personalmente, estoy dispuesto a aceptar la idea de que el mundo se "fragmenta" en varios esquemas conceptuales, dependiendo efectivamente, como propone Quine, del "manual de traducción" que hayamos elegido. No obstante, añadiría en seguida que tiene que existir una razón, una "causa necesaria", accesible al entendimiento, que haga que una traducción *funcione* y otra no. Siempre serán necesarias nuevas exégesis, nuevas discusiones críticas y nuevas traducciones. Y si no hay convergencia hacia una sola y única interpretación, entonces la moda en boga que consiste en pensar que las interpretaciones y traducciones anteriores han sido definitivamente destituidas por las "intuiciones" contemporáneas se revelará en todo su progresismo *naif*. Como sugiere Putnam, tal vez podamos empezar a considerar la discusión crítica, racional y objetiva, y la praxis de la traducción como un diálogo plurívoco más que como una carrera competitiva en la que habría vencedores y vencidos.

Bibliografía

COLLINGWOOD, Robin George (1982[1924]): *Speculum Mentis or the Map of Knowledge*. Westport (CT): Greenwood Press.
DAVIDSON, Donald (1973): "Radical Interpretation", en: *Dialectica* 27, 313-328.

DILTHEY, Wilhelm (1995): *Écrits d'esthétique suivi de La naissance de l'herméneutique* Trad. Daniel Cohn/Evelyne Lafon. Paris: Éditions du Cerf.
GOMBRICH, Ernst (1963): *Meditations on a Hobby Horse and Other Essays*. London: Phaidon.
GOODMAN, Nelson (1978): *Ways of Worldmaking*. Indianapolis: Hackett.
POPPER, Karl (1979): *Objective Knowledge*. Oxford: Oxford University Press.
PUTNAM, Hilary (1990): *Realism with a Human Face*. Cambridge (MA): Harvard University Press.
QUINE, Willard Van Orman (1960): *Word and Object*. Cambridge (MA): MIT Press.
RICŒUR, Paul (1985): *Temps et Récit. III*. Paris: Éditions du Seuil.

LA TRADUCCIÓN DE LOS MARCADORES DEL DISCURSO: VALORES, FUNCIONES, POSICIONES Y OTROS PROBLEMAS*

MARGARITA BORREGUERO ZULOAGA
Universidad Complutense de Madrid

1. Introducción

El objetivo de este trabajo es tratar de contribuir, en la medida en que nos sea posible, a esclarecer la cuestión de por qué resulta tan difícil traducir los marcadores del discurso. Como es sabido, la reflexión sistemática acerca de los marcadores del discurso se remonta a unas pocas décadas, y en el ámbito traductológico son todavía escasos los trabajos que ofrecen una visión de conjunto sobre el complejo proceso de buscar equivalentes a estos peculiares elementos lingüísticos (cf. Bazzanella/Morra 2000, Portolés Lázaro 2002, Aijmer *et al.* 2006), limitándose en la mayor parte de los casos al análisis, a veces exhaustivo, de un único marcador en una lengua determinada y de sus posibles equivalentes en otra lengua concreta.

Este ensayo, sin embargo, tiene la pretensión de abordar de manera más general cuáles son los aspectos de los marcadores del discurso que hacen especialmente ardua su traducción, aunque para ejemplificar la exposición teórica se recurrirá a ejemplos de las lenguas italiana y española.

La exposición se basará en el desarrollo de tres aspectos que son, a nuestro juicio, los que mejor explican la particularidad de estos elementos del entramado textual: su carácter polisémico, su polifuncionalidad y su movilidad posicional dentro del enunciado. Evidentemente, no todos los marcadores poseen estas tres características, ni los que las poseen lo hacen en el mismo grado. Hay marcadores que asumen muy diversos valores semánticos y, en consecuencia, son capaces de desempeñar un mayor número de funciones discursivas, mientras otros

---

* Este trabajo ha sido realizado en el marco del proyecto de investigación "Marcadores discursivos y la construcción interaccional del diálogo en italiano L2" (HUM2007/66134) financiado por el Ministerio de Ciencia e Innovación. Se trata de la versión escrita de una lección impartida a los estudiantes del CES Felipe II con motivo de las I Jornadas de Traducción e Interpretación, de ahí el carácter introductorio de estas líneas, especialmente por lo que a la presentación de los marcadores del discurso se refiere.

aparecen en la mayor parte de los casos con un único valor y una única función. Lo mismo puede decirse con relación a las posiciones enunciativas: marcadores como *entonces* pueden aparecer tanto en posición inicial, como medial o final (Bazzanella/Borreguero Zuloaga, en prensa; Borreguero Zuloaga/López Serena, en prensa), mientras que otros, como *pero*, tienden a ocupar la posición inicial. Como hemos estudiado en otra parte (López Serena/Borreguero Zuloaga 2010), el carácter polisémico y polifuncional y la movilidad de los marcadores del discurso están estrechamente ligados a su aparición en la variedad oral o escrita.

2. Valores semánticos

La evolución semántica de los marcadores es uno de los campos que ha despertado mayor interés en los últimos años, especialmente a partir de la consolidación de la teoría de la gramaticalización. Sin profundizar en este tema, ofrecemos a continuación una breve introducción a la compleja cuestión de la peculiaridad semántica de los marcadores discursivos.

La mayor parte de los marcadores son en origen categorías léxicas con un significado bien establecido y una función oracional precisa: *hombre, bueno, mira*[1]... En el proceso de gramaticalización tienen lugar al menos tres fenómenos importantes:

a) La pérdida de la flexión morfológica, que convierte a estas formas lingüísticas en invariables (Pons Bordería 1998, Portolés Lázaro 1998 y Martín Zorraquino/Portolés Lázaro 1999), de modo que son perfectamente posibles enunciados como (1):

(1) ¡*Hombre*, Ana, no me digas eso!

b) La pérdida de la función oracional originaria y la consiguiente asunción de funciones discursivas externas a la estructura proposicional. Esta posición externa se observa muy bien en el paso del discurso directo al indirecto (Bazzanella 1995), donde los marcadores desaparecen, como se ve en (2b):

(2a) Y ¿qué haces estas vacaciones?

(2b) Me preguntó qué hacía estas vacaciones.

---

[1] No puede decirse lo mismo de los marcadores que provienen de categorías sincategoremáticas, fundamentalmente conjunciones como *y* o *pero*, cuyo significado es más procedimental que léxico (Carmello, en prensa).

Y también en el hecho de que no son susceptibles de focalización, como se advierte en (3c) donde el focalizador *también* antepuesto al marcador discursivo (y sin pausa entre ambos) resulta inaceptable:

(3) *Bueno*, me gustan los helados.
    (3a) *Bueno*, me gustan también los helados.
    (3b) *Bueno*, también me gustan los helados.
    (3c) *También *bueno*, me gustan los helados

c) La pérdida de una parte del significado. Para entender mejor en qué consiste esta pérdida semántica conviene tener en cuenta la distinción entre componente semántico nuclear y no nuclear (Aijmer *et al.* 2006). El componente semántico nuclear *(core meaning)* tiene carácter abstracto y naturaleza procedimental. Por ejemplo, en el caso de *vamos*, el componente nuclear sería algo así como 'acción' y en el caso de *bueno* algo así como 'valoración positiva'. Este componente semántico nuclear no sufre variaciones ni diacrónicas ni pragmáticas, a diferencia de lo que le ocurre al componente no nuclear *(pragmatic meaning)*. En el caso de *vamos*, el componente semántico no nuclear puede indicar la acción concreta de trasladarse hacia o desde un lugar un grupo de personas entre las que se incluye el hablante, cuando se trata de una forma conjugada del verbo *venir*, o puede indicar una exhortación a la acción, cuando se trata de un marcador del discurso, pero en ambos casos el componente nuclear de 'acción' permanece invariable; en el caso de *bueno*, cuando funciona como adjetivo el componente pragmático indica que aquello de lo que se predica tiene la propiedad de la bondad y es por ello valorado positivamente, mientras que, cuando se trata de un marcador discursivo, *bueno* indica una valoración total o parcialmente positiva del enunciado del interlocutor o de la situación comunicativa.

Una primera dificultad que debe afrontar el traductor a la hora de buscar un equivalente para el marcador discursivo es la de reconocer, por un lado, cuál es el valor nuclear que permanece y, por otro, cuáles son los valores semánticos adquiridos en el contexto concreto de aparición o, en otras palabras, cuáles son sus valores pragmáticos ligados a la situación comunicativa en cuestión.

Ejemplificaremos este punto haciendo breve mención a la relación entre *entonces* y *allora*, que ya hemos estudiado más detenidamente en otra parte (Bazzanella/Borreguero Zuloaga, en prensa, y Borreguero Zuloaga/López Serena, en prensa)[2]. Ambas formas son en su origen adverbios temporales que tienen la particularidad de hacer referencia a un tiempo anterior o posterior al momento de la enunciación:

---

[2] Para otros estudios específicos sobre *entonces* y *allora*, véase la bibliografía citada en estos trabajos.

(4a) No sabía *entonces* que aquella señora se convertiría en su mujer.
(4b) Non sapeva *allora* che quella donna sarebbe diventata sua moglie.

Esta capacidad deíctica es aprovechada por los hablantes que emplean estas formas para hacer referencia no a un momento temporal distinto del momento de la enunciación, sino a un hecho enunciado anteriormente, como se ve en los usos de *entonces/allora* como conectores[3] en las estructuras condicionales (5) y consecutivas (6) (en el caso del español se ve claramente el valor consecutivo porque *entonces* puede sustituirse con *pues*, otro conector con valor consecutivo):

(5a) Si no viene María, *entonces* tampoco voy yo.
(5b) Se non viene Maria, *allora* non vengo neanch'io.

(6a) No quieres hablar con ella, *entonces/pues* no lo hagas.
(6b) Non vuoi parlare con lei, *allora* non farlo.

Como se observa en ambos casos, el carácter deíctico –que no es inherente como en el caso de *hoy* o *aquí*, sino contextual, es decir que aparece solo en ciertos contextos como los de (4) (cf. Vannelli/Renzi 1995)– posibilita el desarrollo de una función fórica, endofórica para ser más precisos, por medio de la cual el conector alude a la situación presentada en la prótasis en el caso de las condicionales, o al motivo o razón en que se fundamenta la consecuencia o conclusión que introduce, en el caso de las consecutivas.

Hasta aquí la equivalencia entre ambos elementos no ofrece ningún problema al traductor, pero las complicaciones empiezan cuando en las frases consecutivas no se hace explícito el fundamento de la consecuencia o conclusión enunciada, o no existe realmente una relación lógica causa-efecto entre lo que el hablante presenta como fundamento de su conclusión. En este caso, no hablamos de función lógico-argumentativa del conector, sino de función inferencial, porque el oyente/lector debe ser capaz de inferir la relación que establece el marcador entre la situación comunicativa y el enunciado (cf. López Serena/Borreguero Zuloaga 2010: 468-469). En tales casos, mientras el italiano sigue manteniendo *allora*, el

---

[3] Sobre la distinción entre marcadores del discurso y conectores, cf. López Serena/Borreguero Zuloaga (2010: 463). Siguiendo a autores como Portolés Lázaro (1993) y Domínguez García (2007), consideramos que los conectores son un grupo de marcadores del discurso que se caracterizan por establecer relaciones lógico-argumentativas entre los miembros del discurso que vinculan. La conexión, en efecto, no es considerada como una función distinta de la marcación discursiva, ya que los conectores comparten con los demás marcadores discursivos la función elemental de guiar la interpretación textual dentro del eje comunicativo fundamental locutor-texto-destinatario.

español prefiere un nexo con posibilidades de interpretación más restringidas y suele decantarse por un conector como *así que, de modo que*[4].

En (7a), *allora* introduce una pregunta para forzar al interlocutor a llegar a una conclusión que se deriva de una situación comunicativa previa:

(7a) *Allora*, Giulio, vieni con noi o resti qua?

La traducción de (7b) resulta un tanto forzada, mientras que (7c) parece más natural:

(7b) ?*Entonces*, Julio, ¿vienes con nosotros o te quedas aquí?[5]
(7c) *Bueno*, Julio, ¿vienes con nosotros o te quedas aquí?

Esta diferencia entre *allora* y *entonces* parecería indicar que en el caso de *allora* el valor semántico nuclear es la referencia a la anterioridad, ya sea esta temporal –en el caso de los usos adverbiales–, enunciativa –en el caso de las condicionales y las consecutivas explícitas– o argumentativa, independientemente de que el elemento al que se hace referencia esté explícito o pueda ser simplemente inferido de la situación, como en el caso de (7). Sin embargo, en el caso de *entonces* el valor nuclear parece reducirse a la referencia a un elemento temporal o enunciativo que no puede permanecer ambiguo o implícito[6], de ahí la necesidad de usar en español un conector claramente consecutivo para guiar al interlocutor en el proceso inferencial de interpretar un enunciado como conclu-

---

[4] Obsérvese lo anómalo que resulta el uso de *entonces* con esta función en este texto escrito por una hablante italiana (he mantenido los errores de acentuación y puntuación del texto original): "Aida me dejó la carta de las vacaciones a mi porque ella no va a estar el lunes y el martes, *entonces* me ha pedido entregartela. Si no te veo mañana te la dejo en tu buzón en la sala de los profesores? Hay tu nombre escrito verdad?" (comunicación personal a la autora). Un hablante español escribiría algo así como: "Aída me ha dejado su redacción sobre las vacaciones porque no va a venir a clase ni el lunes ni el martes, *así que / por eso* me ha pedido que te la entregue".

[5] La anomalía se aprecia con mayor facilidad si en el contexto comunicativo este enunciado no va precedido inmediatamente de la exposición de los motivos que podrían inclinar a Julio a tomar la decisión de acompañar a su interlocutor, caso en el que *allora* asume una función recapitulativa, de reconducción del discurso hacia la conclusión (después de una digresión, por ejemplo), que *entonces* desempeña con mayor dificultad.

[6] Téngase en cuenta que en los usos temporales tanto de *entonces* como de *allora* es el cotexto el encargado de fijar la referencia exacta del deíctico, indicando de manera explícita la época o la fecha a la que *entonces/allora* alude. Así (4) es incomprensible aislado de su contexto y solo sería admisible como enunciado absoluto en un texto narrativo que utilizara la estrategia retórica del comienzo *in medias res*.

sión o consecuencia de una interacción comunicativa o de la relación entre los enunciados discursivos y la situación comunicativa.

El valor nuclear de *allora* es, no obstante, más complejo aún, ya que permite el uso del marcador no solo para referirse a la anterioridad enunciativa, sino incluso para indicar el momento mismo de la enunciación, entrando en conflicto por tanto con su uso como adverbio de tiempo (este valor ha sido denominado "valor correlativo-enfático", cf. Bazzanella *et al.* 2008 y Bazzanella/Borreguero Zuloaga, en prensa). En estos casos, la traducción con *entonces* es completamente imposible (pero cf. Borreguero Zuloaga/López Serena, en prensa, sobre la relación entre este valor y el desarrollo de las funciones metadiscursivas). Veamos el ejemplo de (8a), que puede ser un primer enunciado (posición inicial absoluta) en la interacción profesor-alumnos en el aula, tras un intercambio de saludos:

(8a) *Allora*, ragazzi, aprite il libro a pagina 56.

La traducción de (8b) resulta inaceptable y es necesario recurrir a un marcador del discurso que tenga la función de llamar la atención del oyente, como el propuesto en (8c):

(8b) *Entonces, chicos, abrid el libro por la página 56.
(8c) *A ver*, chicos, abrid el libro por la página 56.

Estas diferencias de uso entre *entonces* y *allora* nos hacen comprender cuán lejos estamos de encontrarnos ante dos elementos que puedan funcionar tranquilamente como equivalentes en cualquier contexto, como parecía deducirse de los primeros ejemplos –(5) y (6)–, y ponen en evidencia la dificultad, tanto para el lingüista como para el traductor, de individuar los valores nucleares y los valores pragmáticos en sus distintas ocurrencias, individuación que nos permitiría acercarnos a una mejor traducción.

No queremos terminar este epígrafe dedicado a los problemas que surgen en el ámbito de la semántica de los marcadores sin hacer alusión a otra fuente de complicaciones, a saber, los casos en los que el valor nuclear es usado irónicamente. Tomemos como ejemplo el marcador *bueno*, del que ya hemos descrito el valor nuclear como 'valoración positiva', tanto de un objeto o persona (función adjetival) como de una situación comunicativa o de un enunciado (función discursiva). Sin embargo, en un uso irónico, el marcador *bueno* puede indicar una valoración negativa del enunciado del interlocutor y, precisamente porque se trata de un acto de descortesía, el marcador asume la función de atenuante del acto enunciativo:

(9a) A: ¡Estudiar una carrera no sirve para nada!
B: *Bueno, bueno, bueno…*, para algo sí que sirve.

En (9a) B manifiesta su desacuerdo con A a través de un marcador típico de valoración positiva, como es *bueno*, a fin de evitar un acto discursivo que pueda amenazar directamente la imagen del interlocutor (Albelda Marco 2006 y Vázquez Pérez 2006). Sin embargo, la asunción de este valor pragmático no es posible en el caso del *bene* italiano, que sí comparte otras funciones discursivas con *bueno*. Así, (9b) es inaceptable y el traductor debe recurrir a otro marcador discursivo como el recapitulativo *insomma*, que sí desempeña funciones de atenuación:

(9b) A: Studiare all'università non serve a nulla!
B: **Bene, bene, bene…* a qualcosa serve.

(9c) B: *Insomma...* a qualcosa serve.

3. Polifuncionalidad discursiva

A lo largo del epígrafe anterior hemos aludido en numerosas ocasiones a las distintas funciones que puede desempeñar un mismo marcador, ya que la polifuncionalidad es otro de los rasgos característicos de estos elementos discursivos, que se sigue directamente de la multiplicidad de valores pragmáticos que pueden asumir. La dificultad de encontrar un equivalente en la lengua meta para cada una de las funciones de un mismo marcador ha sido puesta de relieve por los lexicógrafos (Calvo Rigual 2001 y Calvi/Mapelli 2004)[7].

Podemos distinguir, con Bazzanella (1995), dos tipos de polifuncionalidad: a) de carácter sintagmático, es decir, las distintas funciones que un mismo marcador desempeña en una ocurrencia textual –por ejemplo, *allora* en (7a) cumple a la vez una función de conexión consecutiva entre el contexto comunicativo y el enunciado que introduce, conexión que debe ser inferida por el interlocutor, y una función recapitulativa, que trata de reconducir el discurso hacia una conclu-

---

[7] "Los marcadores del discurso son elementos lingüísticos que pueden llegar a ser un obstáculo para la comprensión de un texto en lengua extranjera y para su traducción a la lengua materna y, en ocasiones, ni siquiera el diccionario bilingüe, que para muchos es el único instrumento en estas tareas, puede ser una apoyo válido […]. Sería conveniente que el lexicógrafo añadiera informaciones acerca del uso y una explicación pragmática y textual. Las entradas de los diccionarios que hacen referencia a estos marcadores suelen señalar únicamente una lista de equivalentes" (Calvi/Mapelli 2004).

sión final–; y b) de carácter paradigmático, es decir, las distintas funciones que un marcador desempeña en sus distintas ocurrencias textuales, dependiendo del cotexto y de la situación comunicativa –por ejemplo, *allora* en (6b) como conector consecutivo y en (8a) como introductor de un tópico discursivo–.

Han sido varios los intentos de sistematización de las funciones discursivas (cf., entre otros, Martín Zorraquino/Portolés Lázaro 1999 y Pons Bordería 2000). Aquí seguiremos la propuesta de Bazzanella (1995), reelaborada en López Serena/Borreguero Zuloaga (2010). Según esta última aproximación, en el estudio de las funciones discursivas de los marcadores se pueden adoptar tres perspectivas diversas:

- si atendemos a la organización de los contenidos y a la relación del enunciador respecto de estos, hablaremos de *funciones cognitivas* de los marcadores;
- si focalizamos la atención en la construcción del discurso, entonces hablaremos de *funciones metadiscursivas* de los marcadores;
- si nos interesa el papel que los marcadores desempeñan en la estructuración de la alternancia de turnos conversacionales, hablaremos de *funciones interaccionales*[8].

Para comprender la importancia que tiene en la labor del traductor individuar con precisión la función discursiva que el marcador asume en una ocurrencia textual concreta, analizaremos brevemente el caso del marcador italiano *ma* y de su equivalente español *pero*, que en ocasiones debe aparecer acompañado de otro elemento o ser sustituido por otro marcador. *Ma*, además de ser la conjunción adversativa que conecta dos oraciones principales en el marco de la sintaxis oracional, puede desempeñar varias funciones discursivas. Teniendo en cuenta el tipo de relación lógica que establece en el nivel textual entre los contenidos de los distintos enunciados, *ma* desempeña una función cognitiva, es decir, actúa como un conector lógico-argumentativo de carácter contraargumentativo (Scorretti 1988; para el español *pero*, cf. Montolío Durán 1998: 45-66 y Domínguez García 2007: 89-109). Esto quiere decir que *ma* introduce un argumento que invalida la conclusión que podría derivarse de un argumento anterior, como en (10a), donde *ma* puede traducirse por *pero* sin problemas:

(10a) Le stoffe sono di pessima qualità. *Ma* mi faceva pena la bambina che le vendeva. Quindi le ho comprate.

---

[8] Un catálogo más detallado de todas las funciones discursivas que se pueden agrupar en estas tres clases en López Serena/Borreguero Zuloaga (2010: 434-478).

(10b) Las telas son malísimas. *Pero* me daba pena la niña que las vendía. Así que las he comprado.

El primer argumento "las telas son malísimas" implica una conclusión del tipo "no las he comprado". Sin embargo, el argumento introducido por *ma / pero* "me daba pena la niña que las vendía" conduce a la conclusión opuesta: "las he comprado". En este caso la correspondencia entre el marcador discursivo italiano y el español es perfecta, pero esta equivalencia empieza a resquebrajarse cuando *ma* asume funciones que no son de conexión lógico-argumentativa. Veamos qué sucede en el caso de las funciones metadiscursivas y de las funciones interaccionales.

Ma desempeña en algunos textos la función metadiscursiva de introducción de un tópico o subtópico discursivo, reconduciendo el hilo del discurso hacia un tema que es de especial interés para el hablante, como vemos en (11a):

(11a) Lo so, lo so, *ma* dimmi una cosa: Marta l'hai finalmente vista oppure no?

En este ejemplo, *ma* no establece una relación lógica entre el contenido del enunciado que precede y el enunciado anterior, sino que introduce un nuevo tópico discursivo, sin relación de continuidad con el anterior, interesándose por un posible encuentro entre el interlocutor y María. En la traducción de este enunciado, el español mantiene la posibilidad del equivalente *pero*, aunque en alternancia con el marcador *y*:

(11b) Lo sé, lo sé, *pero / y* dime una cosa: ¿a Marta la has visto por fin o no?

Más complicado es el caso de las funciones interaccionales de toma y cesión de turno, en las que resulta cuestionable la traducción con *pero*. En (12a) encontramos una ocurrencia de *ma* en posición inicial absoluta de enunciado: desempeña la doble función de introducción de un subtópico discursivo y de toma de turno en una conversación (Sabatini 1997). Sin embargo, esta posición es infrecuente para el *pero* español y solo el marcador *y* puede reunir ambas funciones, si bien es cierto que transmite una idea de continuidad propia del valor nuclear de este marcador, que no encontramos en el *ma* italiano, caracterizado más bien como elemento de ruptura u oposición:

(12a) *Ma* quando arrivi?
(12b) *?Pero / Y* ¿cuándo llegas?

En el caso de la cesión de turno, resulta poco habitual la presencia en solitario de *pero* que normalmente va acompañado de una conjunción *que* cuando se insinúa una consecuencia contraria a la esperada por el discurso anterior; por tanto, cumple a la vez la función cognitiva inferencial y la función interaccional de cesión de turno:

(13a) Finalmente siamo arrivati a questa festa, che doveva essere chi sa cosa, *ma*...
(13b) Por fin llegamos a la fiesta esta, que se suponía que iba a ser el no va más, *?pero / pero que*...

Otro ejemplo en el que son mayores las divergencias entre los marcadores españoles e italianos debido a la polifuncionalidad del marcador italiano es el de *insomma* (Flores Acuña 2003). Este marcador es especialmente prolífico en relación con la cantidad de funciones metadiscursivas que puede asumir: reformulación parafrástica, demarcación –tanto recapitulación como (re)introducción de tópico discursivo–, e ilación. Veamos cuál es el mejor equivalente español en cada caso.

a) *Reformulación parafrástica*. En este caso *insomma* es traducido por alguno de los marcadores discursivos del español especializados en esta función, como *es decir, o sea, a saber* (Garcés Gómez 2005):

(14a) Da Cortina alla costa Smeralda sono loro che hanno in mano i giochi, che decidono chi sta dentro e chi sta fuori. *Insomma*, che comandano.
(14b) Desde Cortina hasta la costa Esmeralda son ellos los que controlan el juego, los que deciden quién entra y quién se queda fuera. *Es decir*, los que mandan.

b) *Demarcación*. Los marcadores con esta función sirven para delimitar las partes que constituyen el discurso indicando cuándo se produce un cambio de tópico, cuándo se introduce una digresión o cuándo se sintetiza o recapitula la información expuesta hasta entonces. Esta última función de recapitulación, que también puede interpretarse como un tipo de reformulación no parafrástica (López Serena/Borreguero Zuloaga 2010: 454-455, 459), es la que realiza *insomma* en (15a) y por ello la traducción más adecuada exige un marcador especializado en la función de recapitulación como *en definitiva, en suma, en conclusión*:

(15a) Inoltre, pur vivendo ancora a casa, ero completamente indipendente, padrona di ogni ora delle mie giornate. Potevo passare pomeriggi interi alla biblioteca comunale senza dover rendere conto a nessuno. *Insomma*, la mia vita, rispetto a quella delle altre donne, era libera.
(15b) Además, aunque vivía todavía en casa, era completamente independiente, dueña de cada hora de mi tiempo. Podía pasar tardes enteras en la biblioteca municipal sin tener que dar cuentas a nadie. *En definitiva*, mi vida, respecto de la de otras mujeres, era libre.

Otra función demarcativa es la de (re)introducción del tópico discursivo, que también desempeña *ma*, como hemos visto. En los ejemplos de (16) *insomma* sirve para retomar el hilo del discurso tras una larga digresión (que señalamos con [...]). El español puede recurrir también en este caso a uno de los marcadores que prototípicamente desempeñan la función de recapitulación, o bien a *bueno*, que también asume esta función metadiscursiva:

(16a) Io ero triste, avevo bevuto, sapete che non bevo mai [...]. Sì, *insomma*, continua la Lucia, io lì triste per Philippe...

(16b) Yo estaba triste, había bebido, ya sabéis que no bebo nunca [...]. Sí, *bueno / en fin*, continúa Lucía, yo allí triste por Philippe...

c) *Ilación discursiva*. Dadas las dificultades de construcción textual en la variedad oral conversacional, en la que la planificación discursiva debe improvisarse, los hablantes suelen recurrir a varios marcadores del discurso para ganar tiempo en el proceso de elaboración lingüística e indicar así a su interlocutor que su contribución discursiva no ha finalizado (de ahí que la función metadiscursiva de ilación discursiva coincida en el plano de las funciones interaccionales con el mantenimiento del turno). En el caso del español, la función ilativa es desempeñada frecuentemente por los marcadores que también realizan funciones de reformulación. Véanse los ejemplos en (17):

(17a) O spendere / tipo / un'ottantina di mila lire e menarsela /... *insomma* / o spendere un'ottantina di mila lire / però menarsela per trovarlo / eeh / per poi / insomma / comprare (Cresti 2000: 43).

(17b) O gastar / unos / unas ochenta mil liras y apañárselas / *o sea* / o gastar unas ochenta mil liras / pero apañárselas para encontrarlo / ehh / para / o sea / comprar.

El catálogo de funciones que puede realizar *insomma* no se limita, sin embargo, a las de tipo metadiscursivo, ya que en ciertos contextos también asume un tipo particular de funciones cognitivas, las llamadas *funciones de modalización de la enunciación*. Entre estas funciones, *insomma* asume frecuentemente la de atenuación del discurso, que se trata de una estrategia de cortesía lingüística por medio de la cual el interlocutor toma distancia de su enunciado para no herir la sensibilidad de su interlocutor:

(18a) Penso anche che sarebbe opportuno che uno di noi rimanesse qui, ma... *insomma* fai come vuoi.

En este enunciado el hablante señala la necesidad de que uno de los interlocutores permanezca en el lugar en que se produce la interacción, pero para que su intervención no sea entendida por el interlocutor como una imposición, la matiza con una oración adversativa y el marcador *insomma*. En el caso del español, la función de atenuación discursiva es desempeñada con frecuencia por *en fin*:

>   (18b) Creo que sería mejor que uno de nosotros se quedara aquí, pero..., *en fin*, haz lo que quieras.

Con esta función *insomma* puede aparecer en usos profrásticos como respuesta con un valor negativo que, sin embargo, el hablante no quiere expresar abiertamente, sino de forma matizada. En estos casos, los equivalentes españoles más adecuados son, a nuestro juicio, los marcadores *vaya* o *bueno*:

>   (19a) –Sta meglio tua madre?
>   –*Insomma!*
>
>   (19b) –¿Está mejor tu madre?
>   –*¡Vaya!*

Así pues, podemos concluir este epígrafe considerando que tener un buen conocimiento de los distintos tipos de funciones –tanto de naturaleza cognitiva como metadiscursiva e interaccional– que los marcadores del discurso pueden ejercer permite afinar la traducción y acertar en la búsqueda del equivalente de la lengua meta que cumple una función similar. El análisis del marcador *insomma* muestra cómo la elección de un marcador del español con función recapitulativa, reformulativa o atenuadora está determinada por la función concreta que aquel desempeña en cada ocurrencia. La polifuncionalidad paradigmática (y en algunos casos sintagmática) de los marcadores hace especialmente ardua su traducción y exige del traductor un conocimiento que va más allá de la simple intuición acerca del valor semántico.

4. Movilidad posicional

Por último, queremos presentar muy brevemente el tercer factor que contribuye a dificultar la tarea del traductor: la posibilidad de los marcadores de ocupar distintas posiciones en el interior del enunciado. Este aspecto solo muy recientemente ha recibido atención por parte de los especialistas, una vez que se han elaborado modelos que permiten distinguir funcionalmente las posiciones enunciativas: los llamados *sistemas de unidades*. Existen dos propuestas consolidadas en este ámbito, ambas elaboradas originalmente en la lingüística francesa para la variedad oral: por una parte, el sistema de Roulet (Roulet *et al.* 2001), que ha sido modificado y ampliado para el español por Cortés Rodríguez/Camacho Adárvez (2002) y por el grupo Val.Es.Co (Briz Gómez/Grupo Val.Es.Co 2003 y Briz Gómez/Pons Bordería 2010); y, por otra, el sistema de Blanche-Benveniste, más difundido entre los lingüistas italianos, tanto en el estudio de la lengua oral (Cresti 2000) como del texto escrito (Ferrari *et al.* 2009) y al que nos referiremos en este estudio.

Una primera distinción importante a este respecto es necesaria en aquellos casos en que el marcador puede aparecer tanto integrado en un enunciado como en usos profrásticos, es decir, formando un enunciado independiente. Véase la distinta traducción que recibe en uno y otro caso el marcador italiano *infatti*:

(20a) A: In Inghilterra non avete mangiato molto bene, no?
B: *Infatti* siamo dimagriti di tre chili.

(20b) A: En Inglaterra no habéis comido muy bien, ¿no?
B: *De hecho*, hemos adelgazado tres kilos.

Cuando el marcador *infatti* aparece integrado en el enunciado asume la función de comentador del enunciado anterior y refuerza su contenido. En este caso, B no solo concuerda con la afirmación de A, sino que aporta un argumento más como prueba de la veracidad de su enunciado. Sin embargo, cuando *infatti* aparece con valor profrástico, como en (21), ya no es posible la traducción con *de hecho*, y es necesario recurrir a otro marcador con función de comentador, como *pues* o el más forzado *en efecto*[9]:

(21a) A: In Inghilterra non avete mangiato molto bene, no?
B: *Infatti!*

(21b) A: En Inglaterra no habéis comido muy bien, ¿no?
B: ¡*Pues no!* / ?¡*En efecto!* / *¡*De hecho!*

En segundo lugar, ya dentro del enunciado, se pueden distinguir, siguiendo a Ferrari *et al.* (2009), unidades que contribuyen de muy distinta manera a la progresión de la información textual: tema o tópico, rema o comentario, apéndice, inciso, marco. Aunque no tenemos espacio para profundizar en este tema (cf. Borreguero Zuloaga/López Serena, en prensa), pondremos aquí un ejemplo acerca de cómo la posición en una u otra unidad informativa del enunciado puede

---

[9] Para una crítica sobre la habitual traducción de *infatti* como *en efecto*, cf. Fernández Loya (2004).

afectar a la traducción. Volvamos, para ello, al marcador *allora* y consideremos dos de sus ocurrencias, la primera en posición de marco (posición inicial y parentética) y la segunda en posición de apéndice (posición final y parentética). En la primera posición, *allora* asume la función que hemos llamado inferencial, introduciendo un enunciado que el hablante presenta como conclusión a partir de cuanto se ha dicho anteriormente o de conocimientos previos –en (22a) requiere una ulterior confirmación de esa conclusión y de ahí que la formule bajo forma de pregunta–:

(22a) *Allora*, parti per l'America?
(22b) *Entonces*, ¿te vas a América?

No obstante, cuando *allora* aparece en posición de apéndice, no presenta una conclusión extraída del contexto, sino que refuerza la aseveración de un contenido del que el hablante tiene certeza, de ahí que se pueda prescindir de la forma interrogativa y el marcador realice la función de comentador. En este caso, ya no es posible el equivalente español *entonces*, que indica que el hablante ha realizado un proceso inferencial para llegar a una determinada conclusión (o que presenta un hecho como consecuencia lógica de otro hecho o situación, tal como hemos visto más arriba):

(23a) Parti per l'America, *allora*.
(23b) *Así que* te vas a América.

Por último, un tercer factor que debe tenerse en cuenta en relación con la movilidad posicional de los marcadores es su grado de integración sintáctica. Veamos rápidamente un ejemplo con *cioè*. Cuando *cioè* aparece como marcador parentético, es decir, separado por pausas gráficas o fónicas del resto del enunciado, realiza una función metadiscursiva de reformulación parafrástica o no parafrástica, como es el caso de (24a), y puede traducirse entonces con otro marcador con función reformuladora. Pero, en el caso de que *cioè* aparezca integrado en el enunciado, el valor reformulador originario se acompaña de un claro valor consecutivo, que hace posible el uso de un conector lógico-argumentativo, como en (25b), ya que los conectores se caracterizan precisamente por ser el tipo de marcadores del discurso que presentan mayor grado de integración sintáctica:

(24a) Sei troppo stanco. *Cioè*, non hai capito niente.
(24b) Estás muy cansado. *O sea*, que no has entendido nada.
(25a) Non hai capito niente *cioè* sei molto stanco.
(25b) No has entendido nada, *así que* estás muy cansado.

5. Conclusiones

En estas líneas hemos tratado de articular en torno a tres aspectos nuestra respuesta a la pregunta acerca de por qué es tan difícil traducir los marcadores del discurso. En primer lugar, hemos insistido en la necesidad de distinguir, por un lado, el valor semántico nuclear de los elementos léxicos susceptibles de un proceso de gramaticalización, por medio del cual se convierten en elementos funcionales de la marcación discursiva, y, por otro, los valores pragmáticos que los marcadores adquieren en cada contexto concreto de ocurrencia. En segundo lugar, hemos considerado el carácter polifuncional de estos elementos y la conveniencia de determinar para cada texto el tipo de función o funciones que el marcador desempeña, siguiendo para ello una clasificación elaborada en trabajos anteriores: funciones cognitivas, metadiscursivas e interaccionales. Por último, hemos aludido a la reciente investigación acerca de las unidades informativas del enunciado y, en particular, a cómo el tipo de unidad en que aparece el marcador determina su valor pragmático y su función discursiva, sin olvidar la pertinencia de tener en cuenta, además, los usos profrásticos de algunos marcadores y su grado de integración sintáctica.

Ahora bien, no queremos terminar sin añadir una última reflexión: en muchas ocasiones la mejor traducción de un marcador discursivo puede ser simplemente su omisión en la lengua meta o su sustitución por otro elemento léxico sin función de marcación discursiva, como muestran los siguientes ejemplos:

(26a) Mia sorella è infirmiere; *infatti*, lavora all'ospedale Marconi.

(26b) Mi hermana es enfermera, ∅ trabaja en el hospital Marconi.

(27a) A: Come sta tua madre?
B: *Insomma!*

(27b) A: ¿Cómo está tu madre?
B: ¡Ahí va!

Bibliografía

AIJMER, Karin et al. (2006): "Pragmatic Markers in Translation: a Methodological Proposal", en: Fischer, Kerstin (ed.): *Approaches to Discourse Particles*. Amsterdam: Elsevier, 101-114.

ALBELDA MARCO, Marta (2006): "Discordancia entre atenuación/cortesía e intensificación/descortesía en conversaciones coloquiales", en: Blas Arroyo, José Luis/Casanova Ávalos, Manuela/Velando Casanova, Mónica (eds.): *Discurso y sociedad: contribuciones al estudio de la lengua en contexto social*. Castellón: Servicio de Publicaciones de la Universidad de Castellón, 581-590.

BAZZANELLA, Carla (1995): "I segnali discorsivi", en: Renzi, Lorenzo/Salvi, Giampaolo/ Cardinaletti, Anna (eds.), *Grande grammatica italiana di consultazione*. Bolonia: Il Mulino, vol. III, 225-257.

BAZZANELLA, Carla/BOSCO, Cristina/TINI BRUNOZZI, Francesca/GILI FIVELA, Barbara/MIECZNIKOWSKI, Johanna (2008): "Polifunzionalità dei segnali discorsivi, sviluppo conversazionale e ruolo dei tratti fonetici e fonologici", en: Pettorino, Massimo/Giannini Antonella/Vallone, Marianna/Savy Renata (eds.), *La comunicazione parlata. Atti del convegno. Napoli 2006*. Napoli: Liguori, 934-963.

BAZZANELLA, Carla/MORRA, Lucía (2000): "Discourse Markers and the Indeterminacy of Translation", en: Korzen, Iøm/Marello, Carla (eds.): *Argomenti per una linguistica della traduzione. On Linguistic Aspects of Translation. Notes pour une linguistique de la traduction*. Alessandria: Edizioni dell'Orso, 149-157.

BAZZANELLA, Carla/BORREGUERO ZULOAGA, Margarita (en prensa): "*Allora* e *entonces*: problemi teorici e dati empirici", en: Khachaturyan, Elizaveta (ed.): *Discourse Markers in Romance Languages. Oslo Studies in Language* 3.

BORREGUERO ZULOAGA, Margarita/LÓPEZ SERENA, Araceli (en prensa): "Marcadores discursivos, valores semánticos y articulación informativa del texto: el peligro del enfoque lexicocentrista", en: Loureda Lamas, Óscar/Aschenberg, Heidi (eds.): *Marcadores del discurso y lingüística contrastiva*. Madrid/Frankfurt: Iberoamericana/ Vervuert.

BRIZ GÓMEZ, Antonio/GRUPO VAL.ES.CO (2003): "Un sistema de unidades para el estudio del lenguaje coloquial", en: *Oralia* 6, 7-61.

BRIZ GÓMEZ, Antonio/PONS BORDERÍA, Salvador (2010): "Unidades, marcadores discursivos y posición", en: Loureda Lamas, Óscar/Acín Villa, Esperanza (coords.): *Los estudios sobre marcadores del discurso en español, hoy*. Madrid: Arco/Libros, 327-358.

CALVI, María Vittoria/MAPELLI, Giovanna (2004): "Los marcadores *bueno, pues, en fin* en los diccionarios de español e italiano", en: *Artifara* 4; <http://www.cisi.unito.it/ artifara/rivista4/testi/marcadores.asp> (última consulta: 2-III-2010).

CALVO RIGUAL, Cesáreo (2001): "Italiano *bene/va bene, be'/va be'* e spagnolo *bien, bueno*: analisi contrastiva nel parlato", en: Ferrer, Hang/Pons Bordería, Salvador (eds.): *La pragmática de los conectores y las partículas modales*. Valencia: Universitat de València (Quaderns de Filologia 6), 53-80.

CARMELLO, Marco (en prensa): "La conjunción copulativa como marcador del discurso. Consideraciones semánticas y pragmáticas", en: *Actas del IX Congreso Nacional de Lingüística General*.

CORTÉS RODRÍGUEZ, Luis/CAMACHO ADARVE, María Matilde (2002): *Unidades de segmentación y marcadores del discurso*. Madrid: Arco/Libros.

CRESTI, Emanuela (2000): *Corpus di italiano parlato*. Firenze: Accademia della Crusca, 2 vols.

DOMÍNGUEZ GARCÍA, María Noemí (2007): *Conectores discursivos en textos argumentativos breves*. Madrid: Arco/Libros.

FERNÁNDEZ LOYA, Carmelo (2004): "La traducción y el análisis contrastivo de los marcadores del discurso. Los casos de *infatti* y *en efecto*", en: *AISPI. Actas XXII*, 99-113.
FERRARI, Angela *et al.* (2009): *L'interfaccia lingua-testo*. Alessandria: Edizioni dell'Orso.
FLORES ACUÑA, Estefanía (2003): "La traducción de los marcadores del discurso en italiano y español: el caso de *insomma*", en: *Trans* 7, 33-45.
GARCÉS GÓMEZ, María del Pilar (2005): "Reformulación y marcadores de reformulación", en: Casado, Manuel/Loureda Lamas, Óscar/González Ruiz, Ramón (eds.): *Estudios sobre lo metalingüístico (en español)*. Frankfurt: Peter Lang, 47-66.
LÓPEZ SERENA, Araceli/BORREGUERO ZULOAGA, Margarita (2010): "Los marcadores del discurso y la variación lengua escrita/lengua hablada", en: Loureda Lamas, Óscar/Acín Villa, Esperanza (eds.): *La investigación en los marcadores del discurso en español, hoy*. Madrid: Arco/Libros, 323-406.
MARTÍN ZORRAQUINO, María Antonia/PORTOLÉS LÁZARO, José (1999): "Los marcadores del discurso", en: Bosque, Ignacio/Demonte, Violeta (dirs.): *Gramática descriptiva de la lengua española*. Madrid: Espasa-Calpe, vol. 3, 4051-4213.
MONTOLÍO DURÁN, Estrella (1998): *Conectores de la lengua escrita. Contraargumentativos, consecutivos, aditivos y organizadores de la información*. Barcelona: Ariel.
PONS BORDERÍA, Salvador (1998): *Conexión y conectores. Estudio de su relación en el registro informal de la lengua*. Valencia: Universitat de València.
— (2000): "Los conectores", en: Briz Gómez, Antonio/Grupo Val.Es.Co: *¿Cómo se comenta un texto coloquial?* Barcelona: Ariel, 193-220.
PORTOLÉS LÁZARO, José (1993): "La distinción entre los conectores y otros marcadores del discurso del español", en: *Verba* 20, 141-170.
— (1998): *Marcadores del discurso*. Barcelona: Ariel.
— (2002): "Marcadores del discurso y traducción", en: García Palacios, Joaquín/Fuentes Morán, María Teresa (eds.): *Texto, terminología y traducción*. Salamanca: Almar, 145-167.
ROULET, Eddy (2002): "The Description of Text Relation Markers in the Geneva Model of Discourse Organization", en: Fischer, Kerstin (ed.): *Approaches to Discourse Particles*. Amsterdam: Elsevier, 115-131.
ROULET, Eddy *et al.* (2001): *Un modèle et un instrument d'analyse de l'organisation du discours*. Bern: Peter Lang.
SABATINI, Francesco (1997): "Pause e congiunzioni nel testo. Quel *ma* a inizio di frase...", en: Bonomi, Ilaria (ed.), *Norma e lingua in Italia: alcune riflessioni fra passato e presente*. Milano: Istituto Lombardo/Accademia di Scienze e Lettere, 113-146.
SCORRETTI, Mauro (1998): "Le strutture coordinate", en: Renzi, Lorenzo (ed.): *Grande grammatica italiana di consultazione 1*. Bologna: Il Mulino, 227-270.
VANNELLI, Laura/RENZI, Lorenzo (1991): "La deissi", en: Renzi, Lorenzo/Salvi, Giampaolo/Cardinaletti, Anna (eds.): *Grande grammatica italiana di consultazione. 3. tipi di frase, deissi, formazione delle parole*. Bologna: Il Mulino, 261-375.
VÁZQUEZ PÉREZ, José Ángel (2006): "Mecanismos de atenuación en español e italiano: *quizá* y *forse*", en: *RedELE* 12; <http://www.educacion.es/redele/Revista12/JoseAngelVazquez.pdf> (última consulta: 2-III-2010).

EL PAPEL DE LA TRADUCCIÓN EN EL POLISISTEMA LITERARIO ITALIANO[*]

COVADONGA FOUCES GONZÁLEZ
Universidad Pablo de Olavide

1. La *teoría del polisistema* de Even-Zohar

A pesar del papel esencial que ha desempeñado la traducción en la cristalización de las culturas, cuando hablamos de literatura traducida nos referimos siempre a obras traducidas de manera puntual, y que por tanto raramente se interpretan como textos incorporados a la historia de la literatura de un país. Este hecho confirma que todavía no se ha estudiado con suficiente profundidad la función de la literatura traducida en el conjunto de textos en el que se integra, y cuál es la posición que ocupa dentro de este. Este trabajo pretende argumentar que la etiqueta "literatura traducida" designa un grupo de textos que se estructuran y funcionan como un sistema coherente en el interior de la cultura de llegada y que su existencia produce efectos concretos en el sistema de la literatura nacional.

Un primer desplazamiento de los estudios de traducción hacia perspectivas que contemplan las traducciones literarias en el interior del contexto cultural de una determinada nación es el concepto de *polisistema literario* (Even-Zohar 1999[1990]: 227), que considera todos los tipos de textos, literarios y no literarios, como un agregado de sistemas. En el polisistema literario de una cultura se deberían incluir, por consiguiente, tanto el sistema de la literatura nacional como el de las obras literarias traducidas.

Estos sistemas no son estáticos, sino que engendran en su interior un movimiento dinámico entre *elementos dominantes*, situados en el centro, y *elementos dominados*, situados en la periferia. La cuestión más importante es la búsqueda de las condiciones por las que ciertos textos participan del proceso de cambio dentro del polisistema. Podemos así denominar *actividades primarias* a los movimientos que representan el principio de innovación y *actividades secundarias* a los que tienden a mantener el código establecido (Even-Zohar 1999[1990]: 229).

---

[*] Esta publicación es el resultado de una investigación realizada en el marco del proyecto de Referencia HUM2007-60295/FILO del Ministerio de Educación y Ciencia dentro del Plan Nacional de I+D+i.

Así, nos preguntamos: ¿cuál es la posición de la literatura traducida en este contexto y de qué modo participa del dinamismo? Lo verdaderamente significativo es que la literatura traducida se convierte en una actividad primaria o secundaria, es decir, innovadora o conservadora, según la lógica de la cultura del sistema en el que se integra. La literatura traducida puede ocupar una posición secundaria cuando permanece en la periferia del sistema; en tal circunstancia no influye sobre los procesos importantes y se construye según las normas convencionales ya establecidas por el centro. Paradójicamente, la traducción, sinónimo de innovación exterior, se transforma en un factor de conservadurismo. Un ejemplo lo constituye el sistema cultural francés, que, debido a su larga tradición desempeña una posición central dentro del contexto europeo, y por esta razón la literatura traducida en Francia asume una posición extremadamente periférica.

Sin embargo, afirmar que la literatura traducida ocupa una posición primaria en el polisistema literario meta significa reiterar que participa decisivamente en la configuración del centro y forma parte de las fuerzas innovadoras. La narrativa extranjera traducida suele convertirse en uno de los instrumentos de elaboración de nuevo repertorio e introduce en la literatura local aspectos novedosos y nuevos modelos literarios. En otras palabras, Even-Zohar considera las traducciones no solo como parte integrante de cualquier polisistema literario sino como uno de los elementos más activos en su seno. Es más, cuando la literatura traducida mantiene una posición primaria participa activamente en la *modelización del centro* del sistema receptor, y su fuerza es tal que su efecto innovador importa modelos, técnicas y lenguajes poéticos que no existían en la literatura receptora.

Pero ¿cuáles son las condiciones que hacen posible una situación de este tipo? Even-Zohar (1999[1990]: 231) enumera tres casos que podemos ejemplificar y constatar en la literatura traducida hoy en día: a) cuando una literatura es todavía "joven" y está en fase de formación; b) cuando asistimos a cambios de época producidos por el agotamiento de los modelos precedentes; y c) cuando una literatura es "periférica".

En el primer caso, o sea, cuando la literatura es joven, las obras traducidas sirven para poner en funcionamiento el lenguaje literario. Las traducciones vienen a satisfacer la necesidad que tiene una literatura más joven de impulsar su reciente lengua con tantos modelos literarios como sea posible.

En el segundo caso, la dinámica en el interior del polisistema da lugar a cambios históricos de época. En estos periodos la literatura traducida puede asumir una posición primaria ocupando el vacío dejado por la literatura local. Por ejemplo, en los siglos XVIII y XIX Alemania practicaba la traducción de textos griegos como medio para desarrollar una literatura en lengua germánica, pues los valores de la cultura griega se consideraban fundamentales para la definición de la cultura nacional alemana.

El tercer caso lo constituyen las literaturas de periferia que en ocasiones "no están satisfechas con la producción nacional y creen necesitar desesperadamente un repertorio en relación a una literatura vecina" (Even-Zohar 1999[1990]: 226). La consecuencia más interesante es que estas literaturas periféricas establecen en su interior una relación de dependencia respecto a la narrativa extranjera traducida. Las literaturas periféricas occidentales suelen coincidir con países pequeños o de lenguas minoritarias, por lo que se puede admitir que en la interacción entre diversas literaturas, como es el caso de las literaturas europeas, se han establecido relaciones jerárquicas que han situado a algunas en posiciones periféricas.

Llegados a este punto sería conveniente encontrar un ejemplo que nos permitiera confirmar el papel de la traducción en las lenguas periféricas. El caso del sistema cultural italiano puede revelarse de sumo interés debido a que ocupa una posición periférica dentro del contexto europeo frente a la cultura francesa y alemana. Siguiendo las premisas de Even-Zohar, en este país la literatura traducida debería asumir un papel bastante central.

Para las grandes lenguas "fuente" como el alemán, el francés o el inglés (es decir, la misma operación considerada desde el otro punto de vista), la traducción literaria se concibe como *extraducción*, o sea, como exportación de textos nacionales a otra lengua, dinámica que permite dar a conocer la potencia literaria de una lengua y de una literatura que aspira a la difusión internacional (Ganne/Minon 1992: 58).

2. La estructura jerárquica del sistema internacional de traducción

Según la clasificación de Heilbron (1999: 433-434), que considera el sistema internacional de la traducción como una estructura jerárquica, en Europa el inglés resulta ser la lengua *hipercentral*. En línea descendente existen lenguas que juegan un papel *central*. Por último, más alejadas de este grupo de lenguas centrales encontramos lenguas que desempeñan un papel *periférico* y *semiperiférico*.

Según las estadísticas de la base de datos del *Index Translationum*, en enero de 2008 la situación lingüística ha variado muy poco respecto a años anteriores: el inglés sigue siendo la lengua hipercentral del sistema con 942.087 obras traducidas, y en línea descendente hay tres lenguas con un papel central: el francés con 176.129 obras traducidas, el alemán con 160.573 y el ruso con 92.003. Más alejadas de este grupo encontramos seis lenguas en posición periférica: el italiano con 52.030 obras traducidas, el español con 40.440, el sueco con 29.488, el danés con 15.426, el neerlandés con 15.084 y el checo con 13.663.

3. La ficción narrativa comercial en las listas de ventas en Italia

Este breve ensayo acomete la difícil tarea de evidenciar la posición que la literatura traducida ocupa en el polisistema italiano, por lo que hemos considerado conveniente explorar ciertas áreas del mercado de la traducción literaria en las que, por definición, la tendencia a la internacionalización es más visible. El campo que nos ha parecido más idóneo ha sido la ficción narrativa comercial y más exactamente el llamado *best seller*.

Con esta finalidad hemos examinado las listas de libros más vendidos durante el año 2003 en Italia. Para el análisis de la ficción narrativa comercial hemos consultado el periódico *La Stampa* durante las semanas del 24 de febrero del 2003 al 4 de enero del 2004 en su suplemento *Tutto Libri*, como vemos en la Tabla 1 que aparece en el apéndice. Las bases documentales utilizadas para identificar la presencia de los escritores más vendidos en los catálogos editoriales de las lenguas centrales alemán y francés, y de la lengua hipercentral inglés han sido los catálogos bibliográficos oficiales que dan cuenta de la producción editorial nacional, consultados en enero del 2010.

En un primer paso, nuestro análisis aclarará la proporcionalidad que se establece entre literatura nacional y literatura traducida en las listas de libros más vendidos en Italia, y qué consecuencias tiene sobre la producción nacional. En un segundo momento verificaremos si estos escritores, éxitos de ventas en sus respectivos países, han sido traducidos a la lengua inglesa hipercentral, o a las lenguas centrales francesa y alemana, con la intención de analizar el estatus de la traducción entre lenguas centrales y periféricas, fenómeno que implica a menudo cierta "transferencia de legitimidad" (VV. AA.: 2007).

La Tabla 1 está ordenada gradualmente según el número de entradas de cada autor en las listas de ventas durante un año. En segundo lugar se indica la información relativa a la *internacionalización* del escritor, es decir, si su obra ha sido traducida a algunas de las lenguas centrales o a la lengua hipercentral. En ese recuadro figura la fecha en la que el escritor se ha traducido por vez primera a cada una de esas lenguas. Por último, se ha comprobado si en el mismo año en que el narrador escala las listas de ventas nacionales cuenta con obra traducida en el mercado internacional.

De los 53 escritores que figuran en el periódico *La Stampa*, 25 son italianos frente a 28 extranjeros. Es decir, la proporción es del 48% de literatura nacional, frente al 52% de literatura traducida. Asimismo, entre los diez primeros autores se establece la misma relación, cinco italianos frente a cinco traducciones.

En el grupo del 52% de literatura traducida, 16 narradores escriben en lengua inglesa frente a un grupo de autores minoritarios en otras lenguas. Los porcentajes son significativos respecto a la importancia de las lenguas traducidas en italiano: el 59% son traducciones del inglés, frente al 11% de traducciones del francés, el 7% de traducciones de las lenguas española y portuguesa, y el 3% del hebreo.

Nuestros hallazgos confirman las tesis de Di Stefano (2003: 175-179), quien asegura que el mercado de la traducción en Europa se mueve entre la "autarquía" de países como España y Francia, que son estados que desde siempre han hecho referencia con gran entusiasmo a la propia cultura, y el gusto por lo que viene del extranjero de países como Italia y Alemania. Por ejemplo, según el suplemento *El Cultural*, en España encontramos un 38% de literatura traducida frente a un 62% de literatura nacional.

Ahora bien, si analizamos este 52% de literatura traducida en Italia según el periódico *La Stampa* (casi el 60% según fuentes digitales como *Internet Bookshop iBs*) descubrimos que no procede de diversos países sino que su origen es primordialmente americano. En otras palabras, afirmar que los gustos de los italianos en materia de narrativa se dirigen sobre todo a la cultura extranjera, supone ratificar que se dirigen casi exclusivamente a la cultura angloamericana. En contraste, un país como Alemania, que tiene en este aspecto un perfil parecido al italiano, muestra una variedad mayor de referentes literarios foráneos.

La cuestión es la siguiente: ¿qué posibilidades tienen los escritores italianos que escalan las listas de ventas de ser traducidos en Europa y, por tanto, de lograr visibilidad, si en su propio país se enfrentan con una mayor atención hacia la literatura extranjera en detrimento de la producción nacional? En cierto modo, parece plausible que debido a la globalización los autores italianos pudiesen tener mayores posibilidades de emerger en el mercado lingüístico europeo; sin embargo, cuando se habla de industria editorial la globalización no produce el efecto positivo que podría representar la libre circulación de libros, sino que en una cultura globalizada se potencia solo la concentración y siempre en la misma dirección: angloamericana (Fouces González 2009). Aunque en Italia existen autores consolidados que son *best sellers* en su patria, pocos llegan al extranjero, y solo dos o tres tienen visibilidad internacional a través de traducciones. Análogamente, en Italia se observa un aumento de la distancia en número de ventas entre un pequeño grupo de autores de *best sellers* (como Umberto Eco), cuyas ventas superan los 150.000 ejemplares, y un grupo intermedio que apenas llega a los 25.000 ejemplares, sin contar con que la mayor parte de los escritores se contentan con tiradas reducidísimas. Como consecuencia de este panorama, la narrativa italiana traducida a las lenguas europeas centrales o dominantes (alemán, francés o inglés) es limitada, y la proyección internacional de los escritores italianos, casi inexistente.

4. Un posible mapa de la literatura traducida en Italia

Llegados a este punto podemos extraer unas primeras valoraciones. En el periódico *La Stampa* predominan en número autores anglosajones de *best sellers* de talla internacional y con una dilatada *edad literaria*, como Ken Follett, Michael Crichton, John Grisham, Mark Haddon, Jeffery Deaver, Michael Connelly, Clive Cussler, Wilbur Smith, Nicholas Sparks y Michael Cunningham. Sobresalen también escritores de *edad literaria* reducida pero de gran éxito como J. K. Rowling, o autores polémicos aunque algo alejados de la literatura, como Michael Moore. Junto a estos destacan los novelistas que podríamos denominar "latinos" con gran presencia internacional: los hispanoamericanos Gabriel García Márquez e Isabel Allende, los portugueses Paolo Coelho y José Saramago, y los franceses Daniel Pennac y Dominique Lapierre.

En cuanto a los libros escritos en italiano, predomina la presencia de cómicos procedentes de la televisión, cuyos libros se pueden catalogar como *merchandising*. Así, de 25 autores italianos, 7 corresponden a este patrón, lo que constituye el 32% de la producción. Podemos destacar a Flavio Oreglio, Pali e Dispari y Bisio, habituales colaboradores del programa de televisión *Zelig*; Annamaria Barbera, cómica en el programa televisivo *Striscia la noticia*; y Luciana Littizzetto, destacada actriz humorística. Aparece también el futbolista Francesco Totti, que se estrena como humorista con su libro *Tutte le barzellette su Totti*. En un marco diferente, pero siempre amparado por el medio audiovisual, emerge el escritor de novela histórica Manfredi.

Un grupo interesante lo constituyen los periodistas, entre los que destacan Lilli Gruber, presentadora de informativos, y los cronistas políticos Peter Gómez y Marco Travaglio, así como Giampaolo Pansa, destacado periodista político, Giorgio Bocca y Allam Magdi. Este último colabora en *Rai Educational*, cadena cultural de la televisión pública italiana. Y, por último, aparece Carlo Lucarelli, corresponsal y narrador.

En la nómina de los escritores de ficción narrativa propiamente dicha, despuntan novelistas casi siempre avalados por un premio literario. Destaca Andrea Camilleri, escritor de gran resonancia internacional ganador entre otros del Premio Vittorini y cuya obra se encuadra en temáticas regionales. Otros son Melania Mazzucco, Premio Strega (prestigioso premio literario italiano creado en 1947), Niccoló Ammaniti, Premio Viareggio (que junto al anterior es el galardón más importante que se entrega en Italia), y la escritora de origen irlandés que escribe en italiano Margaret Mazzantini, cuya obra literaria ha sido reconocida en el 2002 con el Premio Strega, lo que confirma el espaldarazo que a la *visibilidad* literaria de un autor otorgan los premios literarios, puesto que *Non ti muovere* figura entre los libros más vendidos. Giorgio Faletti es conocido por su trabajo en el medio televisivo, si bien sus *thrillers* responden únicamente a su faceta de escritor. A esta nómina se añaden Giorgio Bocca, Erri De Luca, Fabio Volo y Stefano Benni.

Así pues, la lista de libros más vendidos fotografía un mercado en Italia que se debate entre una atracción desmesurada por la literatura angloamericana exponente de la globalización cultural y de los productos *ómnibus* como Follett, Allende y Grisham, que llegan al mercado en forma de traducciones *transparentes* (Venuti 1995: 305 y 1998); y su polo opuesto: una literatura italiana que podríamos calificar de local o regional con un estilo distendido y unos temas enraizados en los tópicos italianos, con Camilleri y la serie policíaca del comisario siciliano Montalbano como dignos representantes.

Resulta interesante puntualizar un hecho referente a la traducción de narrativa de Camilleri que puede resultar muy esclarecedor para comprender los procesos de internacionalización: cuando su obra se traduce al español se pierde la variedad dialectal de su lengua a favor de una traducción transparente donde lo importante es enfatizar los tópicos italianos y la trama policíaca.

La literatura italiana (Fouces González 2006) sucumbe por esta razón a una *koiné* filoamericana que va de Japón a las capitales europeas y que se contamina con las situaciones locales. Podríamos así hablar de un panorama de la literatura llamado *glocal*. El concepto de *glocalización* es un neologismo que une la globalización y la localización. Con este concepto se intenta entender el actual proceso de transformación de la narrativa contemporánea como un enlace entre la dinámica global y la tradición local y nacional. Con todo, si observamos con más detenimiento no podemos dejar de citar la importancia de un tercer elemento, los productos derivados del mundo de la televisión y del entretenimiento. Podríamos así hablar de un panorama de la literatura italiana actual dividido entre la llamada *glocalización* y la televisión.

En este horizonte se sitúa la inspiración americana del *noir* italiano, del que Niccolò Ammaniti es uno de los más claros exponentes. Se confirma lo que declara Arduini (2007: 97-107), que subraya que los jóvenes escritores italianos ya no se inspiran en la tradición o canon de la narrativa italiana anterior, o en otras palabras, que los jóvenes novelistas ya no toman como modelos a Gadda, Moravia, Pasolini, Calvino o Sciascia, por citar a algunos autores presentes en el canon de los años ochenta, sino que van a buscarlos en la narrativa extranjera, sobre todo norteamericana. Este fenómeno no nos debería resultar extraño, habiendo comprobado que casi el 60% de la narrativa publicada en Italia son traducciones. En esta perspectiva, lo que cuenta es que el modelo lingüístico y cultural de la reciente narrativa italiana está comenzando a ser la literatura traducida, dando lugar a la importancia de una poética nueva. Con todo, el modelo de referencia no es la literatura extranjera en general, sino más bien la literatura extranjera traducida en italiano, y que, por lo tanto, ha sido previamente seleccionada por las editoriales. De ahí que la perspectiva con la que percibe la literatura extranjera sea una perspectiva filtrada por el mercado editorial nacional.

Por añadidura, podemos constatar que la situación italiana responde al concepto de García Canclini (2001) de "cultura híbrida", no solo en el sentido de que sus escritores producen novelas que son fruto del contacto cultural con otras tradiciones literarias, sino más bien en el sentido de que en la narrativa italiana actual se ha producido una redefinición de la tradición y de los textos canónicos de referencia como consecuencia de una ampliación de los confines culturales. En la narrativa italiana el canon nacional desempeña un papel en el interior del polisistema literario que se sitúa al mismo nivel que el desempeñado por otros cánones extranjeros, como es el caso del norteamericano. Así pues, queremos hacer hincapié en el papel central que tiene la traducción en el polisistema literario italiano a la luz de las deducciones a las que hemos llegado.

Si analizamos la situación en el año 2008 según los datos del Instituto Demoskopea de Milán, los diez libros más vendidos en Italia en el año 2008 son: 1) Giordano, *La solitudine dei numeri primi*; 2) Saviano, *Gomorra*; 3) Rowling, *Harry Potter e i doni della morte*; 4) Barbery, *L'eleganza del riccio*; 5) Hosseini, *Il cacciatore di aquiloni*; 6) Carr, *Come smettere di fumare*; 7) Larsson, *Uomini che odiano le donne*; 8) Hosseini, *Mille splendidi soli*; 9) Pennac, *Diario di scuola*; y 10) Camilleri, *Il campo del vasaio*.

La proporción entre literatura traducida y literatura nacional es del 70% de literatura extranjera frente al 30% de producción nacional. Entre los italianos destacan dos autores noveles, Giordano y Saviano, este último con un tema estrechamente arraigado en la visión estereotipada de Italia como es la mafia. Aparece el acostumbrado *best seller* del consagrado escritor de novela policíaca siciliano Camilleri. Entre los extranjeros encontramos una clara predominancia de la lengua inglesa con dos textos de Hosseini, escritor americano de origen afgano, la británica Rowling y el libro de autoayuda de Carr que completa la lista. Cierran el grupo dos libros traducidos del francés: la novela de Barbery, sorpresa editorial del año avalada por los premios Georges Brassens y Rotary International, y el consolidado escritor Pennac. Por último, cierra el grupo la traducción del sueco Larsson, que se convertirá en una presencia permanente en las listas de ventas del año siguiente.

Si observamos el año 2009 los resultados son más equilibrados. Los diez libros más vendidos en Italia resultan ser: 1) *Il Simbolo Perduto* de Brown; 2) *La Regina dei Castelli di Carta* de Larsson; 3) *Uomini che odiano le donne* de Larsson; 4) *Il tempo che vorrei* de Volo; 5) *Venuto al mondo* de Margaret Mazzantini; 6) *La danza del gabbiano* de Camilleri; 7) *La ragazza che giocava con il fuoco* de Larsson; 8) *Zia Mame* de Dennis; 9) *Il peso della farfalla* de Erri De Luca; y 10) *La solitudine dei numeri primi* de Giordano.

La proporción entre novela traducida y escrita en italiano es del 50% de narradores en traducción frente al 50% en italiano. En el primer grupo contamos con tres entradas de Stieg Larsson y su novela negra traducida del sueco, Dan Brown, el consagrado escritor americano de *best seller*, y Patrick Dennis con la recuperación de una obra suya del año 1955. Entre los escritores en lengua vernácula destacan Andrea Camilleri, lo que confirma el gusto italiano por la novela negra, dos escritores consolidados como Fabio Volo y Erri di Luca, y dos autores avalados por sendos premios literarios, Mazzantini, ya reconocida por su obra anterior con el Premio Campiello, y la continuación del éxito de Paolo Giordiano con el Premio Strega.

Es interesante comprobar los cambios que se han producido en el mercado del *best seller* italiano con seis años de diferencia: se mantiene un gran porcentaje de obras traducidas en las listas de ventas y se consolida la novela negra tanto traducida como en lengua vernácula, representada esta última por la producción de Camilleri, que si bien no es exactamente un escritor de *noir* sigue manteniendo su lugar como representante de lo local. Se confirma la *glocalización*, a la que Brown, Larsson, Rowling, Hosseini y Muriel Barbery aportan la parte global en "una literatura internacional, nueva en su forma y en sus efectos, que circula fácil y rápidamente en todo el mundo mediante traducciones casi simultáneas y que conoce un éxito extraordinario porque su contenido desnacionalizado puede comprenderse en cualquier parte sin riesgo de malentendidos" (Casanova 2001: 223-227).

Siguen manteniendo un puesto importante en las listas de ventas escritores como Fabio Volo, Erri De Luca y Mazzantini, que ya aparecían en el año 2003. Si bien la literatura nacional conserva su debida importancia, acaso ha llegado el tiempo para una Era de la Literatura Mundial y, tal vez, los estudios de traducción deban contribuir a acelerar su llegada.

Bibliografía

Arduini, Stefano (2007): *Manuale di Traduzione. Teorie e figure professionali*. Roma: Carocci.

Casanova, Pascale (2001): *La república mundial de las letras*. Trad. Jaime Zulaika. Barcelona: Anagrama.

Di Stefano, Paolo (2003): "Best seller europei. Tra autarchia e americanismo", en: Spinazzola, Vittorio (coord.): *Tirature*. Milano: Baldini & Castold, 175-179.

Even-Zohar, Itamar (1999[1990]): "La posición de la literatura traducida en el polisistema literario" (trad. Montserrat Iglesias Santos), en: Iglesias Santos, Montserrat (coord.): *Teoría de los Polisistemas*. Madrid: Arco/Libros, 223-231.

Fouces González, Covadonga (2006): "La fábrica de lo universal. Canon anglosajón y literatura traducida en Italia", en: Parada, Arturo/Díaz Fouces, Oscar (coords.): *Sociology of Translation*. Vigo: Servizo de Publicacións/Universidade de Vigo, 67-87.

— (2009): "El mecenazgo postcapitalista: la enésima crisis de la ficción narrativa de calidad", en: Tortosa Garrigós, Virgilio (coord.): *Mercado y consumo de ideas. De industria a negocio cultural*. Madrid: Biblioteca Nueva, 90-112.

GANNE, Valérie/MINON, Marc (1992): "Géographie de la traduction", en: Barrett-Ducrocq, Françoise (coord.): *Traduire l'Europe*. Paris: Payot, 65-95.

GARCÍA CANCLINI, Néstor (2001): *Culturas híbridas. Estrategias para entrar y salir de la modernidad*. Buenos Aires: Paidós.

HEILBRON, Johan (1999): "Towards a Sociology of Translation. Book Translations as a Cultural World System", en: *European Journal of Social Theory* 2, 4, 429-444.

VENUTI, Laurence (1995): *The Translator's Invisibility. A History of Translation*. London/New York: Routledge.

— (1998): *The Scandals of Translation: Towards an Ethics of Difference*. London/New York: Routledge.

VV. AA. (2007): "Mesa redonda: Medir los flujos de traducción: ¿con qué finalidad?". Paris: UNESCO; <http://portal.unesco.org/culture/es/files/35678/12011023239Conclusiones_mesa_redonda.pdf/Conclusiones%2Bmesa%2Bredonda.pdf> (última consulta: 15-VI-2010).

APÉNDICE

TABLA 1
Periódico *La Stampa*, semanas del 24 de febrero del 2003 al 4 de enero del 2004

AUTORES Periódico *La Stampa*	Francia	Francia 2002-2003	Alemania	Alemania 2002-2003	Inglaterra	Inglaterra 2002-2003	Semanas
1. Andrea Camilleri	Sí (1998)	Sí (2002, 2003)	Sí (1998)	Sí (2002, 2003)	Sí (2002)	Sí (2002, 2003)	42
2. Giorgio Faletti	Sí (2004)	No	Sí (2004)	No	No	No	28
3. Paulo Coelho	Sí (1994)	Sí (2002, 2003)	Sí (1991)	Sí (2002, 2003)	Sí (1992)	Sí (2002, 2003)	27
4. Isabel Allende	Sí (1984)	Sí (2002, 2003)	Sí (1984)	Sí (2002, 2003)	Sí (1985)	Sí (2002, 2003)	19
5. Melania Mazzucco	Sí (2004)	No	Sí (1999)	Sí (2003)	No	No	19
6. Margaret Mazzantini	Sí (2003)	Sí (2003)	Sí (1996)	Sí (2002, 2003)	Sí (2004)	No	18
7. Michael Moore	Sí (2000)	Sí (2002)	Sí (2002)	Sí (2002, 2003)	Sí (1996)	Sí (2002, 2003)	18
8. Georges Simenon	Sí (1921)	Sí (2002, 2003)	Sí (1951)	Sí (2002, 2003)	Sí (1933)	Sí (2002, 2003)	15
9. Francesco Totti	No	No	No	No	No	No	15
10. Daniel Pennac	Sí (1973)	Sí (2003)	Sí (1989)	Sí (2003)	Sí (1994)	Sí (2002)	14
11. Niccolò Ammaniti	Sí (1998)	Sí (2002)	Sí (1998)	Sí (2003)	Sí (2003)	Sí (2003)	14
12. Flavio Oreglio	No	No	No	No	No	No	12

TABLA 1 (Cont.)

AUTORES Periódico *La Stampa*	Francia	Francia 2002-2003	Alemania	Alemania 2002-2003	Inglaterra	Inglaterra 2002-2003	Semanas
13. Annamaria Barbera	No	No	No	No	No	No	12
14. Melissa Panarello	Sí (2004)	No	Sí (2004)	No	Sí (2004)	No	12
15. Sveva Casati Modignani	Sí (1989)	No	Sí (1990)	Sí (2002, 2003)	No	No	11
16. Erri De Luca	Sí (1994)	Sí (2002, 2003)	Sí (1999)	Sí (2002)	Sí (1999)	Sí (2002)	11
17. Ken Follett	Sí (1983)	Sí (2002, 2003)	Sí (1980)	Sí (2002, 2003)	Sí (1976)	Sí (2002, 2003)	10
18. John Grisham	Sí (1992)	Sí (2002, 2003)	Sí (1992)	Sí (2002, 2003)	Sí (1991)	Sí (2002, 2003)	10
19. Fabio Volo	No	No	No	No	No	No	9
20. Carlo Lucarelli	Sí (1996)	Sí (2003)	Sí (1998)	Sí (2003)	No	Sí (2003)	9
21. Giampaolo Pansa	No	No	No	No	No	No	9
22. Mark Haddon	Sí (2004)	No	Sí (1996)	Sí (2003)	Sí (1987)	Sí (2002, 2003)	8
23. Michel Crichton	Sí (1983)	Sí (2002, 2003)	Sí (1982)	Sí (2002, 2003)	Sí (1969)	Sí (2002, 2003)	7
24. Luciana Littizzetto	Sí (2001)	No	Sí (2004)	No	No	No	7
25. Peter Gómez	No	No	No	No	No	No	7
26. Marco Travaglio	Sí (2001)	No	No	No	No	No	7

TABLA 1 (Cont.)

AUTORES Periódico *La Stampa*	Francia	Francia 2002-2003	Alemania	Alemania 2002-2003	Inglaterra	Inglaterra 2002-2003	Semanas
27. Michel Faber	Sí (2001)	No	Sí (2000)	Sí (2003)	Sí (1998)	Sí (2002, 2003)	7
28. Jeffery Deaver	Sí (1994)	Sí (2003)	Sí (1995)	Sí (2003)	Sí (1984)	Sí (2002, 2003)	6
29. J. K. Rowling	Sí (1998)	Sí (2002, 2003)	Sí (1998)	Sí (2002, 2003)	Sí (1997)	Sí (2002, 2003)	6
30. Luigi Pintor	Sí (1992)	No	Sí (1992)	Sí (2002)	No	No	5
31. Michael Connelly	Sí (1993)	Sí (2003)	Sí (1994)	Sí (2002, 1992)	Sí	Sí (2002, 2003)	3
32. Clive Cussler	Sí (1977)	Sí (2003)	Sí (1976)	Sí (2003)	Sí (1973)	Sí (2003)	3
33. Dan Brown	Sí (2004)	No	Sí (2003)	Sí (2003)	Sí (2000)	Sí (2002, 2003)	3
34. Geronimo Stilton	Sí (1998)	Sí (2003)	Sí (1999)	Sí (2003)	No	No	3
35. José Saramago	Sí (1987)	Sí (2002, 2003)	Sí (1985)	Sí (2002, 2003)	Sí (1988)	Sí (2002)	2
36. Luciano De Crescenzo	Sí (1985)	Sí (2002)	Sí (1985)	Sí (2003)	Sí (1990)	No	2
37. Giorgio Bocca	Sí (1993)	No	Sí (1994)	No	No	No	2
38. David Grossman	Sí (1988)	Sí (2003)	Sí (1988)	Sí (2003)	Sí (1983)	Sí (2003)	2
39. Dominique Lapierre	Sí (1958)	Sí (2002)	Sí (1985)	Sí (2002)	Sí (1975)	Sí (2002, 2003)	2
40. Allam Magdi	No	No	No	No	No	No	1

TABLA 1 (Cont.)

AUTORES Periódico *La Stampa*	Francia	Francia 2002-2003	Alemania	Alemania 2002-2003	Inglaterra	Inglaterra 2002-2003	Semanas
41. G. García Márquez	Sí (1963)	Sí (2002, 2003)	Sí (2003)	Sí (2002, 2003)	Sí (1970)	Sí (2002, 2003)	1
42. Wilbur Smith	Sí (1973)	Sí (2002)	Sí (1965)	Sí (2002, 2003)	Sí (1964)	Sí (2002, 2003)	1
43. Philip Roth	Sí (1962)	Sí (2002)	Sí (1962)	Sí (2002, 2003)	Sí (1959)	Sí (2002, 2003)	1
44. Bisio	No	No	No	No	No	No	1
45. Massimo Mucchetti	No	No	No	No	No	No	1
46. Beppe Severgnini	Sí (2007)	No	Sí (2007)	No	Sí (2002)	No	1
47. Nicholas Sparks	Sí (1996)	Sí (2003)	Sí (1996)	Sí (2003)	Sí (1996)	Sí (2002, 2003)	1
48. Lilli Gruber	Sí (2005)	No	Sí (2006)	No	No	No	1
49. Michael Cunningham	Sí (1992)	Sí (2003)	Sí (1992)	Sí (2003)	Sí (1981)	Sí (2002, 2003)	1

III. PRÁCTICA DE LA TRADUCCIÓN

DEL LIBRO A LAS TABLAS: TRADUCIR PARA LA ESCENA

Susana Cantero Garrido/Jorge Braga Riera
Universidad Complutense de Madrid (CES Felipe II)

Parte I: Acercamiento a la traducción dramática (Jorge Braga Riera)

1. Introducción

En una conferencia celebrada en la Universidad de Oviedo en el año 2006, la profesora Patricia O'Connor hacía partícipe al auditorio de algunos de los obstáculos que, en calidad de traductora para la escena, debía salvar para que su trabajo llegara a buen puerto. Centrándose en su traducción de *Misión al pueblo desierto* (1999), obra del arriacense Buero Vallejo, reflexionaba O'Connor sobre la dificultad que supuso trasladar al inglés una frase que, en principio, no debía plantear excesivas dudas: "Pero mi padre no podía ser mi marido". La sencilla fórmula "But I couldn't marry my father" ('Pero no podía casarme con mi padre') fue inmediatamente descartada por la autora, dada la extremada sensibilidad que los abusos sexuales dentro del seno familiar despiertan en la sociedad estadounidense, para la que iba destinada la pieza traducida. Dicha elección podría no contar con el beneplácito de los productores o de los responsables de montar la obra; de ahí que optara por "I wanted a man like my father, but never found one" ('Quería un hombre como mi padre, pero nunca lo encontré'), despojando al texto, de este modo, de cualquier lectura ambigua. Bastantes años antes, concretamente en 1978, Agostino Lombardo estrenaba en Milán *Tempesta*, traducción de *La tempestad* de William Shakespeare. El texto que Ariel debía pronunciar en esta producción se vio condicionado por el hecho de que el personaje shakesperiano iba a permanecer suspendido en el aire, con la única ayuda de un cable, durante buena parte de la función; de ahí que el traductor se viera obligado a escoger palabras y frases fáciles de emitir, dadas las limitaciones para respirar del actor, los movimientos acrobáticos que debía realizar y la distancia física que le separaba del público asistente (Perteghella 2004: 17).

Estos dos sencillos ejemplos no vienen sino a demostrar hasta qué punto la traducción de un texto dramático puede verse constreñida por aspectos que van más allá del ámbito estrictamente filológico y que la convierten, por ende, en una actividad con características singulares propias de su género. Sin embargo, este distingo, aunque aparentemente obvio, no siempre ha recibido la atención merecida. De hecho, la traducción dramática ha estado tradicionalmente "marginada" y vinculada exclusivamente a la traducción literaria, y su estudio apenas si se concebía fuera de parámetros comparativistas (Ezpeleta Piorno 2007: 139). Es más, tendríamos que esperar hasta 1984, año en el que Ortrun Zuber-Skerritt publicara su *Page to Stage: Theatre as Translation*, para que la traducción de textos teatrales pasase, finalmente, a ser considerada una disciplina en sí misma.

A partir de esta fecha, y coincidiendo con los estudios funcionalistas de la actividad traductora que arrancaban por entonces, han sido bastantes los estudiosos que se han acercado a obras dramáticas originales y traducidas con visiones renovadas. Más de dos décadas después, con todo, la traducción de teatro sigue concitando debate, cuando no recelo y desconfianza, por parte de investigadores, traductores y profesionales de la escena, consecuencia de las múltiples y dispares visiones sobre lo que es, o debería ser, teatro traducido[1]. ¿Qué convierte, pues, a esta modalidad de traducción en una tarea controvertida? En otras palabras, ¿qué hace de la traducción teatral una labor no exenta de suspicacias que trueca a los textos de partida y de llegada en "productos culturales en conflicto" (Ezpeleta Piorno 2007: 160)?

2. SOBRE LAS CARACTERÍSTICAS DE LA TRADUCCIÓN TEATRAL

La doble naturaleza del texto dramático, en cuanto obra literaria y guión teatral, ha propiciado la presencia de dos paradigmas básicos de traducción dependiendo del auditorio de destino. El primero de ellos, generalmente rico en notas y comentarios de corte filológico, no suele ser el más adecuado para ser llevado a las tablas; en el segundo, por el contrario, se impone una constante toma de decisiones que puede llegar a alterar la forma y contenido de la obra de forma sustancial[2]. Estas transformaciones, realizadas con el propósito de que el texto "funcione" en el escenario, están en la raíz de la propagación impúdica de toda una serie de términos que, en

---

[1] Huelga decir, como veremos más adelante, que también suscita discusiones similares la puesta en escena de un texto ya no en otra lengua, sino en el mismo idioma e, incluso, país en el que fue escrito. El abanico de opiniones sobre el modo de abordar el texto es muy amplio, y engloba desde las visiones más conservadoras hasta las propuestas más arriesgadas. Véase Brioso (2007) para un acercamiento más preciso a este tema.

[2] Tal y como apunta Raquel Merino (2001: 360) en el caso español, las traducciones pensadas para la lectura suelen presentar idéntico número de réplicas que los textos fuente de los que parten, mientras que en las ediciones pensadas para el escenario se imponen las añadiduras y, sobre todo, las omisiones.

principio, parecen destinados a justificar un distanciamiento consciente con respecto del original. De hecho, a nadie le choca leer en las carteleras y programas teatrales las palabras "versión" o "adaptación" para referirse a una traducción dramática, cuando no otras como "adaptación libre", "refundición", *remake*, o similares. Así, por ejemplo, la traducción inglesa de *Art*, la exitosa pieza de Yasmina Reza, aparece descrita como "traducción", pero no así la española, publicitada como "versión". Esta última etiqueta pareciera ideada para excusar algunos de los cambios que el traductor, Josep Maria Flotats, había realizado sobre la obra de partida, tales como el de mudar la acción de París a Madrid (con las consiguientes adaptaciones que esa variación suponía; así el Centro Pompidou se transforma en el Centro de Arte Reina Sofía, y la ciudad de Cavaillon pasa a ser Teruel), mientras que el texto inglés no trataba de ocultar la procedencia francesa de la obra en ningún momento (Mateo 2006: 179). Qué entendemos por uno u otro concepto provocaría un debate extenso y, a la larga, poco fructífero, pues no existen delimitaciones semánticas claras entre esos y otros vocablos similares (Braga Riera 2011). Por otro lado, la justificación de la nomenclatura elegida nos llevaría por derroteros tales sobre qué entendemos por fidelidad o "lealtad" (Nord 2002) hacia el texto fuente, compleja cuestión que se aleja del propósito de este estudio[3].

Los puntos de vista sobre la primacía del texto teatral a la hora de verterlo a otra lengua son diversos, como múltiples son las maneras de abordar una pieza para darla a conocer a un auditorio que no comparte ni la lengua ni la cultura del dramaturgo original. Julio César Santoyo (1989: 75), por ejemplo, tilda de "crímenes" prácticas habituales en el proceso traductor del teatro como pudieran ser la eliminación de párrafos o la alteración del orden de diálogos o escenas[4]. Por su parte, David Johnston (1996: 89; traducción mía), traductor contemporáneo de comedias clásicas españolas, difiere drásticamente de Santoyo y no duda en afirmar que "la supremacía del texto [clásico] debe ser puesta en tela de juicio"[5], confiriendo al texto el mismo estatus que otros elementos partícipes de la representación. Más radical aún se muestra el también traductor de teatro áureo español Ben Gunter (2008: 123; traducción mía), para quien "la fidelidad a la filología adultera la dramaturgia"[6]. Sea como fuere, la realidad es que hoy día pocas son las tra-

---

[3] Aunque no se refiere específicamente al contexto dramático, Nord (2002: 32) propone, al hablar de traducciones, sustituir "fidelidad" por el término *loyalty* ('lealtad'), noción esta que, desde su punto de vista, implica un vínculo textual entre texto fuente y meta que deja fuera las relaciones interpersonales.

[4] También Miguel Ángel Vega (2005: 5) aboga por la primacía de la palabra en el caso de los clásicos, de la que el traductor "debe aceptar su tiranía".

[5] "The supremacy of the classical text must be put into question".

[6] "Fidelity to philology adulterates dramaturgy".

ducciones de obras de teatro pensadas exclusivamente para su lectura, como rara es la pieza traducida que se monte sin que el texto fuente haya sufrido cortes, añadiduras o enmiendas en un intento de hacerlo "actuable" y adecuarlo a las circunstancias de la cultura teatral receptora. La traducción ideal sería, probablemente, aquella que aunara ambas vertientes, si bien son muy escasas las traducciones que satisfacen por igual a la página y al escenario[7]. Los motivos que generan estos cambios son numerosos y variados, y sería prácticamente imposible detallarlos uno a uno en este artículo. Aun así, las siguientes líneas pretenden ser un esbozo de la multiplicidad de factores que intervienen en el proceso de traducir teatro y, por tanto, susceptibles de modificar en mayor o menor grado el texto de salida.

Aparte de las cuestiones lingüísticas a las que obviamente debe enfrentarse el traductor de textos dramáticos, la peculiaridad del género hace que entren en juego otros factores de corte extralingüístico igualmente significativos (Braga Riera 2009). En primer lugar, el traductor nunca debe perder de vista el ritmo del diálogo y las pausas entre los personajes (un aspecto que se acentúa mucho más en el caso de la poesía dramática), algo que repercute, claro está, en la duración de la obra, de manera que esta no exceda demasiado de lo que resulta habitual en la cultura de destino. Dado que el texto se pronuncia en voz alta, los actores deben poder enunciarlo con facilidad, y el efecto fónico resultante ha de ser también el adecuado, entonación incluida. Por ejemplo, en su traducción al inglés de *Hay que deshacer la casa (Packing Up the Past)*, Ana Mengual optó por que uno de los personajes, Jorge, pasara a llamarse Carlos, pues la pronunciación del nombre original en esa lengua *(hor-hay)* podía producir un efecto cómico poco pertinente (Zatlin 2005: 74). La ya mentada O'Connor, por su parte, afirma que siempre lee su traducción en voz alta para asegurarse de que palabras y sonidos transmitan verosimilitud[8].

Aparte del ritmo y de los efectos sonoros de las palabras, los movimientos gestuales de los actores merecen atención específica, ya vengan indicados en el texto ya en las acotaciones; y es que palabra y gesto son indisolubles, hasta tal punto que este último puede traducirse como texto o viceversa. También el espacio teatral influye en la toma de decisiones adoptadas por el traductor: tipo de teatro, escenario, decorados, trajes, efectos de luz y sonido, etc. Resulta lógico

---

[7] Curiosamente, algunos traductores cuentan en su haber con dos versiones distintas dependiendo del destinatario, ya sea el lector especializado, ya un profesional del ámbito teatral. Tal es el caso del prolífico Dakin Matthews, responsable de dobles traducciones al inglés de piezas de Juan Ruiz de Alarcón.

[8] Con todo, una simple lectura en voz alta no resulta suficiente la mayoría de las veces, pues en ocasiones las carencias o necesidades acústicas del texto no se perciben realmente hasta que no se produce esa interacción verbal dentro del contexto de una representación (Johnston 2004: 36).

pensar que si una obra ha sido concebida para un teatro y un escenario determinados, y la traducción va a ser representada en un contexto físico diferente (como puede ser un escenario mucho más pequeño, o situado en el exterior), el traductor decida variar ciertos aspectos (incluyendo el número de personajes que están en escena al mismo tiempo) para que la pieza no se resienta. Además, un decorado rico puede facilitar la omisión de partes del texto (el llamado "decorado verbal"), agilizándolo. Eso sí, no debemos olvidar que la elección de un teatro, o incluso el número de actores que protagonizan la acción dramática, a veces responde exclusivamente a razones económicas –capaces de alterar notablemente la representación–, cuando no a la imperiosa necesidad de conseguir un éxito de taquilla[9]. Por otro lado, la censura y la autocensura pueden influir en la mayor o menor fortuna de la acogida del texto meta: ya vimos cómo Patricia O'Connor consideraba cuidadosamente sus opciones traductoras pensando en la aceptación del *impresario* de turno o, en última instancia, del espectador. Tal y como apunta Phyllis Zatlin (2005: 8), este tipo de decisiones son muy habituales si se pretende estrenar en algunos países como Estados Unidos, donde las cuestiones relacionadas con el lenguaje soez o con alusiones de corte religioso adquieren un cariz especial[10]. Este tipo de cortapisas puede, a la postre, suponer un conflicto interno para el traductor, especialmente si este no es un personaje famoso o reputado que atraiga por sí mismo al público a las salas.

Dado que quien firma el texto meta suele ser determinante para el éxito de una producción teatral, es posible que este desee hacerse visible y dejar su propia impronta. La idiosincrasia del traductor, pues, emerge como factor importante en el proceso, con ejemplos de traductores que "manipulan" la fuente para los propósitos más variopintos y con el consecuente distanciamiento de la intención del dramaturgo original[11]. El puertorriqueño José Rivera, por ejemplo, incluye en su traducción inglesa de *La vida es sueño* constantes referencias a la conquista y

---

[9] Eva Espasa Borrás (2000) introduce el término inglés *saleability* para aludir precisamente a los cambios que experimenta un texto original motivados exclusivamente por razones monetarias.

[10] Zatlin (2005: 8) menciona en concreto la versión inglesa de *Bajarse al moro*, de Alonso de Santos, que fue objeto de críticas por el lenguaje vulgar que utilizaban los personajes hasta el punto de que algunos empresarios neoyorquinos decidieron no acogerla en sus salas.

[11] Esta utilización suele ser más evidente en los textos clásicos, los cuales, por su naturaleza, están más abiertos a diversas interpretaciones. A ello debemos añadir las diversas perspectivas "postmodernistas" (feministas, postcoloniales, deconstructivas, etc.) que pisan fuerte hoy día en algunas culturas teatrales y que se utilizan para justificar alteraciones en tramas y diálogos con intenciones diversas. En este sentido, Perteghella (2004: 18) hace uso del neologismo *tradaptation* ("tradaptación") para aludir precisamente a un tipo de traducción que aleja al texto meta del enfoque occidental presente en el texto de partida.

sometimiento de América por parte de los españoles, hasta el punto de considerar a Segismundo "un esclavo traído, quizás, de las oprimidas Indias" (Rivera 1999: 103; traducción mía)[12], al mismo tiempo que cuestiona constantemente el papel de la religión, lo cual lo distancia del propósito de Calderón en este sentido. Otros traductores, por su parte, refuerzan en sus trabajos unos papeles sobre otros; así, pueden otorgar un mayor peso en la acción a los personajes femeninos, hasta el punto de transformar en mujeres personajes pensados inicialmente para hombres, o bien modificar la trama en un intento de resultar políticamente correctos: en su versión inglesa de *El burlador de Sevilla*, Nick Dear convierte al gracioso Catalinón en Catalina, mientras que los tirones de pelo que se propinan las protagonistas de *La traición de la amistad* se transforman, en *Friendship Betrayed* (2003), en una lucha con espadas, y todo ello en un intento de equiparar el estatus de las féminas al de los varones en este tipo de conflictos.

3. El texto meta sobre las tablas

La ya mentada Zuber-Skerritt (1984: 9; traducción mía), pionera de los llamados "Estudios de Traducción Dramática", dejaba claro en sus primeras publicaciones que "la traducción dramática debe ocuparse tanto del texto traducido (en cuanto a base para la producción escénica) como de las puestas en escena individuales"[13]. Desde este enfoque funcionalista, la crítica o análisis de una traducción dejaba de centrarse exclusivamente en el plano textual para tomar también en consideración los llamados *performative contexts*, o "contextos de la representación" (Thacker 2004: 143). Ya hemos visto algunos de estos contextos en el apartado anterior; sin embargo, una vez que ese texto traducido llega a manos de un director para, inmediatamente, ser puesto en boca de actores y actrices, puede verse modificado por las decisiones de otros adaptadores, el propio director e incluso los actores, y tales cambios deben ser, pues, entendidos como parte integral del proceso de traducción dramática. De hecho, una fórmula muy extendida en la actualidad es la utilización de una traducción lo más literal posible de la obra origen, realizada generalmente por un traductor anónimo, que haría de peldaño inicial para que el "adaptador" –sin ni tan siquiera conocer la lengua original en ocasiones– prepare el texto meta definitivo[14]. Esta práctica, muy habitual hoy día

---

[12] En palabras de Rosaura: "A slave, maybe, stolen from the oppressed Indies".

[13] "Drama translation must be concerned both with the translated text (as the basis for the stage production) and the individual theatrical performances".

[14] De hecho, este primer texto sería lo que muchos denominan estrictamente "traducción", reservándose los términos "adaptación" o "versión" para aludir a una traducción que ha

en algunos países como Gran Bretaña (Mateo 2002: 529), puede contribuir a hacer más acusadas las diferencias con la pieza origen; de ahí que muchos apelen a lo que Bassnett-McGuire (1985: 90-91) denominó, allá por la década de los ochenta, *collaborative translation*, o colaboración estrecha entre el primer traductor y el encargado de llevar el texto al escenario, o, por qué no, los actores, y a la que la autora apela como solución ideal. Aun así, es cierto que muchos directores no están por la labor de que el traductor interfiera en su actividad, y este último pudiera, a su vez, disentir de aquellos si sus decisiones acarrearan graves alteraciones del texto meta. Con todo, y como bien apunta Sanderson (*apud* Mateo 2002: 57), por lo general es el traductor el que lleva las de perder en estos casos.

Nadie duda de que la visión de un director es susceptible de alterar el espíritu del original. De todos es sabido, por ejemplo, el gusto por la cultura andaluza de los directores teatrales anglosajones cuando escenifican una obra española independientemente de que la acción se desarrolle en Galicia, como pudiera ser el caso de Valle Inclán, o Madrid, caso de las tramas de Paloma Pedrero[15]. El tono andaluz de muchas de estas representaciones se acentúa, en ocasiones, con el acompañamiento de castañuelas y música flamenca[16]. Joanne Akalaitis dirigió *La vida es sueño* (Chicago, 1999) incluyendo armoniosos bailes con abanicos, si bien el tono hispano se desvanecía al convertir al gracioso en un rapero y a Segismundo en interno de una institución mental. El espíritu feminista de la directora estadounidense provocó también cambios ulteriores en el texto traducido: en la escena en la que Segismundo intenta violar a Rosaura y se dirige a ella como "the woman whom I know I loved" ('la mujer a la que yo sabía que amaba'), Akalaitis decidió, haciendo caso omiso de original y traducción, cambiar la palabra *loved* ('amaba') por *wanted* ('deseaba') pues, en su opinión, violencia y amor

---

sido revisada y transformada para la escena. Por ejemplo, en la página web anunciadora de *Laura C*, traducción de la conocida *Esperando a Godot* y representada en el Teatro Arenal de Madrid en abril de 2010 (<http://www.residuiteatro.com/todas-las-producciones/ 45-laurac.html>), quedaba clara la distinción entre los "adaptadores libres" (Francesco Beltrany y Pasquale Marino) y la persona encargada de la *traducción* al español, Javier Navarro Climent (el énfasis es mío).

[15] Zatlin (2005: 69) señala cómo un sofocante calor sustituye la niebla gallega en una versión francesa de *Divinas Palabras*, o llama la atención sobre la presencia de un cortijo en el decorado de una producción neoyorquina de una obra de Paloma Pedrero, cuando lo esperable sería una arquitectura típicamente madrileña.

[16] Basten a modo de ejemplo la representación estadounidense de la ya aludida *La traición de la amistad (Friendship Betrayed)* en 2006, donde el flamenco y la guitarra española alternaban con la música *country* (Mujica 2008: 252), o, en Inglaterra, la aclamada producción de *El perro del hortelano* (2004) a cargo de la Royal Shakespeare Company, para la que se contrató expresamente un experto en música flamenca (Delgado 2007: 121).

eran incompatibles (Wilks 2001: 72)[17]. Queda patente que, tal y como ocurría con los traductores, también bajo la excusa de la dirección se pueden plasmar ideas o mensajes, como ratifican los tres siguientes ejemplos. En su producción de la ya referida *La vida es sueño*, José Carrasquillo no duda en comparar la situación de marginalidad sufrida por Segismundo con la de la comunidad gay de su propio país[18], mientras que Berman, al dirigir *Friendship Betrayed* en 2006 (véase arriba), transforma al gracioso en bisexual y explora las relaciones íntimas entre las damas de la comedia. Un exceso de corrección política, por otro lado, puede llevar al director a soluciones chocantes para el público experto: en una producción presentada en Oxford de *The Constant Prince* (2005, traducción de *El príncipe constante* calderoniano), la guerra entre portugueses y moros dejaba de tener sentido, al dotar la dirección a estos últimos de una honestidad y valores semejantes a los de los cristianos (Pasto 2007: 262).

Finalmente los actores, en su búsqueda constante de la emoción y de la verdad del personaje que encarnan, pueden proponer alteraciones del texto que les ayuden en esa indagación, cuando no los espectadores que, con sus actitudes en los pases previos al estreno, incitarían a nuevos planteamientos del resultado final. Sin duda, son los profesionales del teatro quienes, desde la perspectiva de su actividad, pueden dar mejor testimonio de todas estas cuitas.

Parte II: La traducción del texto dramático vista por los profesionales del teatro (Susana Cantero Garrido)

Creo que nadie discutirá que para traducir, pongamos por caso, un texto de ingeniería genética, de leyes, de navegación a vela o de medicina, no basta con tener un conocimiento general del idioma, por profundo que este sea: es necesario que el traductor tenga conocimientos de la materia y domine un vocabulario específico. Sin ello, su traducción no pasará de ser una aproximación al texto, y por lo mismo no será aceptable en el medio profesional correspondiente, o requerirá una revisión a fondo de alguien que pueda dotar al texto resultante de los términos que necesita para ser creíble como texto profesional.

Partiendo de esta afirmación como punto teórico de referencia, el primer y fundamental problema con el que nos encontramos a la hora de reflexionar sobre

---

[17] Según Wilks (2001: 71-72) la directora interrumpió el ensayo en este punto de la acción y exclamó: "Rape is not love. Rape is never love".

[18] Johnston (2004: 33) nos recuerda cómo el teatro de Lorca se presta también a ser deconstruido para intentar plasmar la hostilidad que, dada la condición homosexual del dramaturgo, tuvo que sufrir por parte de la sociedad española del momento.

cuál es la manera adecuada de traducir un texto teatral es que, a simple vista, no parece que la competencia técnica requerida para traducir teatro rebase el límite de lo lingüístico, o mejor dicho, de los aspectos textuales que el teatro comparte con otros tipos de producción escrita.

Por lo mismo, parece evidente que cualquier traductor que conozca bien el idioma está suficientemente cualificado para traducir una obra de teatro. Pero no es así. El teatro, como todos los ámbitos profesionales, tiene y exige una competencia específica, si bien no tan evidente como las de otros casos, porque su registro de especificidad se encuentra situado debajo de la corteza lingüística del texto. No se cifra en una terminología propia, sino en un conocimiento profundo de los mecanismos internos que rigen el funcionamiento del texto teatral, funcionamiento que se da en el escenario, claro está, pero que tiene anclajes fundamentales en el texto, y cuyo conocimiento es inexcusable. Si el traductor no conoce esa parte, o no comprende dónde están los anclajes escénicos del texto, ni en qué consisten ni cómo funcionan, podrá traducir la letra con tanta perfección semántica como le permita su grado de competencia lingüística, pero su traducción no será operativa desde el punto de vista profesional. Es decir, no valdrá.

Como ya he dicho en algún otro lugar (Cantero Garrido 2006: 11), y contrariamente a la inveterada costumbre de los estudiosos del teatro de disociar en su estudio el texto y la representación, los profesionales del medio no contemplan la existencia de ninguna diferencia sustancial de concepto entre el texto escrito y el texto que se dice en voz alta en el escenario. Esto es lógico, puesto que *es el mismo texto*. Por otro lado, toda la profesión del teatro sabe también que el texto dramático, durante el periodo de ensayos, en realidad es material de trabajo. Sin pretender con esta afirmación convertir el texto en algo puramente anecdótico o provisional dentro del montaje, ni menoscabar su calidad, sí es cierto que no está cerrado, que está sujeto, como todo en el teatro, a ensayos, pruebas, cortes, reducciones, posibles cambios de orden, etc., y no se da por definitivo hasta que no se estrena. Esa condición abierta del texto dramático, por su propia naturaleza, puede ofrecer un margen de maniobra más holgado que otros tipos de texto. Pero, por eso mismo, debemos saber dónde poner los límites, porque en muchos casos la manipulación textual y las modificaciones resultantes de ella en una traducción no están muy distantes de las que se pueden dar en una versión o adaptación realizada sobre el texto en su mismo idioma.

El texto dramático no es un texto fijado a ultranza, ni va destinado a la lectura individual e íntima, sino que es un texto vivo y destinado a una difusión pública de alcance inexcusablemente colectivo. Dado que el grupo humano y social al que va destinado el montaje comparte forzosamente un espacio, un tiempo y unas circunstancias culturales y sociales más o menos homogéneas, puede existir en momentos concretos, tanto en la traducción como en la adaptación del propio original en su mismo idioma, una necesidad de *peinar* por encima algunos aspectos del texto, de un modo estrictamente mecánico, simplemente para facilitar su recepción por parte del público.

Sin caer en la complacencia excesiva de "hablar en necio para darle gusto" al espectador, cosa que sería despreciar su inteligencia con insultante desahogo, cualquier profesional del teatro considera lícito, e incluso deseable, realizar en el texto –original o traducido– cambios puntuales que favorezcan la comprensión o destierren de la representación, por ejemplo, términos caídos en un desuso tan notorio que sean claramente incomprensibles para el público de hoy, o cuyo entendimiento desplazado pueda estropear una escena, por ejemplo provocando risa en un momento inoportuno, o sacando abruptamente al espectador de la concentración del momento escénico.

En los textos del Siglo de Oro es frecuente sustituir por algún otro término (o modificar dos o tres versos para crear un nuevo enunciado que evite su uso) la palabra "retrete", que en el XVII, cerca aún de su etimología, significaba simplemente 'habitación apartada y discreta', y que, por reducción de sentido, hoy día significa 'excusado'. Del mismo modo, si con ello no se altera sustancialmente la situación dada, es fácil –y, a mi juicio, lícito– sustituir, por ejemplo, el término clásico "baquero" (prenda del vestuario femenino) por "sombrero", para evitar interferencias sin alterar la rima. Claro está que no pueden darse cruces de sentido con lo que sería un anacronismo brutal, pero sí puede sufrir el espectador un despiste momentáneo hasta que su mente contextualiza y recoloca adecuadamente el término, cosa que puede perturbar la concentración de su escucha. No olvidemos que, al contrario que otros textos, cuya lectura visual e íntima ofrece la oportunidad de volver atrás, el texto teatral se recibe por el oído, en tiempo real y sin posibilidad de enmienda ni vuelta atrás si se produce error o incomprensión. Evitar hiatos mentales de este tipo es útil y favorece al espectáculo, y el cambio de un término por otro no constituye ningún atentado contra la calidad del texto original, ni lo altera sustancialmente.

Un segundo nivel de modificación del texto, ya más profundo, pero en el que la traducción se solapa también con la adaptación escénica del original dramático en su propio idioma, es el de la modificación de algunos nombres propios o situaciones dadas. En las versiones realizadas en la misma lengua del original, lógicamente, no se suelen cambiar los nombres, salvo, por ejemplo, en el caso hipotético, pero posible, de que hubiera un homónimo entre el público que así lo reclamase[19], o de que, en el contexto sociocultural del montaje, el nombre de

---

[19] Es sabido que Henri de Montherlant cambió el nombre de un personaje de *La Ville dont le prince est un enfant* a petición de un particular homónimo: Serge Soubrier pasó a llamarse Serge Souplier.

algún personaje viniese –pongamos– a coincidir, por capricho de la historia, con el de un personaje tan señalado de la vida pública real que, una vez más, su repetición crease un hiato mental en el espectador, lo distrajese constantemente de la concentración requerida o le moviese a risa o a rechazo. Asimismo, cuando se modifica algún nombre en una traducción, puede ser, por ejemplo, porque sobre el antropónimo original se construya algún juego de palabras que no tenga equivalente en la lengua meta y haya que buscar alguna equivalencia posible para no perder el efecto cómico o simbólico[20], o porque el nombre pueda resultar inconveniente por alguna razón. En esos casos, su modificación en la traducción puede ser igual de lícita que en el original.

Cosa muy diferente, y de implicaciones mucho más serias, es el tomarse la libertad de cambiar situaciones dadas, contexto, época, referencias, o incluso el sexo de algún personaje. El resultado de esta práctica, aunque se realice al verter la función a otro idioma, no puede llamarse propiamente hablando "traducción", sino "adaptación", "versión" o "dramaturgia", igual que cuando se trabaja en el idioma original, porque supone cambios sustanciales respecto del texto de partida. Es verdad que, como ya queda dicho, el texto dramático es material de trabajo, y toda la profesión sabe que, en un montaje, no es ilícito recomponerlo en algunos casos. Pero, por supuesto, con límites. No puede convertirse esa licencia en una práctica caprichosa ni abusiva, ni atentar contra la calidad del original, ni falsear su propuesta de base, ni alterar sustancialmente su sentido. En definitiva, se puede hacer mientras la función no se convierta en otra cosa de lo que es.

Durante el trabajo de ensayos, se puede añadir o cortar texto, cambiar el orden de alguna escena, etc., por ejemplo cuando se funden para un mismo montaje dos o más textos que tratan el mismo tema, bien sean del mismo autor o de autores diferentes[21]. También se pueden incluir citas puntuales de otros textos, teatrales o no, si se acomodan con el hilo de la acción o le aportan algún elemento que *juegue* bien en escena sin alterar el contexto ni romper la armonía del con-

---

[20] En una ocasión, leí una propuesta de traducir el título *The Importance of Being Earnest* como *La importancia de ser Severo*, y no como *La importancia de llamarse Ernesto*, que, visiblemente, no tiene ninguna gracia en español ni da pie a juego de palabras de ninguna clase. A mi entender, la propuesta no iba descaminada, pero me temo que llegó tarde, porque el título *La importancia de llamarse Ernesto* ya está acuñado como referente en múltiples versiones del original de Oscar Wilde.

[21] Es el caso, por ejemplo, de *La venganza de Tamar*, de Tirso, y *Los cabellos de Absalón*, de Calderón, con los que José Sanchís Sinisterra compuso su dramaturgia para el montaje titulado *Absalón*, dirigido en 1983 por José Luis Gómez en el Teatro Español de Madrid. A su dramaturgia también le añadió alguna escena muy bien compuesta en versos de su cosecha, que no modificaba la propuesta de los textos de partida, sino que, simplemente, servía para *engrasar* el tránsito un poco forzado entre dos situaciones dadas.

junto[22]. Son estas licencias que, simplemente, buscan un ajuste dinámico del texto a las tablas, o la creación de aspectos puramente escénicos, propios del espectáculo, que se añaden con gusto porque ensanchan la respiración del escenario y crean un contexto en el que el texto se vuelve posible, pero solo son lícitos cuando no contradigan ni mermen la propuesta inicial de la letra, porque de otro modo resultan muy forzados. Una versión bien hecha puede –creo– tomarse estas libertades, que en modo alguno descolocan el discurso básico ni lo dañan, pero sin rebasarlas, y sin hacer de la libertad a ultranza y sin criterio la razón de ser última del montaje. La versión no debe romper el contexto de la propuesta original, ni tampoco proponer lecturas dislocadas o que sean un fruto espurio del mero capricho del creador.

Por supuesto que estas mismas licencias escénicas se pueden tomar al montar la función en otro idioma, siempre y cuando sean fruto espontáneo del discurso escénico, pero no cuando obedezcan a una modificación sustancial introducida en la pura traducción del texto ya desde antes de pisar las tablas. Si el traductor se toma libertades excesivas, la valoración de su calidad o de su idoneidad, en mi opinión, no debe hacerse como traducción, sino como propuesta de puesta en escena, con las mismas implicaciones que si estuviera hecha sobre el texto original. A veces, como hemos visto, se dan casos extremos en los que la supuesta traducción (o la supuesta versión) en realidad es un mero pretexto para forzar una adaptación del original a una idea particular de puesta en escena o a la necesidad que algún creador más o menos iluminado pueda sentir de transmitir al universo un mensaje personal[23]. Pero, dejando esto aparte, ahora ya sí podemos hacer algunas consideraciones respecto de un sentido más propio de la traducción como tal.

La tercera opción de valoración traductológica del texto dramático, mucho más encajada en una conveniencia práctica que resulte factible para la compañía de actores y la opción de dramaturgia y puesta en escena adoptada por el direc-

---

[22] Así, en mi montaje de *Los melindres de Belisa* (1991), de Lope, cuya versión textual firmé también, en un momento dado aparecía Belisa leyendo en voz alta el célebre madrigal de Gutierre de Cetina "Ojos claros, serenos", y en otro momento aparecía su hermano don Juan recitando un hermoso soneto, también de Lope, pero que no pertenecía al texto original de la función.

[23] Por ejemplo, cuando algún director o versionista se empeña en convertir a cualquier clásico en un panfleto reivindicativo de los derechos y libertades de cualquier colectivo real o supuestamente marginado. Es verdad que el alcance universal de los clásicos cubre un espectro muy amplio de la experiencia humana, pero no se puede hacer un montaje a la contra de lo que el texto dice, y esto no por un afán de purismo, sino porque es difícil de lograr. Las reivindicaciones personales no suelen casar bien en el escenario, porque parten de un excesivo afán de protagonismo del versionista o del director, y eso en escena no funciona.

tor, sería la traducción del texto tal y como es, es decir, la traducción literal del texto. Ahora bien, no por ser literal la traducción tiene por qué resultar rígida. Al contrario: si el traductor tiene en temas teatrales la debida competencia, como ya se ha dicho, la traducción ya tendrá desde su primera factura la flexibilidad requerida para la escena. En este caso yo sí llamaría "traducción" al resultado.

Aunque inicialmente parece encajar bien en la conciencia de "texto abierto" que tiene el texto teatral, no me parece particularmente eficaz la práctica de pedir una traducción inicial "neutra" a un profesional de la traducción y después encontrar a alguien que, sobre el trabajo práctico, y en connivencia con los actores, termine de adaptar esa traducción para la escena. Dejando aparte las razones de competencia profesional exigible al traductor que ya he mencionado, y centrándome tan solo en su eficacia práctica, el procedimiento no me parece operativo por varias razones.

La primera, porque una cosa es que el texto dramático no quede fijado definitivamente hasta que se levanta el telón sobre el montaje, y otra muy distinta pretender edificar una puesta en escena y un trabajo de interpretación coherente sobre un texto provisional. No es lo mismo cambiar una escena de sitio que transitar con los actores esa escena, esté donde esté dentro de la función, sin que su texto les ofrezca un apoyo sólido. Son conceptos distintos, y no debe tomarse la apertura del texto dramático a beneficio de inventario para construir sin referencias claras[24].

En segundo lugar, y ya con razones más traductológicas, no me parece operativo ese procedimiento porque no creo que exista lo que se llama una traducción "neutra". Toda traducción, por muy fiel que quiera ser, implica ya una gran cantidad de opciones y decisiones. Y en tercer lugar, abundando en esta misma idea, porque obliga a la compañía (segundo traductor o adaptador, director y actores) a partir de un texto que ya no es el original, o sea, a establecer su criterio de trabajo a partir de un texto que, por muy neutro que quiera ser, ya es una lectura, y

---

[24] Por otro lado, trabajar con actores sobre un texto movedizo puede ser peligroso: el trabajo práctico sin una guía textual clara y concreta puede despistar al actor, o abrir las puertas del ensayo a una improvisación que acabe fácilmente en una deriva emocional imprevista, generalmente muy gratificante para el actor, pero por lo común también alejada del contexto y el tono de la escena original. Lo normal, si eso ocurre, es que el actor, tomando su emoción personal como punto de referencia, quiera después forzar el texto para sacralizar ese estado, es decir, llevarse la escena a su conveniencia personal. Y, a partir de ahí, los límites de hasta dónde se puede modificar una traducción son muy difusos, de modo que, al final de los ensayos, si no hay alguien que imponga una disciplina, unos límites y una unidad de concepto que guíe y obligue a todo el mundo a remar hacia el mismo sitio, el texto puede quedar totalmente desnaturalizado y cautivo del capricho emocional de los actores.

sobre todo una lectura realizada por alguien ajeno a la puesta en escena[25], por no mencionar que al final esa práctica obliga a realizar (y pagar) dos veces el mismo trabajo, cosa que tampoco parece tener mucho sentido.

Como ya queda dicho, la versión de un texto dramático debería hacerla siempre un profesional del teatro, y a ser posible el propio director de escena que vaya a montar la función, por varios motivos. Para empezar, si el director establece inicialmente su dramaturgia sobre una lectura directa del original, y no de una traducción, tiene muchas más probabilidades de leer correctamente, de comprender con la debida sutileza los registros de la enunciación (matices, dobles sentidos, niveles de lengua…) y de cimentar su espectáculo en un entendimiento fiable del contexto, el texto y (cosa fundamental en el teatro) el subtexto de las situaciones dadas. Eso le permitirá, por ejemplo, dar al actor la indicación de un subtexto, doble sentido o matiz que, quizá, se haya perdido total o parcialmente en la traducción, pero esté claro en el original, y el actor podrá recuperar ese matiz e incorporarlo a su réplica, enriqueciendo su interpretación y la carga emocional de su momento.

Por ejemplo, en *Andorra*, de Max Frisch (1961), en un momento dado el joven Andri, protagonista de la función, enfrentado en solitario a toda la comunidad, comenta: "Seit dem Morgengrauen bin ich durch eure Gassen geschlendert. Mutterseelenallein" (Frisch 1975: 90). Es decir: "Llevo desde el amanecer dando vueltas por vuestras callejas. Completamente solo"[26]. Es imposible traducir la riqueza expresiva de "Mutterseelenallein", porque el castellano no tiene un término equivalente. Pero la suma de significados de las tres palabras fundidas en el original alemán crea un halo emocional en el que se mezclan la soledad como tal y el desamparo anímico motivado por la carencia de la madre. Si el actor conoce la complejidad emocional del enunciado original, puede incorporarla en su modo de decir la frase. Más aún: escénicamente se puede encontrar un modo de contextualizar esa complejidad afectiva y semántica. Durante los ensayos de esta función que realicé hace muchos años con un grupo independiente, le pedí al actor que interpretaba a Andri que, justo después de decir "completamente solo", se tomase un momento para mirar un anillo que lleva puesto el personaje en ese momento, y que le ha regalado una mujer desconocida, "la Señora", que

---

[25] Sería algo así como si un director de orquesta que tuviera que dirigir una sinfonía, en vez de estudiar la partitura y tomar sobre ella sus propias decisiones (acertadas o no, según su capacidad y nivel), la estudiase en una grabación dirigida por otra persona. Por buena que sea esa grabación, ya es una lectura, y no el original (véase Chéreau 1980).

[26] Juan García-Puente traduce la frase de este modo: "Estoy vagando por vuestras callejuelas desde el alba. Completamente solo" (en Frisch 1979: 711). Más adelante se hará alguna otra consideración sobre este texto.

ha resultado ser su verdadera madre y a la que acaban de matar de una pedrada. El efecto emocional del texto alemán quedó claro y se transmitió en toda su complejidad, a pesar de la limitación forzosa de la traducción[27].

En segundo lugar, el establecimiento ya sólido de una dramaturgia fiable usando el original como primer soporte permitiría al director, en caso de vacilación o de que barajara varias opciones de traducción, decantarse por una u otra, según la lógica global del texto y sin traicionarlo. Evidentemente, entre las diferentes opciones que se podrían proponer para una misma réplica original, un traductor experto en la práctica del teatro, y sobre todo un director de escena, siempre escogerá la que al actor le sea más fácil de decir y la que mejor *sirva* a la progresión de dinámica interna del diálogo, afianzada en la unidad de concepto del montaje y sin que ello implique traicionar ni el contexto dramático, ni el estilo ni, por supuesto, el contenido semántico de lo que el personaje dice o su caracterización a través del modo de hablar, la letra o el silencio.

Es decir, siempre la mejor opción traductológica será, a mi juicio, la que, partiendo del respeto a la unidad de concepto elaborada a partir del original, y sin traicionar el sentido ni la intención del texto, mejor responda al concepto teatral básico de "economía": aquella que, con la mayor sencillez y facilidad de articulación para el actor, contenga la mayor cantidad posible de información semántica, contextual y emocional. Y también, por supuesto, aquella que componga en la sucesión de intervenciones de los diversos personajes el ritmo más adecuado para que los actores se puedan dar la réplica sin trabas, en una progresión común de respiración e intensidad. Veamos algunos ejemplos para comprobar cómo el cambio de algunos factores, sin traicionar ni falsear ningún dato de los que propone el original, sino simplemente escogiendo los más eficaces, modifica sustancialmente la comodidad de los actores en la escena. Es decir, modifica la resolución escénica del momento textual para bien del trabajo del actor y del espectáculo, pero no altera el texto para hacer decir a la escena cosas que no dice, ni, mucho menos, para halagar la necesidad de protagonismo del director ni la satisfacción emocional privada del actor. La diferencia me parece importante.

En otro momento de *Andorra*, Andri rompe relaciones con su padre (maestro del pueblo). El Maestro intenta explicar al muchacho cosas que este no sabe, pero Andri, decepcionado y herido de modo irreversible por el comportamiento de su padre en un momento previo de la función, no quiere darle ninguna opción para que se redima, es decir, no consiente en escucharle para no tener que perdonarle. Al contrario, en su dolor ha edificado un muro de odio y orgullo que le

---

[27] Hace muchos años me enseñó José Luis Gómez que todo lo que ocurre en escena es texto, aunque no sea letra.

sirve como precario andamiaje para sostenerse frente a él. En este contexto, el padre, que ha estado bebiendo para infundirse ánimos y hablar con el muchacho, llega borracho a casa y se encuentra con él. La conversación se entabla en este intento fallido de explicación por parte del padre y, en el momento al que me refiero, surgen las réplicas siguientes:

LEHRER	Andri.
ANDRI	Du kannst nicht mehr stehen.
LEHRER	Ich bin bekümmert…
ANDRI	Das is nicht nötig.
LEHRER	Sehr bekümmert…
ANDRI	Mutter weint und wartet auf dich.
LEHRER	Damit habe ich nicht gerechnet…
ANDRI	Womit hast du nicht gerechnet?
LEHRER	Daß du nicht mein Sohn sein willst (Frisch 1975: 54).

En la traducción de Juan García-Puente, el fragmento figura del siguiente modo:

MAESTRO	Andri…
ANDRI	Estás que no te tienes de pie.
MAESTRO	Estoy preocupado.
ANDRI	No tienes por qué.
MAESTRO	Muy preocupado…
ANDRI	Madre estará llorando, esperándote.
MAESTRO	No había contado con eso…
ANDRI	¿Con qué no habías contado?
MAESTRO	Con que no quisieras ser mi hijo (García-Puente, en Frisch 1979: 681).

Correctísima traducción, indiscutiblemente. Pero la inmediatez del escenario (es decir, el desarrollo del diálogo siempre en tiempo real y presente) y, en especial, la necesidad de que la escena crezca en un ritmo sin cortes que permita a los dos actores ayudarse mutuamente, creando una progresión común que los conduzca al clímax emocional que es forzoso alcanzar, me lleva a proponer mejor la siguiente traducción, que en absoluto falsea la semántica del original ni contradice la opción de García-Puente, pero es más fácil de decir para los actores, encaja el ritmo alterno de las réplicas en una progresión común más ajustada y, sobre todo, plantea la virulencia de la discusión en un aquí y ahora en el que los personajes pueden verter su emoción sin trabas, con la consciencia de estar hablando de la situación presente que los implica a los dos:

MAESTRO	Andri.
ANDRI	Ni te tienes de pie.

Maestro	Estoy preocupado.
Andri	No te molestes.
Maestro	Muy preocupado.
Andri	Madre está llorando, esperándote.
Maestro	Con esto no había contado.
Andri	¿Con qué no habías contado?
Maestro	Con que no quieras ser hijo mío.

Gracias a la libertad bien fundada que me da la comprensión dramática de la situación con todas sus implicaciones en el original, prefiero traducir el "das ist nicht nötig" de Andri (literalmente 'no es necesario') por "no te molestes", que en español, al igual que en alemán, conserva el sentido literal neutro de 'no hace falta', pero admite una entonación ofensiva, cosa que al actor y al personaje les viene muy bien en este momento y encaja a la perfección en la situación emocional de esta escena. Respecto a las frases "con esto no había contado" y "¿con qué no habías contado?", el iniciarlas ambas con la estructura anafórica "con esto" y "con qué" no resulta extraño en español, mantiene la sintaxis del original y resulta mucho más expresivo y enfático para los actores, porque permite al actor que haga de Andri montarse en gradación ascendente sobre la réplica del Maestro, y además el énfasis del pronombre interrogativo de Andri frente al demostrativo utilizado por el Maestro trae la enunciación a un grado de concreción y de intensidad consciente, quizá de ironía dolorida, que, de otro modo, se perdería. Finalmente, el uso del presente (de indicativo o de subjuntivo) en "madre está llorando" o en "con que no quieras" en vez de "estará" o de "quisieras", lejos de la hipótesis o la conjetura, trae también la situación a un presente real que, una vez más, mantiene la sintaxis original y ayuda a los actores a anclar su emoción en el debate concreto de la situación dada, del aquí y ahora del escenario. La escena es literalmente la misma, no ha habido en la traducción ningún tipo de adaptación ni de modificación, pero para la comodidad de los actores y la eficacia emocional del ritmo compartido de la enunciación, visiblemente no tiene nada que ver una versión con la otra. La segunda sube mucho mejor a clímax.

Tomemos ahora, para considerar un texto de otro tipo, un momento de *Diktat*, de Enzo Cormann. Los dos hermanos recuerdan un jocoso episodio de la infancia del menor de ellos, Val. El texto original es como sigue:

Val	Il a fallu que je déconne.
Piet	Tu n'as jamais pu t'empêcher de déconner. À l'école, déjà. Un vrai fouteur de merde.
Val	Tu te rappelles le coup de la distribution des prix?
Piet	Premier prix de récitation! Maman était si fière, et Svet qui commençait à y croire... Tu montes sur l'estrade, l'assemblée applaudit, on te remet un livre,

>
> tu te diriges vers le micro pour dire un poème, tout le monde fait silence, et patatrac…!
>
> VAL   Je pète! Il a fallu que je pète! (Cormann 1995a: 82).

En la edición de la ADE, Fernando Gómez Grande propone la traducción siguiente:

> VAL   He tenido que hacer gilipolleces para…
> PIET Siempre las hiciste. Ya en la escuela eras un jodido capullo.
> VAL   ¿Te acuerdas de la que monté el día de la entrega de premios?
> PIET ¡Primer premio de declamación! Mamá estaba tan orgullosa, y Svet que empezaba a creer en ti… Subes al estrado, el público aplaude, te entregan un libro, te diriges al micro para recitar un poema, silencio absoluto y, de repente, ¡zas!
> VAL   ¡Me tiro un pedo! Tenía que pedorrearme (Gómez Grande, en Cormann 1995b: 100-101).

Semánticamente es correcta, pero en algunos momentos resulta dura de poner en la boca para el actor, bien porque puede sonar a doblaje ("mamá estaba tan orgullosa", "eras un jodido capullo") o bien porque, tal vez por un exceso de respeto al original, el traductor, quizá, no ha conseguido reproducir en castellano la libertad oral, auténtica o solo aparente, pero eficaz en este momento, del diálogo entre los dos hermanos. En algún caso también propone añadidos que pierden en economía (por ejemplo "de la que monté [el día de] la entrega de premios").

Propongo, a cambio, la traducción siguiente, en la que algunas diferencias son claramente irrelevantes respecto de la otra, pero en la que en general la expresividad oral, sin traicionar el original ni modificarlo sustancialmente, encaja mucho mejor en la boca del actor (salvo en la frase "siempre las hiciste" de Gómez Grande, que claramente aventaja a mi versión en economía y en ritmo; en este caso he sido yo la que se ha quedado pegada al original):

> VAL   La de chorradas que he tenido que hacer.
> PIET Tú nunca has podido evitar hacer chorradas. Ni en el colegio. Un tocapelotas auténtico.
> VAL   ¿Te acuerdas la que monté en el reparto de premios?
> PIET ¡Primer premio de recitado! Mamá estaba toda orgullosa, y el Svet ya se lo estaba empezando a creer… Subes al estrado, la gente aplaude, te entregan un libro, te diriges hacia el micro para decir un poema, todo el mundo se calla, y ¡catapún…!
> VAL   ¡Me tiro un pedo! ¡O me lo tiro o reviento!

Por supuesto, soy consciente, como traductora, de que hay errores sintácticos en las frases que propongo, pero creo que me autoriza a ello el tono coloquial y distendido de la escena, en la que los dos personajes se han relajado y reencontrado, y están disfrutando de un momento de intimidad y recuerdos compartidos después de vivir situaciones muy tensas de enfrentamiento y agresión mutua. En cierto modo, hay una recuperación del tono distendido de la infancia y adolescencia compartidas por ambos hace años, y eso nos autoriza a ellos y a mí a permitirnos alguna distensión sintáctica expresiva ("el Svet", "te acuerdas la que monté", etc.). Más aún, rasgos enunciativos de este tipo pueden precisamente ayudar a los actores a llenar la escena de afectividad, si saben cargarlos con la resonancia adecuada. Y, desde luego, en la traducción que propongo, la semántica del texto fuente queda indiscutiblemente salvaguardada.

Respecto a "o me lo tiro o reviento", asumo que la traducción se aleja formalmente de la frase original, pero no falsea su contenido en modo alguno, mantiene el rasgo semántico de necesidad o inevitabilidad contenido en el verbo *falloir* y, evidentemente, se adapta mejor a la frase coloquial española. La expresividad coloquial siempre necesita más holgura que otro tipo de frases, porque cada idioma tiene su modo de presentarla. Y en el teatro (y en el doblaje, por supuesto) se nota mucho la falta de libertad cuando se traducen textos de este tipo. La frase que propone Gómez Grande en ese momento ("tenía que pedorrearme") es muy difícil de decir por un actor, porque no suena espontánea, y menos en un modo de hablar como el que tiene Val durante toda la función. Otro tanto ocurre con la búsqueda de equivalencia para "un vrai fouteur de merde", para lo que propongo "un tocapelotas auténtico". Por supuesto que puede haber otras opciones (las expresiones coloquiales dan mucho juego en la traducción), pero creo que la propuesta de Gómez Grande ("jodido capullo") es áspera y mejorable.

En conclusión, si se comprende bien al traducir la situación dramática dada y sus implicaciones, es decir, si uno se plantea la traducción desde dentro de la función y con el debido respeto a la intención profunda del autor, a su propuesta y a sus resoluciones, se puede hacer una traducción que *corra* en el escenario, que ayude a los actores a crear el ritmo y los clímax emocionales de la escena y que, por supuesto, transmita fielmente el texto original, sin por ello encorsetar la expresión. Todo lo demás son ganas de buscar justificaciones para pretextos personales.

Bibliografía

Bassnett-McGuire, Susan (1985): "Ways Through the Labyrinth. Strategies and Methods for Translating Theatre Texts", en: Hermans, Theo (ed.): *The Manipulation of Literature: Studies in Literary Translation*. London: Croom Helm, 87-102.

Braga Riera, Jorge (2009): *La traducción al inglés de la comedias del Siglo de Oro*. Madrid: Fundamentos.

— (2011): "¿Traducción, adaptación o versión?: Maremágnum terminológico en el ámbito de la traducción dramática", en: *Estudios de Traducción* 1, 59-72.
BRIOSO SANTOS, Héctor (2007): "Del arte nuevo de *deshacer* comedias en este tiempo o la adaptación del teatro clásico a la escena actual", en: Brioso Santos, Héctor/Saval, José V. (eds.), *Nuevas aportaciones a los estudios teatrales (del Siglo de Oro a nuestros días)*. Alcalá de Henares: Universidad de Alcalá de Henares, 11-24.
CALDERÓN DE LA BARCA, Pedro (1999): *Sueño: A Play in Three Acts*. Trad. José Rivera. Woodstock: Dramatic Publishing.
CANTERO GARRIDO, Susana (2006): *Dramaturgia y práctica escénica del verso clásico español*. Madrid: Fundamentos.
CHÉREAU, Patrice (1980): "Lorsque cinq ans seront passés", en: Boulez, Pierre *et al.*: *Histoire d'un Ring*. Paris: Laffont.
CORMANN, Enzo (1995a): *Diktat*. Paris: Éditions de Minuit.
— (1995b): *Diktat*. Trad. Fernando Gómez Grande. Madrid: Publicaciones de la Asociación de Directores de Escena de España.
DELGADO, María M. (2007): "Estrategias de promoción y presencia del teatro español en Gran Bretaña", en: Brioso Santos, Héctor/Saval, José V. (eds.): *Nuevas aportaciones a los estudios teatrales (del Siglo de Oro a nuestros días)*. Alcalá de Henares: Universidad de Alcalá de Henares, 121-132.
ESPASA BORRÁS, Eva (2000): "Performability in Translation: Speakability? Playability? or Just Saleability?", en: Upton, Carole-Anne (ed.): *Moving Target. Theatre Translation and Cultural Relocation*. Manchester: St Jerome Publishing, 49-62.
EZPELETA PIORNO, Pilar (2007): *Teatro y traducción*. Madrid: Cátedra.
FRISCH, Max (1975): *Andorra*. Frankfurt: Suhrkamp Taschenbuch.
— (1979): *Andorra* (trad. Juan García-Puente), en: *Obras completas*. Madrid: Aguilar.
GUNTER, Ben (2008): "Translation as Relocation", en: Paun de García, Susan/Larson, Donald R. (eds.): *The Comedia in English. Translation and Performance*. Woodbridge: Tamesis, 108-124.
JOHNSTON, David (1996): "Las terribles aduanas: fortuna de Lope de Vega, Calderón de la Barca y Tirso de Molina en inglés", en: Pujante, Ángel-Luis/Gregor, Keith (eds.): *Teatro clásico en traducción: texto, representación, recepción*. Murcia: Universidad de Murcia, 89-98.
— (2004): "Securing the Performability of the Play in Translation", en: Coelsch-Foisner, Sabine/Holger, Klein (eds.): *Drama Translation and Theatre Practice*. Frankfurt: Peter Lang, 25-37.
MATEO, Marta (2002): "Power Relations in Drama Translation", en: *Current Writing* 14, 2, 45-63.
— (2006): "Successful Strategies in Drama Translation: Yasmina Reza's *Art*", en: *Meta* 51, 175-183.
MERINO, Raquel (2001): "Drama Translation Strategies: English-Spanish (1950-1990)", en: *Babel* 46, 4, 357-365.
MUJICA, Barbara (2008): "María de Zayas's *Friendship Betrayed* à la Hollywood: Translation, Transculturation, and Production", en: Paun de García, Susan/Larson, Donald

R. (eds.), *The Comedia in English. Translation and Performance*. Woodbridge: Tamesis, 240-253.

NORD, Christiane (2002): "Manipulation and Loyalty in Functional Translation", en: *Current Writing* 14, 2, 32-44.

O'CONNOR, Patricia (2006): "Translating Plays: The Juggling of Knowledge, Creativity and Public Relations", conferencia pronunciada en la Universidad de Oviedo, noviembre.

PASTO, David (2007): "Reseña de *The Constant Prince*", en: *Comedia Performance* 4, 1, 261-265.

PERTEGHELLA, Manuela (2004), "A Descriptive-Anthropological Model of Theatre Translation", en: Coelsch-Foisner, Sabine/Holger, Klein (eds.): *Drama Translation and Theatre Practice*. Frankfurt: Peter Lang, 1-23.

SANTOYO, Julio César (1989): *El delito de traducir*. León: Universidad de León.

THACKER, Jonathan (2004): "Puedo yo con sola la vista oír leyendo: Reading, Seeing and Hearing the *Comedia*", en: *Comedia Performance* 1, 1, 143-173.

VEGA, Miguel Ángel (2005): "El reto de la traducción de los clásicos", en: Vega, Miguel Ángel (ed.): *La traducción de los clásicos: problemas y perspectivas*. Madrid: Universidad Complutense, 1-10.

WILKS, Kerry K. (2001): "Interpreting Ideas: Court Theatre's Production of *Life's a Dream*", en: *Bulletin of the Comediantes* 53:1, 57-82.

ZATLIN, Phyllis (2005): *Theatrical Translation and Film Adaptation*. Clevedon: Multilingual Matters.

ZUBER-SKERRIT, Ortrun (ed.) (1984): *Page to Stage. Theatre as Translation*. Amsterdam/Atlanta: Rodopi.

LA TRADUCCIÓN DE *MILLENNIUM*, DE STIEG LARSSON: TRADUCIR UNA LENGUA Y UNA CULTURA

Juan José Ortega Román
Universidad Complutense de Madrid

Nunca le estaré lo suficientemente agradecido a Martin Lexell, el que fuera mi profesor de sueco en la Escuela Oficial de Idiomas de Madrid. Siempre recordaré aquella mañana de julio en la que me llamó por teléfono y me preguntó si estaría interesado en traducir con él una novela sueca al español. Con más miedo y prudencia que alegría le respondí tímidamente que sí y me sentí muy halagado por que hubiera pensado en mí para semejante tarea. Poco o nada sospechábamos ninguno de los dos la enorme repercusión que ese desconocido autor tendría apenas doce meses después. El autor era Stieg Larsson (2005) y la novela nada más y nada menos que la primera de la trilogía *Millennium*. Nos pusimos manos a la obra unos días después y empezamos a traducir a cuatro manos –y a cuatro ojos– dejándome yo guiar por su experiencia e intentando llegar a un consenso en las cuestiones que iban surgiendo. Una de las múltiples cosas que aprendí es que la confianza en el otro había de ser total y que las soluciones que cada uno proponía siempre se hacían para darle lustre al texto y nunca para intentar sobresalir por encima del otro, lo que por otra parte podría acabar por herir sensibilidades. Con este sistema, como si de una cebolla se tratara, uno va quitando capas, reflexiona, cambia de palabra, modifica la primitiva sintaxis o retoma un término anteriormente desechado, incluso si el vocablo sustituido nos parecía a ambos una "genialidad". Hicimos nuestra la frase de Woody Allen, *Kill your darlings*. Porque de lo que se trata es de ser lo más fieles posibles al texto; es como si estuviéramos desenterrando una estatua a la que le vamos quitando la tierra que tiene encima. En un primer trabajo de aproximación uno marca el territorio y eso ha de realizarse en paralelo a la estatua, esto es, a la novela. Lo que se hace en esta fase es delimitar; luego se irá excavando, limpiando, puliendo y sacando brillo. Es en esa fase en la que el texto adquiere esplendor cuando se corre el riesgo de distanciarse del original, porque en un afán por ir encajando las piezas, uno va reestructurando la sintaxis. Tiene que sonar a español. Que haya fluidez, que resulte natural. No hay que forzar nada, aunque en algunas ocasiones estiráramos la estructura de la frase hasta donde el texto original sueco –siempre presente y sin perderlo nunca de vista– nos lo permitía. Como dice Ayala (1965: 16):

Se estima, por lo general, que siendo como es la traducción un recurso para poner la obra traducida al alcance de quienes ignoran el idioma en que fue escrita, debe buscar la mayor aproximación posible a su contexto, forzando la lengua hasta el límite de su elasticidad.

En esta etapa de pulido del texto, además, se corrigen repeticiones como la excesiva presencia de adverbios en -*mente* o de verbos como *estar*, mucho menos molestos en sueco que en nuestra lengua. En una cuarta, quinta o sexta lectura hay que volver a acercarse al texto primitivo si la distancia entre este y el resultado es demasiado grande.

Consciente de que el presente artículo está primordialmente dirigido a profesionales, futuros o presentes, de la traducción, lo que en estas páginas propongo pasa, ante todo, por intentar relatar una experiencia que, tal vez, les resulte útil en el desempeño de sus posibles tareas traductoras. Mi propósito no es otro que el de traer hasta estas líneas algunos momentos llenos de dudas, de posibles aciertos, de equivocaciones…, esas soluciones que propusimos en su día, pero que, lógicamente, no constituyen una verdad única. No hay una sola traducción; hay miles. El traductor no se ha de empecinar en que tal palabra significa tal o cual cosa. Cada frase, cada párrafo nos pide un término u otro. Fruto de mi curiosidad, he cotejado diferentes traducciones europeas de la obra de Stieg Larsson con el fin de ver cómo han resuelto otros traductores todas esas palabras y enunciados que tantas dudas nos suscitaron (Larsson 2006, 2007, 2008b, 2008c, 2008d, 2008e). Aunque, como es lógico, no recuerdo todos los instantes en los que nos debatimos entre una traducción y otra, me referiré en este trabajo a algunos de los más significativos o de los que más dificultad nos plantearon, especialmente durante la traducción de *Los hombres que no amaban a las mujeres* (Larsson 2008a). A menos que se indique lo contrario, todos los ejemplos pertenecen a este primer libro (Larsson 2005) de la trilogía (traducida como Larsson 2008a, 2008f, 2009). No abordaré aquí la polémica que suscitó la traducción de los títulos de los libros que, como ya se ha comentado en infinidad de ocasiones, no es literal y nos vino impuesta por la editorial por razones de *marketing*.

Así pues, veamos distintos ejemplos de problemas y soluciones de traducción[1]. En un momento determinado del original sueco de *Millennium I* (125)

---

[1] Para no recargar los procedimientos de cita bibliográfica, a la hora de hacer referencia al original de *Millenium I* (Larsson 2005) y a su traducción al español (Larsson 2008a), simplemente se indicará número de página. La traducción española se distinguirá del original porque este se consigna en cursiva. También se emplea cursiva para otras traducciones del texto que no sean al español, de modo que este destaque en redonda entre el resto. La comilla simple sirve para glosar al español la traducción rumana, y para indicar significados en general.

Mikael Blomkvist dice, refiriéndose al empresario Wennerström, "*Jag är ett röttskynke för honom*" ("Yo soy un trapo rojo para él"). Este sentido lo recogen en menor o mayor medida otras lenguas como la italiana ("*drappo rosso*", Larsson 2007: 153), la francesa ("*chiffon rouge*", Larsson 2006: 129), la rumana ("*o cârpă roşie pentru un taur*", 'una tela roja para un toro', Larsson 2008b: 148) o la catalana ("*una capa vermella incitant-lo a envestir*", Larsson 2008c: 136). Nosotros podríamos haberlo traducido como "Para él yo soy como un capote rojo para un toro", pero no nos parecía ni tan idiomático ni tan contundente como en sueco. No es una frase inventada por Stieg; es un modismo al uso, como lo es la solución "mosca cojonera" a la que llegamos. Seguramente, de haber utilizado la referencia taurina, más de uno habría dicho que era de cosecha propia, que nos lo habíamos inventado o españolizado; ya hubo en su día quien se sorprendió de que empleáramos términos como "al alimón". ¿Cuál es el problema?, nos preguntamos. Estamos adaptando un texto al español y este lo mismo nos puede pedir que recurramos a términos taurinos ("echar un capote", pongamos por caso) como a futbolísticos ("marcar un gol") o marineros ("esto se va a pique"). Es español; si encaja, encaja, y, si el texto lo pide, ¿por qué negarse a utilizarlos? Al hilo de esto, lo que uno no acaba de entender es que Vargas Llosa (2009: 35) afirme que en la traducción española de *Millennium* hay un abuso de jerga madrileña. Nos preguntamos dónde… ¿O es que acaso Vargas Llosa considera jerga madrileña términos como "una pasada" o vocablos como "tocho/ladrillo", "molar" o "guay"? No recordamos haber recurrido a expresiones como "da buten" o palabras como "piños", algo más típicas de la jerga madrileña.

Pero retomando la solución "mosca cojonera", lo que hicimos fue jugar con la referencia de "Mikael Blomkvist de los Cojones", que no es una traducción al pie de la letra. En el original sueco el nombre que le dan es "*Jävla Kalle Blomkvist*", pero una traducción algo más literal como, por ejemplo, "Endiablado/Maldito Kalle Blomkvist" o "Kalle Blomkvist del Diablo" no habría recogido la fuerte y contundente carga semántica que presenta y desprende en sueco. Otras lenguas (Larsson 2006, 2007, 2008b, 2008c, 2008d, 2008e) se decantan por "*Kalle Dannatissimo*", "*Kalle Blomkvist dels Pebrots*", "*Kalle Bastard*", "*Foutu Kalle Blomkvist*", o "*Super Sacana Blomkvist*" ('Súper cabrón/mamón Blomkvist') en el caso de la portuguesa. Tal y como proclamaba Goytisolo (1988: 47): "encontrar equivalencias; he ahí la clave de la traducción". Porque qué duda cabe de que en la mayor parte de las ocasiones la traducción no puede ser literal, *mot à mot* o, como dice Catford (1965: 25), "word for word".

Veamos los siguientes ejemplos: "*Om du inte gillar vad jag säger be mig dra i skogen*" le dice Henrik Vanger a Mikael en *Millennium I* (89). "Si no te gusta lo que digo, pídeme que me meta en el bosque" sería una traducción más o menos literal, pero creemos que es mucho más natural y que se entiende mucho mejor traducir algo así como "me puedes mandar a freír espárragos" (107) o "mándame a paseo". Cierto es que ahora, a toro pasado, se me ocurre que bien podríamos haber mantenido la referencia del bosque y decir: "pídeme que me compre un bosque y que me pierda".

La oración "*Mikael hade* [...] *klivit upp sent på trettondag jul*" (157) se traduce literalmente como "Mikael [...] se levantó tarde el tercer día de navidad", es decir, la tercera fiesta de las navidades. Las traducciones italiana (Larsson 2007: 191) e inglesa (Larsson 2008e: 145) ofrecen la solución 'el día de la Epifanía'. A nosotros nos pareció más popular e idiomático decir "el día de Reyes". La versión rumana habla de "*Sărbătoarea Regilor*" ('la Fiesta de los Reyes', Larsson 2008b: 184). Que en Suecia ese día no tenga el mismo significado que en España o Rumanía no significa que no exista y que los suecos no sepan que es el día en el que, según la Biblia, los reyes de Oriente trajeron los regalos al niño Jesús.

En una de las múltiples conversaciones mantenidas por Erika y Mikael, esta le dice "*du packar två resväskor och bosätter dig i Tjottahejti*" (123), que podría traducirse literalmente como "haces dos maletas y te instalas en Tjottahejti", y esta es más o menos la solución que han ofrecido las traducciones catalana, inglesa y portuguesa. El problema es que, a pesar de que la localidad de Tjottahejti existe, no cabía mantenerla en la traducción, pues lo que Erika le quiere decir a Mikael es que se va muy lejos, a un rincón perdido y apartado del planeta, esto es, "al culo del mundo" (146). De ahí que Mikael le responda: "Hedestad. A unas horas de tren". La versión rumana (Larsson 2008b: 146) opta por "*cum-naibă-îi-spune*" ('como diablos se llame'). Las traducciones italiana y francesa recurren, respectivamente, a sendos vocablos que dan esa idea de lugar lejano y recóndito: "*Vattelapesca*" (Larsson 2007: 151) y "*pétaouchnok*" (Larsson 2006: 127).

Un modismo sueco que nos dio que pensar fue el que aparece en la página 79 de *Millennium I*: "*Annika hade seglat igenom juridikstudierna*", que literalmente significa 'Annika había navegado a través de sus estudios jurídicos', pero del que pensamos que a buen seguro no se habría entendido en español. Lo que en realidad quiere decir es que "Annika se había sacado la carrera de derecho con la gorra" (94-95), o sea: sin el menor esfuerzo. Lenguas como la italiana lo traducen como "*brillantemente*" (Larsson 2007: 96) mientras que en las versiones catalana e inglesa no hay traducción equivalente. La rumana recoge el verbo ("*Reușise să navigheze cu bine prin anii de studii juridice*", 'Había conseguido navegar bien por los años de estudios jurídicos', Larsson 2008b: 93) y la francesa opta por un modismo más idiomático ("*les doigts dans le nez*", Larsson 2006: 82).

"La banda del oso" fue la primera traducción de "*Björnligan*" (14). Y no estaba mal traducido; el problema era que la banda de atracadores descubierta por

Mikael Blomkvist hacía referencia a unos personajes de tebeo norteamericano (un grupo de perros), cuyas aventuras me eran conocidas pero cuyo nombre español no recordaba. Hubo que recurrir a una intensa labor de investigación sobre la referencia cultural española para que el lector de nuestro país supiera de quiénes se trataba: "Los golfos apandadores". Porque en infinidad de ocasiones el traductor se enfrenta no a una traducción sino a un referente sociocultural; en esos casos hay que saber de qué se habla y si se ha escogido el vocablo exacto. Posiblemente la traducción es correcta, pero... ¿se corresponde con el término en español? ¿Y si en la lengua de llegada eso se dice de otro modo? He ahí la importancia de traducir a cuatro manos, porque eso nos permite contrastar culturas.

Hay veces, no obstante, en las que ninguno de los traductores sabe qué significa esa palabra o expresión que está traduciendo. Recuerdo términos de la trilogía como "síndrome Asperger", "analgesia congénita", "jugada siciliana", "documento encriptado", "el espejo del disco duro", "barco-H" (que un neófito tiende a pensar erróneamente –por la forma– que hace referencia a un catamarán), o frases matemáticas específicas, la formulación de las ecuaciones y el mismo teorema de Fermat que aparece en *Millennium II*. ¿Y si no se dicen así en lengua española?, pensamos. Además de los diccionarios específicos, Internet y *Google*, en particular, son unas más que valiosas herramientas.

Existen circunstancias en las que, en función del interés, se ha de sacrificar algo del texto para salvaguardar lo que es realmente importante; el traductor tiene que distinguir lo esencial de lo accesorio o, cuando menos, de lo que no es relevante para la novela. Una frase como "*Älgen ensam satt och log i en söderskjuten skog*" (345) se podría haber traducido más o menos literalmente, por ejemplo, como "El alce está sentado solo y se ríe en un bosque tiroteado". Pero en este caso el original sueco hace referencia al verso de un libro infantil de Lennart Hyland para aprender el alfabeto, en concreto la letra Ä, que no existe en el alfabeto español. Optamos entonces por cambiarlo a la letra A y por una traducción algo más libre con el fin de mantener la rima "Al alce solitario miro; en el bosque suena un tiro" (404). También la italiana apostó por la letra A, aunque ignorando el artículo ("*L'alce solo sedeva e in una foresta deserta sorrideva*", Larsson 2007: 416). La versión portuguesa hizo lo mismo (Larsson 2008d: 323), aunque añadiendo algo más ("*O alce solitário, à luz da madrugada, contempla aparvalhado a floresta queimada*"). Son, suponemos, cuestiones de rima... La traducción rumana y francesa se decantaron por la letra E ("*Elanul şedea singur râzând în pădurea distrusă*", "El alce estaba sentado solo riendo en el bosque destruido", Larsson 2008b: 407; "*L'élan solitaire sous la bruine contemple bêtement la forêt en ruine*", Larsson 2006: 350). Curiosa es la solución inglesa con la letra M: "*And all alone the moose he stood, laughing in a shot-up wood*" (Larsson 2008e: 325).

A veces hay que entender lo que quiere decir el personaje; otras lo que prima es la metáfora cultural, porque es importante que se comprenda esa cultura. Por eso en numerosas ocasiones es necesario añadir ciertos vocablos, para que un lector español obtenga la misma sensación y parta del mismo referente que tiene el lector sueco. Enunciados como "Compró el periódico en el estanco" pueden chocarle a un español, que seguro que piensa que está mal traducido. Hay que recurrir entonces a soluciones de ampliación como "Compró el periódico en un quiosco donde vendían tabaco y prensa". O puede optarse por dejar la referencia y que el lector interprete ese aspecto sociocultural, porque en los estancos suecos se venden diarios.

Uno de los términos que más nos costó traducir fue *midsommar*; tanto es así que al final, tras contemplar múltiples soluciones, optamos por dejarlo tal cual. Y no por la imposibilidad de traducirlo, sino porque ninguna de las propuestas nos satisfacía. Literalmente significa 'medio verano' (así aparece en la versión italiana, como "*la festa di mezza estate*", Larsson 2007: 25) y hace referencia a la fiesta con la que los suecos celebran el solsticio de verano. Lo que ambos teníamos claro es que no era la noche de San Juan, entre otras cosas porque la fecha de *midsommar* no siempre es la misma (es el último viernes de junio más cercano al solsticio) y porque las referencias culturales de uno y otro país –ya sean paganas, ya sean religiosas– no coinciden; así, por ejemplo, ni las hogueras ni el fuego están presentes en la celebración sueca, y tampoco el santo, aunque las traducciones francesa, catalana y portuguesa sí lo recojan ("*un soir de la Saint-Jean*", Larsson 2006: 23; "*la nit de Sant-Joan*", Larsson 2008c: 24; "*na véspera de S. João*", Larsson 2008d: 20). Lo que no nos convencía a nosotros era que en un momento determinado de la novela se habla de *midsommar* haciéndolo coincidir con el 22 de junio (214); si lo hubiéramos traducido como "San Juan", creemos que habría creado cierta confusión entre los lectores españoles. La versión rumana optó también por "*midsommar*" (23) y en nota dice que es equivalente a *Sânziene*, la fiesta pagana con la que los rumanos celebran el solsticio del verano. Así pues, decidimos dejar el término en sueco y glosar su significado la primera vez que hace acto de presencia en el libro. A partir de ahí el lector ya sabe qué es *midsommar*. Y de esta forma introdujimos un término cultural que ha llegado hasta los anuncios de Ikea ("*Ofertas de midsommar*", "*Celebra midsommar con nosotros*"... y no solo eso, sino que la misma empresa ha introducido en la sociedad española otro término sueco no traducido: *Knut*, esa peculiar costumbre que tienen los suecos de celebrar, el 13 de enero, el fin de las navidades). En el caso de *midsommar* es así, sin traducir una palabra, como se traduce una cultura, al tiempo que se le da al lector la información precisa, exacta y no desvirtuada; en caso contrario, el *traduttore* se convertiría –ahora sí– en *traditore*.

Aunque se pueda criticar al traductor por no traducir según qué cosas, lo cierto es que en determinadas ocasiones lo que prima es el término original, como nos ocurrió con el restaurante Kvarnen. No nos parecía adecuado traducirlo y decir que se llama "El Molino", cosa que sí hacen los traductores franceses (*"Le moulin"*). Es como si en un libro que tenga como escenario Madrid aparecieran los establecimientos de sándwiches Rodilla, o el bar Los Amigos y los traduzco al francés como *Genou*, o *Les amis*. ¿Cómo busca un francés que venga a la capital dichos locales? Nuestro propósito era que si un español visitaba Estocolmo preguntara por el restaurante Kvarnen, su nombre sueco; se trataba de aplicar la lógica y respetar esos nombres tal y como habíamos hecho con nombres de periódicos como *Aftonbladet* o *Expressen*, cosa que han seguido todas las traducciones consultadas. Nos sorprende, sin embargo, que en la versión inglesa se hable del diario *Hedestads-Kuriren* como *The Hedestad Courier* (Larsson 2008e: 67). Aparte de no entender el criterio aplicado –por qué este sí y los otros no– es como si *The Times* fuese traducido por "*Los Tiempos*" o *El País* como "*The Country*".

Lo cierto es que, sin saber el interés turístico que la obra de Larsson iba a despertar por la ciudad de Estocolmo, ese mismo criterio lo aplicamos al nombre de las calles y de las plazas. Conscientes de que el término *gatan* significa 'calle', nos resultaba raro, por ejemplo, traducir Fiskargatan, pongamos por caso, como "la calle Fiskar" o –en su defecto y rizando mucho más el rizo– "la calle de los Peces". A buen seguro que dejando en sueco esos y otros lugares nos habremos ganado la maldición de más de un lector, ante semejantes y a menudo casi impronunciables nombres, pero también estamos seguros de que al turista lector de Larsson se le facilitó la tarea de buscar dónde vivía Lisbeth Salander o de preguntar dónde trabajaba Mikael Blomkvist. De ahí que aparezcan nombres como Bellmansgatan, Lundagatan, Sveavägen ('camino de Svea'), Mariatorget ('plaza María') o Katarinahissen ('ascensor de Katarina').

Había varias cosas en la traducción que no se podían descuidar ni soslayar; siendo como es *Los hombres que no amaban a las mujeres* una novela en la que el género femenino recibe una especial atención y cobra un peculiar protagonismo, creemos que no es casual ni gratuito el hecho de que Larsson quisiera darle una mayor importancia hasta en las pequeñas cosas. Es posible que sea una nimiedad y que no tenga mayor trascendencia para el desarrollo del libro, pero lo cierto es que el animal que hace acto de presencia en la casita en la que se instala Mikael a su llegada a Hedeby es una gata y no un gato. Aunque en sueco no se distingue el sustantivo femenino como tal, pues no existe el género gramatical, en un momento determinado Larsson se refiere al felino con el pronombre *hon* ('ella'), un aspecto que otras traducciones consultadas han pasado por alto pero que a nosotros nos pareció relevante, sobre todo por lo que sucederá con el citado animal.

Uno de los puntos que más controversia ha suscitado ha sido el dejar algunos sustantivos o incluso frases enteras en lengua inglesa, tal y como aparecen en el texto original. Partimos del hecho de que la mayoría de la población sueca es prácticamente bilingüe y de que es perfecta conocedora del idioma inglés. Es cierto que eso no sucede en España y sabemos que no todos los lectores de Larsson han entendido esas palabras o expresiones inglesas. También es cierto que podríamos haber incluido su traducción en una nota a pie de página, pero la editorial no es muy amiga de las notas. Así que optamos por respetar las palabras de Larsson como modo de hacer ver un aspecto de la sociedad sueca; es una forma de darle información al lector sin manifestarlo explícitamente. En muchas ocasiones, se trataba de frases que pronuncia o escribe algún personaje (*"Fuck you"*, *"In your dreams"*, *"Sorry, no deal"*...); en otras se recogían términos utilizados en la jerga periodística (*"off the record"*, *"layout"*, *"deadline"*, etc.). Por ello nos pareció de ley reproducir tal cual ese lenguaje. Admitimos que, en un extremo deseo de purismo, lo podríamos haber traducido al español. Pero decidimos que fuera la editorial la que dijera si deseaba escribir esas frases en español, tal y como hizo en *Millennium I* con vocablos como *cedé* y *deuvedé* –cuestiones del libro de estilo de la casa– que no gozaron de nuestra completa simpatía.

Pero si hay un término que bajo ningún concepto quisimos traducir del inglés al español, ese fue *WASP*, porque si bien es verdad que significa "avispa" no es menos cierto que es el *nick* o sobrenombre que utiliza Lisbeth Salander en las conversaciones que mantiene en el ámbito informático, de modo que funciona como un nombre propio. Además, mantener esas cuatro letras se hace cosa más que necesaria a la hora de explicar el código o la contraseña que Lisbeth pueda utilizar: 9277. No diremos más para no desvelar según qué asuntos a un futuro lector de la obra de Larsson, pero el mismo respeto por el *nick* –en este caso casi un nombre propio– tuvimos por *Plague*, que otras versiones respetan pero que la catalana traduce como "*Pesta*" ('peste, hedor').

Qué duda cabe de que el traductor muchas veces actúa de intérprete e interpreta lo que una palabra o una frase quiere decir. Fue lo que tuvimos que hacer con el diálogo entre Plague y Lisbeth en el que el primero exclama "¡Wasp! Sólo vienes a visitarme cuando necesitas algo" (138), a lo que esta contesta en el original sueco (117): "*Plague, det är för att du aldrig tvättar dig och för att det luktar apa härinne*". Esta última frase literalmente dice 'Plague, es porque nunca te lavas y porque huele a mono aquí dentro', lo que nosotros tradujimos como "Plague, es porque nunca te duchas y porque aquí dentro huele a tigre" que nos pareció algo más idiomática. Otras versiones consultadas mantienen 'huele a mono' (italiano: "*puzza di scimia*", Larsson 2007: 142; rumana: "*miroase aici a maimuța*", Larsson 2008b: 138), excepto la catalana (Larsson 2008c: 127) que dice que aquello "*fa pudor de lleonera*". Pero además hay quien ha entendido e interpretado que lo que Lisbeth hace es preguntar si el nombre de Plague se debe a que nunca se lava, como ocurre con la traducción rumana ("*Te numești Plague pentru că nu te speli niciodată?*", Larsson 2008b: 138) o la francesa (*"C'est parce que tu ne te laves jamais et que ça pue le singe chez toi qu'on t'appelle Plague?"*, Larsson 2006: 120), lo cual se nos antoja raro pues en el original sueco no hay interrogación alguna. La versión italiana, simplemente, lo resuelve con un aséptico *"Plague, non ti lavi mai"* (Larsson 2007: 142).

Ahora bien, a veces esas diferentes interpretaciones tienen su origen en un error de lectura. Tal es el caso de la fecha que aparece en la traducción inglesa "*A Friday in November*" (Larsson 2008e: 1), una errónea lectura del sueco "*Fredag 1 November*" (5) donde se ha confundido el número "1" con la preposición "i" ('en'). Es un error que ha llegado también a la traducción portuguesa ("*Uma sexta-feira en novembro*", Larsson 2008d: 7), pues esta se ha hecho desde el inglés y no desde el original sueco. Creemos, además, que puesto que cada capítulo empieza señalando un día y un mes concretos (sábado, 21 de diciembre; viernes, 3 de enero; jueves, 3 de julio...), no tiene ningún sentido comenzar el libro diciendo "Un viernes de noviembre".

Y si bien hemos dicho que en determinadas ocasiones una cultura se traduce —esto es, se traslada— no traduciendo según qué términos, en otras el traductor se ve obligado a forzar la lengua al máximo, no porque choque desde el punto de vista lingüístico o literario, sino desde el social. Eso es lo que nos sucedió con la cuestión del tuteo. Somos conscientes de que en según qué contextos puede extrañar a ojos de un lector español que un personaje tutee a otro. Pero si en algunos momentos decidimos prescindir del *usted* fue para mostrar que en Suecia todo el mundo se tutea. Introdujimos, así, un elemento cultural que da que pensar al lector. Además, a veces ese tuteo dice mucho del personaje. Que en *La reina en el palacio de las corrientes de aire* (Larsson 2009) Mikael Blomkvist tutee al embajador de Suecia es una manera de mostrar que no le tiene ninguna consideración por haber actuado como ha actuado. Mikael es un periodista descarado que arrasa con todo y con todos. Ese hecho no es en absoluto irreal: yo mismo tuteo al embajador de Suecia cuando hablo en español con él, lo que es un síntoma más que evidente de que la sueca es una sociedad democrática e igualitaria, y ese aspecto había que mostrarlo. El mismo dilema se nos planteó en el trato que Mikael Blomkvist dispensa al empresario Henrik Vanger: el hecho de que fuera un afable anciano y de que Mikael lo hubiera conocido y se hubiera sentado sobre sus rodillas cuando era pequeño nos hizo optar por el *tú*. Pensemos, no obstante, que el tuteo se está imponiendo progresivamente en España ante personas con las que hace veinte o treinta años no nos hubiéramos atrevido a utilizarlo.

Hemos visto aquí un abanico de soluciones aplicadas a los distintos problemas de traducción que plantean las novelas de Stieg Larsson al pasar del sueco al español. Queremos hacer hincapié, al acercarnos a la conclusión, en que por medio de estas decisiones el traductor se va haciendo dueño de la obra; no en vano existen los derechos de autor. El placer que se siente traduciendo es igual, si no superior, al que puede sentir un escritor que escribe una novela, porque si bien es cierto que uno se limita a trasladar lo que dice el original, qué duda cabe de que es uno mismo el que escoge esta o aquella palabra, el que decide si alterar el orden sintáctico de los elementos; en el fondo es un proceso creador –que, paradójicamente, podemos decir que parte de cero– en el que el traductor escribe (reescribe) la novela. Como último ejemplo de esto, veamos el siguiente caso (*Millennium II*, Larsson 2008f: 180-181) en el que al reproducir el lenguaje de Holger Palgrem se ha creado una "lengua propia":

>–Tlass arrglado ben. ("Te las has arreglado bien")
>Señaló su ropa con el dedo. Ella asintió.
>–Me las arreglo estupendamente.
>–¿Q tal nuvo mintrador? ("¿Qué tal el nuevo administrador?")
>[…]
>–Trbn.
>–No te entiendo.
>–Tribnl.
>–¿El tribunal? ¿A qué te refieres?
>–Dbms anlar tu de… declcn d ncapcd.

En definitiva y como conclusión, la traducción es un ejercicio literario y lingüístico completo, pues implica escribir y reescribir, crear y recrear, a la vez que uno va descubriendo nuevos aspectos y nuevas dificultades de su propia lengua, su riqueza y sus carencias. Desde estas páginas animo a todo aquel con inquietud traductológica y literaria a que se lance a esta tarea; los quebraderos de cabeza quedan atrás y pronto se olvidan, mientras que las satisfacciones son inmensas y duraderas.

Bibliografía

AYALA, Francisco (1965): *Problemas de la traducción*. Madrid: Taurus.
CATFORD, John Cunnison (1965): *A Linguistic Theory of Translation*. Oxford: Oxford University Press.
GOYTISOLO, Juan (1985): "L'espagnol, une langue sur deux continents: Débat", en: *Actes des quatrièmes assises de la traduction littéraire (Arles 1987)*. Arles: Actes Sud, 43-63.
LARSSON, Stieg (2005): *Män som hatar kvinnor. Millennium I*. Stockholm: Norstedts.
— (2006): *Les Hommes qui n'amaient pas les femmes*. Paris: Actes Sud.
— (2007): *Uomini che odiano le donne*. Venezia: Marsilio Editori.

— (2008a): *Los hombres que no amaban a las mujeres. Millennium I*. Barcelona: Destino.
— (2008b): *Bărbaţi care urăsc femeile*. București: Editura Trei.
— (2008c): *Els homes que no estimaven les dones*. Barcelona: Columna.
— (2008d): *Os homens que odeiam as mulheres*. Alfragide: Oceanos.
— (2008e): *The Girl with the Dragoon Tattoo. Millennium I*. London: Quercus.
— (2008f): *La chica que soñaba con una cerilla y un bidón de gasolina. Millennium II*. Barcelona: Destino.
— (2009): *La reina en el palacio de las corrientes de aire. Millennium III*. Barcelona: Destino.

VARGAS LLOSA, Mario (2009): "Lisbeth Salander debe vivir", en: *El País*, 6 de septiembre, 35.

EL ASESOR LINGÜÍSTICO EN EL ENTORNO EMPRESARIAL Y HOSPITALARIO

Oliver Shaw
Capio Sanidad, S.L./IIS-Fundación Jiménez Díaz

1. Introducción

La globalización del comercio y del conocimiento supone un reto organizativo para toda empresa, institución y profesional que pretenda competir en el ámbito nacional e internacional. Para llevar a cabo una expansión territorial de una empresa o fijar una estrategia de cara a la entrada de nuevos agentes extranjeros en un sector tradicionalmente cerrado a estos actores, se requiere un gran esfuerzo de adaptación, sobre todo en lo lingüístico y lo cultural. Muchas son las fórmulas adoptadas por las empresas e instituciones para dar respuesta a las demandas del mercado y del saber globalizados, aunque pocas aprovechan al máximo la pluralidad de conocimientos y capacidades que posee el profesional de los servicios lingüísticos. A falta de un planteamiento que cuente con las aportaciones del experto en lenguas, traducción, interpretación y docencia de lenguas extranjeras, muchas organizaciones abordan la contratación de servicios lingüísticos de manera puntual y dispersa, lo que en muchos casos provoca un derroche de recursos e ineficacia.

Para asentarse en el campo de la traducción e interpretación, el profesional debe intentar, en la medida de lo posible, conocer la realidad de quien requiere de sus servicios para adaptarse lo mejor posible a ella. Si bien cada organización es única en su actividad y su cultura, el estudio de las prácticas y tendencias de las empresas e instituciones a la hora de satisfacer sus necesidades de comunicación intercultural podría abrir nuevas posibilidades para el sector de los servicios lingüísticos, al ofrecer un perfil profesional capaz de dar apoyo lingüístico de manera completa y desde dentro. Me refiero a la figura del *asesor lingüístico*, un puesto polifacético que proporciona una suerte de servicios de traducción, interpretación, corrección, locución, docencia y gestión según las necesidades puntuales de su empleador.

El presente trabajo viene motivado por las experiencias profesionales del autor como asesor lingüístico en Capio Sanidad, una empresa multinacional dedicada a la gestión sanitaria, así como en el Instituto de Investigación Sanitaria Fundación Jiménez Díaz, entidad integrada en un hospital universitario gestionado por dicha empresa. Partiendo de estas vivencias particulares, se analizan las competencias que requiere el perfil, así como los potenciales beneficios y limitaciones que supone el puesto, tanto para las organizaciones que contratan a estos profesionales como para el mismo asesor.

2. Contexto

Es indudable la importancia de la comunicación intercultural e interlingüística para las empresas e instituciones. En particular, el dominio del inglés como *lingua franca* del comercio y las ciencias obliga, a todos los que pretenden participar en estas actividades, a desarrollar competencias en lengua inglesa o, si no, a aceptar las limitaciones impuestas por su déficit. Según señala Congost Maestre (1994: 15), alrededor del 88% de las publicaciones científico-técnicas se redactan en inglés, o bien son traducidas a esta lengua, lo que implica que un hablante de cualquier otro idioma que no sea el inglés, o aprende a desarrollar su trabajo en inglés, o bien contrata los servicios de un traductor o un intérprete.

La escasez de competencias en lenguas extranjeras supone una desventaja para muchas empresas, especialmente las españolas. El estudio ELAN (CILT 2006), llevado a cabo por el National Centre for Languages del Gobierno británico, revela que el 19% de las empresas españolas encuestadas afirman haber perdido oportunidades de negocio debido a barreras lingüísticas, una cifra sustancialmente superior a la de Francia (13%) y Alemania (10%). La pérdida de estos contratos limita la rentabilidad empresarial en España y, como señala el mismo informe, la necesidad de comunicarse en lenguas extranjeras tiende a aumentar en el futuro próximo (CILT 2006: 12). Ante el reto de dotar a sus organizaciones de las competencias lingüísticas necesarias para ser competitivas, la mayoría de las entidades elaboran una política lingüística basada en la contratación puntual de profesionales externos. Un 80% de las empresas que participaron en el estudio ELAN señala haber contado con traductores e intérpretes externos, de las cuales un 47% mantiene este tipo de relación de manera estable (CILT 2006: 47).

Se desprende de esta última estadística que la mayoría de las empresas afrontan la comunicación con hablantes de otras lenguas como momentos puntuales en los que únicamente se plantean salir del paso y no como oportunidades de aprendizaje y mejora de la propia organización. Al depender de proveedores de servicios lingüísticos, se desaprovecha el acto comunicativo como fuente de información sobre todo tipo de aspectos lingüísticos que requiere la actividad de la empresa y, por tanto, es probable que continúen las mismas carencias en el idioma en cuestión. Siguiendo con el informe ELAN, la única fórmula que procura evitar esta externalización de la comunicación interlingüística, lo que los autores denominan *in-house language service*, es la menos utilizada. Según señala el informe, el motivo de su baja popularidad en las empresas es la falta de constancia en la carga de trabajo requerida (CILT 2006: 46). Sin embargo, varias empresas, organizaciones gubernamentales y ONG cuentan con un departamento de traducción corporativo. Algunos ejemplos de empresas que han optado por esta solución interna para abordar las necesidades de traducción incluyen, además de todos los bancos internacionales, Ericsson, Michelin, Spar, Carrefour, Sears, Eurocontrol, UBS, Air France, MacDonald's, Snecma, EADS, Boeing, PWC, etc. (Gouadec 2007: 92).

La participación del especialista en lenguas extranjeras en las acciones formativas de una empresa podría suponer un complemento para su rendimiento como traductor y/o intérprete, ya que es la persona que mejor conoce el nivel de competencia lingüística de la plantilla en las situaciones comunicativas habituales de la organización. Esta ampliación de funciones marca la diferencia entre un proveedor de servicios lingüísticos asalariado o *freelance* y un profesional integrado en la organización que desempeña una variedad de papeles en beneficio de esta, es decir, el asesor lingüístico.

3. Competencias del asesor lingüístico

En este apartado comentaré una serie de competencias que debe reunir el asesor lingüístico para iniciar su trabajo en empresas o instituciones. A juzgar por la ausencia de trabajos publicados en los que se incluye la docencia de lenguas extranjeras como parte de las funciones de asesor lingüístico, he optado por dejar este último aspecto para el final, centrándome sobre todo en las competencias impartidas en los programas universitarios de Traducción e Interpretación. En lo que respecta al traductor/intérprete como profesor de lenguas para fines específicos, ofreceré una visión más subjetiva sobre su idoneidad para el profesional y para la entidad en la que trabaja.

3.1. COMPETENCIA LINGÜÍSTICA

Para ser asesor lingüístico, el profesional debe poseer un dominio muy alto de las lenguas de trabajo, de tal manera que pueda prestar apoyo a todos los departamentos que conforman la empresa o institución. Hurtado Albir (1996a: 34 y 1996b: 39) define esta como una de las subcompetencias necesarias para cualquier traductor o intérprete, aunque, en el caso del asesor lingüístico, esta competencia es aún más relevante, ya que debe sentirse cómodo en ambas situaciones.

Los proyectos de traducción pueden surgir de numerosas situaciones y el asesor debe adaptarse a cada una de ellas de la mejor manera posible. Su extensión varía desde la consulta oral realizada por otro empleado de la organización, al verse incapaz de captar el sentido de un texto que está leyendo, hasta la traducción de documentos de más de cien páginas que requieren semanas de trabajo con dedicación exclusiva. Los textos más frecuentes incluyen contratos, documentos administrativos, artículos científicos, presentaciones en *PowerPoint*, correos electrónicos, cartas formales, cuentas anuales, memorias de actividad, folletos de *marketing*, traducción y subtitulado de vídeos, y un largo etcétera de casos en que los miembros de la organización acuden al asesor lingüístico para que este les facilite el trabajo.

Además de traducir, el asesor lingüístico presta servicios de corrección de textos para quienes prefieren redactar directamente en la lengua extranjera y así mejorar su capacidad de expresión escrita. Puesto que esta función del asesor lingüístico que lee un texto producido por un hablante no nativo resulta a menudo más ardua debido a las dificultades que se producen, considero muy importante la flexibilidad por parte del usuario del servicio. De este modo, es el usuario quien puede valorar los diferentes servicios que tiene a su disposición, de acuerdo con la tarea que tenga que llevar a cabo. En el mejor de los casos, el usuario, consciente de la oportunidad de aprendizaje que le brinda un servicio de traducción o corrección, aprovechará la situación para identificar sus errores y aprender de ellos.

El asesor lingüístico ha de ejercer como intérprete de la organización cuando surgen situaciones de comunicación oral. La modalidad de interpretación más frecuentemente utilizada para facilitar la comunicación entre asistentes a una reunión de trabajo o una visita de algún extranjero es la de enlace. Sin embargo, existen muchas circunstancias que requieren un servicio de interpretación simultánea, consecutiva o incluso telefónica. Para dar respuesta a todas estas demandas, el asesor lingüístico necesita poseer un amplio conocimiento sobre las técnicas y los usos de la interpretación.

Una de las cualidades fundamentales del asesor lingüístico es la capacidad de traducir e interpretar tanto hacia su lengua materna como viceversa. Este requisito responde a uno de los principales motivos por los que una empresa o institución contrata a un profesional fijo en lugar de externalizar el trabajo: la reducción de costes. A ojos del empleador, el asesor lingüístico es un todoterreno de las lenguas, capaz de cubrir todas o casi todas las necesidades de la entidad. Se le contrata precisamente para poder dejar de tratar con agencias, gabinetes y autónomos dedicados a la traducción y poder contar con un servicio lingüístico a su medida. Como señala Kelly (2005: 134), muchos investigadores defienden "la superioridad automática de la traducción B-A", aunque la autora rebate este planteamiento al recoger las palabras de Snell-Hornby (1988: 131), quien afirma que, tanto en la etapa formativa como en la práctica profesional, el campo de la traducción exige, hoy en día, la capacidad de traducir hacia ambas lenguas. Es cierto que cualquier traductor no completamente bilingüe puede comunicarse con mayor precisión y fluidez en su lengua materna, aunque la actividad empresarial e institucional no requiere ni la exactitud de expresión ni la adecuación estilística exigidas en otros campos como el de la traducción literaria. De hecho, se ha observado que en el mercado español, la mayoría de los textos que se traducen según el par de lenguas A-B son de tipo informativo u operativo (Kelly 2005: 132), dos tipos textuales que presentan menores dificultades para el traductor no nativo. En la experiencia profesional del autor, los textos que se traducen al castellano (su lengua B) se dirigen a las personas pertenecientes a la propia organización, mientras que los receptores de los textos que se traducen al inglés (su lengua A) son personas ajenas a la organización.

3.2. Competencia extralingüística

La importancia de esta competencia, que abarca el conocimiento enciclopédico, cultural y temático (Hurtado Albir 1996a: 34 y 1996b: 39), resulta especialmente difícil de valorar en el asesor lingüístico, debido a la gran variedad de campos del saber con los que se enfrenta en la práctica profesional. Por ejemplo, el profesional de los servicios lingüísticos que desarrolla su trabajo en una empresa tendrá que poseer unas nociones básicas de todos los departamentos que integran la empresa, ya que estos son los usuarios de su servicio. Las empresas suelen contar con un departamento de gestión, un departamento jurídico, de administración, de recursos humanos, de TIC, de *marketing*, entre otros. Puesto que cada uno de estos departamentos realiza una función distinta y especializada, resulta poco factible que el asesor lingüístico se proponga llegar a dominar todos los conceptos que se manejan en cada uno de ellos. Como veremos más adelante, el asesor ha de compensar sus deficiencias en conocimientos temáticos con un buen uso de las herramientas tecnológicas y sus relaciones personales con los iniciadores de los textos.

La tarea del asesor lingüístico en el entorno hospitalario presenta numerosas dificultades a nivel conceptual, sobre todo para el traductor/intérprete que llega a ejercer como tal con una formación universitaria en letras. La investigación biosanitaria que se lleva a cabo en un hospital universitario abarca un elevado número de campos científicos. Cada uno posee un complejo sistema de conceptos básicos, terminología y fraseología que son accesibles casi solo a los iniciados en ese campo específico. Un género textual muy frecuente en un entorno hospitalario es el artículo de investigación científica, texto que, tras su traducción o corrección por un profesional del campo de las lenguas, se enviará a una revista científica con la esperanza de que sea publicado. A veces, el artículo es fruto de una colaboración entre médicos —muchas veces procedentes de diferentes especialidades médicas o campos de investigación–, residentes, bioinformáticos y estadísticos. La experiencia del autor en el campo de la traducción y corrección médica ha puesto de manifiesto que, en muchos de los casos, al consultar con el autor principal sobre una duda conceptual o terminológica, él mismo desconoce los términos y conceptos aportados por sus colaboradores, y, por tanto, es incapaz de ayudar al traductor/corrector. Ejemplos como este deben servir para rebajar la inseguridad que siente el profesional de la traducción y la interpretación ante encargos muy difíciles conceptualmente, ya que incluso los mismos científicos de un campo no conocen en profundidad los de los demás.

3.3. Competencia profesional o de estilo de trabajo

Esta competencia, que consiste en la capacidad del profesional de documentarse, manejar las herramientas tecnológicas disponibles y aprovechar los recursos existentes en el mercado laboral (Hurtado Albir 1996a: 34 y 1996b: 39), es de suma importancia para el asesor lingüístico, por el hecho de que su pertenencia a una organización grande y sofisticada exige una capacidad de comprensión y expresión que supera a la de cualquiera de los miembros de dicha organización. Al igual que ningún abogado tiene que dominar los conceptos de la programación informática en su día a día, los informáticos no necesitan saber cómo redactar un poder notarial. Sin embargo, al asesor lingüístico se le pide comprender ambas actividades lo suficientemente bien como para trasladar los textos de una multitud de campos. Para ello, el asesor ha de contar con una serie de recursos para compensar su falta de conocimiento conceptual y lingüístico.

Las herramientas que proporcionan los avances tecnológicos ya son una fuente imprescindible para todo traductor, intérprete y corrector que debe producir textos especializados. Los recursos disponibles en Internet –foros, glosarios, diccionarios, textos paralelos– sirven de gran ayuda a quien no domina al cien por cien la temática de su entorno de trabajo. Aunque cuanto mejor conozca los campos que tiene que traducir, mejor será la calidad de su trabajo (Mayoral Asensio 1997: 5), hemos visto en el apartado anterior que hay determinados textos que superan la capacidad de conocimiento de hasta quienes los firman. Ante esta situación, Mayoral Asensio (1997: 7) propone el uso de fuentes lingüísticas fiables para la traducción. Según el autor, gracias a la correcta elección de textos como modelo, se pueden traducir algunas cosas con un alto nivel de corrección sin llegar a entender el contenido de dicho texto. Coincido con esta afirmación, sobre todo en los contextos en los que el proceso traductor se aborda como un diálogo entre el especialista que produce el texto y el especialista que se encarga de trasladarlo a otra lengua. Más adelante comentaré este enfoque de "el proceso traductor como diálogo" en mayor profundidad.

La estrategia de utilizar fuentes lingüísticas fiables para traducir textos especializados recibe un gran apoyo en forma de los programas de análisis de corpus, ya que estos permiten almacenar y realizar búsquedas precisas sobre el lenguaje en uso. De este modo, el asesor lingüístico, tras hacer una selección de textos que él quiere imitar en sus convenciones textuales, terminología, fraseología, etc., puede acudir a esta rica fuente de información con un alto grado de confianza en los resultados.

Es muy importante que el asesor lingüístico posea conocimientos actualizados sobre el mercado de trabajo, puesto que él, muchas veces, durante su trabajo en solitario dentro de su organización, necesita del asesoramiento y colaboración de sus colegas para realizar su trabajo de traducción, interpretación y corrección especializadas. Existen dos vías de especialización del profesional de los servicios lingüísticos: por una parte, la formación en cursos especializados y, por otra, la práctica profesional. De este modo, el traductor se va especializando gracias a la formación que recibe a la hora de traducir, ya que son sus compañeros de profesión y sus empresas o instituciones los que le van iniciando en las particularidades de los campos de su actividad (García de Toro/García Izquierdo 2005: 23). Acerca de la influencia positiva que pueden tener los demás traductores sobre el traductor novel, cabe destacar la gran oferta de asociaciones profesionales existentes dentro del sector de la traducción, interpretación, corrección y docencia de lenguas extranjeras, en las que se reúnen profesionales para abordar las cuestiones más relevantes de sus respectivas profesiones y se comparten conocimientos y experiencias.

En situaciones de un alto volumen de trabajo, el asesor lingüístico utiliza sus conocimientos del mercado laboral para gestionar aquellos proyectos de traducción, interpretación y corrección que se externalicen. Su trato con otros profesionales le ha proporcionado una perspectiva adecuada sobre los profesionales, tarifas y procedimientos más adecuados para obtener los mejores resultados para su empresa o institución. Utilizar de forma rentable las memorias de traducción en caso de grandes proyectos de traducción servirá para ampliar la base de datos terminológica de su organización y redundará en un futuro ahorro de costes en caso de textos repetidos o similares.

3.4. COMPETENCIA ESTRATÉGICA

Esta competencia engloba "los procedimientos conscientes e individuales utilizados por el traductor para resolver los problemas encontrados en el desarrollo del proceso traductor en función de sus necesidades específicas" (Hurtado Albir 1996a: 34; 1996b: 39). Consiste en el "saber hacer" ante dificultades traductoras y requiere el conocimiento de la finalidad de su trabajo. Desde dentro de su organización, el asesor lingüístico tiene una situación privilegiada para echar mano de recursos que están fuera del alcance de los demás profesionales que trabajan de manera autónoma. Mientras que el autónomo se acostumbra a recibir sus encargos sin otros medios para resolver dudas o negociar el sentido del texto original, el asesor lingüístico y los usuarios de su servicio, al formar parte de un mismo equipo, tienen la libertad de entablar un diálogo y colaborar en la producción de textos escritos y orales. Autores como Yuste Frías (2005: 244), consideran fundamental esta colaboración entre el generador y el traductor profesional, ya que, en muchas ocasiones, la única fuente de documentación apropiada para el encargo es el mismo iniciador del texto. Algunos ejemplos que cita para demostrar los beneficios de esta relación entre el autor y el traductor son los documentos de la empresa, la terminología de la organización en forma de glosarios u otros documentos parecidos al del encargo en cuestión, textos anteriormente traducidos o redactados en la lengua de llegada, etc. (Yuste Frías 2005: 245). Ambas partes de este diálogo entre generador y traductor se benefician del contacto directo. El traductor aprende con cada encargo los conceptos y las particularidades lingüísticas que maneja el autor, y el autor, que dispone de un servicio de mediación intercultural, puede aumentar sus capacidades con cada proyecto compartido. Con el paso del tiempo, el asesor avezado va elaborando archivos de textos originales y paralelos, bases de datos traductológicas y terminológicas, y cualquier otro recurso que su experiencia le indique será efectivo para el desempeño de sus funciones.

En un entorno de investigación sanitaria, la relación entre los autores y el asesor resulta ser muy beneficiosa para ambos cuando existe una colaboración entre investigador y traductor a la hora de elaborar corpus lingüísticos. La falta de conocimientos del traductor sobre las revistas y los autores más prestigiosos dentro de sus campos complica el proceso de documentación del traductor. Para remediar esta dificultad, desde el Instituto de Investigación Sanitaria Fundación Jiménez Díaz se ha iniciado recientemente un proyecto de recopilación de textos a medida en lengua inglesa, según el cual, cada investigador proporciona al traductor una serie de artículos, que sirven como modelo a la hora de traducir o corregir los suyos. A pesar de encontrarse en los inicios del proyecto, los primeros resultados de este esfuerzo de colaboración por parte de los autores han sido prometedores.

Las empresas e instituciones que cuenten con un asesor lingüístico pueden aprovechar este diálogo fluido entre iniciador y asesor, en beneficio de la calidad de la comunicación. Las faltas de expresión, incongruencias y errores gramaticales que aparecen en el texto original se detectan con mayor facilidad cuando el que recibe el encargo está a escasos metros de quien redactó el texto (Yuste Frías 2005: 245). De esta forma, una situación que para un profesional externo podría generar muchas dudas, al verse obligado a corregir el original o trasladar los fallos del texto original, se resuelve con una breve conversación, una llamada de teléfono o un correo electrónico.

3.5. Competencia pedagógica

Incluyo esta competencia entre las mencionadas más arriba fundamentalmente por mi experiencia personal, y a pesar de la ausencia casi total de publicaciones académicas que aborden el papel del traductor/intérprete como docente de lenguas para una misma organización. Resulta llamativa esta falta de referentes si se tiene en cuenta el significativo porcentaje de licenciados en Traducción e Interpretación que se dedican a la docencia de lenguas extranjeras (ANECA 2004 y Aguilar Río 2004: 20). Sin embargo, la labor docente puede suponer un valor añadido para la empresa o institución donde trabaja el asesor lingüístico por varios motivos. En primer lugar, la presencia de un hablante de una lengua extranjera en una plantilla como parte del plan de formación en dicha lengua puede proporcionar a los alumnos una suerte de posibilidades para mejorar sus capacidades de comprensión y expresión. En segundo lugar, el asesor lingüístico, con formación tanto en Traducción e Interpretación como en Enseñanza de Lenguas Extranjeras, goza de una posición privilegiada para valorar las necesidades de la organización en general y de cada individuo cuyo puesto de trabajo requiera capacidades lingüísticas. En tercer lugar, la experiencia directa del asesor con las situaciones comunicativas que forman parte de la actividad de la organización supone una gran ventaja a la hora de programar e impartir cursos sobre la lengua extranjera para fines específicos. Por último, el asesor lingüístico puede colaborar en la selección y gestión de proveedores externos de cursos en lenguas extranjeras, fijando objetivos de mejora tanto para el proveedor como para el trabajador. El resultado final de todas estas iniciativas sería un aprovechamiento optimizado de los recursos dedicados a la comunicación intercultural y una mayor capacidad de respuesta ante cambios coyunturales u organizativos.

4. Conclusiones

Hasta hace poco, se ha primado la flexibilidad que proporcionaba la colaboración puntual y dispersa de profesionales y empresas dedicados a la traducción, la interpretación, la corrección y la enseñanza de lenguas extranjeras. Bajo esta fórmula, cada proyecto y cada curso de lengua tenía un plazo determinado, lo que permitía que el cliente mantuviera la posibilidad de poner fin a sus relaciones mercantiles o mantenerlas. Sin embargo, en este trabajo hemos visto que la mentalidad a corto plazo o el empleo de profesionales como "apagafuegos" no aprovecha las oportunidades de crecimiento que ofrecen las situaciones de comunicación interlingüística e intercultural. Con el apoyo del asesor lingüístico al servicio de la empresa o institución, la organización cuenta con la perspectiva de un conocedor del campo de las lenguas aplicadas, y puede tomar decisiones más acordes a sus necesidades.

Bibliografía

Agencia Nacional de Evaluación de la Calidad y Acreditación (ANECA) (2004): *Libro blanco: título de grado en Traducción e Interpretación*; <http://www.aneca.es/media/150288/libroblanco_traduc_def.pdf> (última consulta: 21-VI-2010).

Aguilar Río, José Miguel (2004): "La enseñanza de la traducción y su relación con las exigencias del mercado laboral: estudio de caso", en: *TRANS* 8, 11-28.

CILT, The National Centre for Languages (2006): *ELAN: The Effects on the European Economy of Shortages of Foreign Language Skills in Enterprise*; <http://www.cilt.org.uk/home/research_and_statistics/research/cilt_activities/the_economic_case.aspx> (última consulta: 21-VI-2010).

Congost Maestre, Nereida (1994): *Problemas de la traducción técnica: los textos médicos en inglés*. Alicante: Publicaciones de la Universidad de Alicante.

García de Toro, Cristina/García Izquierdo, Isabel (2005): "La práctica profesional de la traducción", en: García de Toro, Cristina/García Izquierdo, Isabel (eds.): *Experiencias de traducción. Reflexiones desde la práctica traductora*. Castellón: Publicaciones de la Universitat Jaume I, 15-30.

Gouadec, Daniel (2007): *Translation as a Profession*. Amsterdam/Philadelphia: John Benjamins.

Hurtado Albir, Amparo (1996a): "La enseñanza de la traducción directa 'general'. Objetivos de aprendizaje y metodología", en: Hurtado Albir, Amparo (ed.): *La enseñanza de la traducción*. Castellón: Universitat Jaume I, 31-56.

— (1996b): "La cuestión del método traductor. Método, estrategia y técnica de traducción", en: *Sendebar* 7, 39-57.

Kelly, Dorothy (2005): *"The Wrong Way Round?* Consideraciones sobre la cuestión de la direccionalidad en la traducción profesional y la formación de traductores", en: García de Toro, Cristina/García Izquierdo, Isabel (eds.): *Experiencias de traducción. Reflexiones desde la práctica traductora*. Castellón: Publicaciones de la Universitat Jaume I, 129-146.

Mayoral Asensio, Roberto (1997): "La traducción especializada como operación de documentación", *Sendebar* 8-9, 137-154.

SNELL-HORNBY, Mary (1988): *Translation Studies. An Integrated Approach*. Amsterdam/ Philadelphia: John Benjamins.
YUSTE FRÍAS, José (2005): "Verdades de Perogrullo (y otras) para una iniciación a la traducción profesional", en: Yuste Frías, José/Álvarez Lugrís, Alberto (eds.): *Tradución y paratradución*. Vigo: Servizo de Publicacións de la Universidade de Vigo, 237-255.

BENEFICIOS DE LAS ONTOLOGÍAS EN LA TRADUCCIÓN

Elena Montiel-Ponsoda
Universidad Politécnica de Madrid, Dpto. de Lingüística Aplicada a la Ciencia y a la Tecnología, Ontology Engineering Group

Nava Maroto García
Universidad Complutense de Madrid, Centro de Estudios Superiores Felipe II

1. ¿Qué son las ontologías?

El presente artículo tiene por objetivo mostrar a los traductores la utilidad de las ontologías en el proceso de traducción. Desde mediados de los años noventa del siglo XX, la Ingeniería Ontológica, enmarcada dentro de la Ingeniería del Conocimiento, se ha ocupado de estudiar el conjunto de actividades implicadas en el desarrollo de ontologías y en su ciclo de vida, así como de desarrollar las metodologías, lenguajes y herramientas que se puedan emplear en su construcción (Gómez Pérez *et al.* 2003: 5).

En primer lugar, aclaremos qué se entiende por ontología: etimológicamente, *ontología* significa 'tratado del ser', y se utiliza en Filosofía, desde los tiempos de Aristóteles, como una 'explicación sistemática del ser'. La Ontología (con mayúscula) es "una rama de la metafísica que se ocupa del estudio de la naturaleza de la existencia, de los seres y de sus propiedades transcendentales" (Moreno Ortiz 2002: 30). La Ontología como disciplina, por tanto, trata de desentrañar los misterios de la naturaleza, la "esencia" de los conceptos.

La Ingeniería del Conocimiento utiliza la palabra *ontología* para referirse a la organización del conocimiento o de parcelas de este con el fin de facilitar el intercambio de información entre el ser humano y los ordenadores (Montiel-Ponsoda 2009).

Una de las definiciones más extendidas de ontología en el ámbito de la informática es la propuesta por Gruber (1993: 199), según la cual una ontología es una *especificación explícita de una conceptualización*. Studer *et al.* (1998: 185) profundizan en esta definición, añadiendo que la especificación ha de ser formal y explícita, fruto del consenso entre un grupo de usuarios. Una *conceptualización* es un modelo abstracto de un fenómeno del mundo a través de la identificación de los conceptos relevantes de dicho fenómeno. Que sea *explícita* implica que el tipo de conceptos empleados y las restricciones que rigen su uso se definen de forma expresa. *Formal* se refiere al hecho de que una ontología debe ser comprensible por un ordenador. *Compartido* implica que una ontología refleja el conocimiento consensuado, es decir, no es propio de un único individuo, sino que es aceptado por un grupo. Además, el hecho de que la conceptualización sea consensuada supone que puede ser creada de forma colaborativa, para luego ser compartida y reutilizada por distintos grupos y con distintos fines (Gómez Pérez *et al.* 2003: 8-9).

En el campo de la Ingeniería del Conocimiento las ontologías que más atención han recibido durante los últimos años son las denominadas *ontologías de dominio*, que proporcionan vocabularios sobre conceptos y sus relaciones específicas, sobre las actividades que se desarrollan y sobre las teorías y principios elementales que rigen en ese dominio concreto. Los conceptos de las ontologías de dominio suelen ser especializaciones de los conceptos ya definidos en *ontologías de nivel superior*, que definiremos más abajo.

En una ontología de dominio, para representar el conocimiento de manera formal se identifica el conjunto de conceptos que conforman el dominio, se describen sus principales atributos y se establecen relaciones entre dichos conceptos. Los principales componentes de una ontología son, pues, los conceptos, los atributos, las relaciones, los axiomas y los individuos. Los *conceptos* identifican clases de objetos, los *atributos* se refieren a los rasgos o características que definen a los conceptos, las *relaciones* representan las interdependencias entre conceptos, los *axiomas* son reglas que restringen el alcance de dichas relaciones, y los *individuos*, por último, son los objetos específicos reales que pertenecen a una determinada clase de objetos.

En la Fig. 1 podemos ver una representación muy simplificada de lo que podría ser una ontología del dominio bibliográfico. En dicha ontología se representan conceptos como *documento*, *libro* o *autor*. Si tomamos el concepto *libro* como ejemplo, observamos que este representa a la clase de objetos que poseen los atributos *título* y *autor*, es decir, algunos de los rasgos que caracterizan a los objetos que pertenecen a la clase *libro* son que se les pueden atribuir un título y un autor. La figura nos muestra también algunas de las relaciones que establece dicho concepto con otros. Por un lado, *libro* está relacionado con *documento* mediante una relación *jerárquica* (un libro es un subtipo de documento que hereda todas sus propiedades) y a su vez tiene dos subtipos, que son *novela* y *cuento*. Otra posible relación es la de *meronimia*, que se establece entre un todo y sus elementos constituyentes. Esta es la relación que une a *libro* y *capítulo*, donde el primero sería el todo y el segundo sería una de las partes que lo constituyen. Por último, *El Camino* (del escritor Miguel Delibes) sería uno de los objetos específicos pertenecientes a la subclase de conceptos *novela*; es decir, un individuo o representante concreto del concepto.

FIGURA 1
Representación del concepto *libro* en una ontología sobre documentos

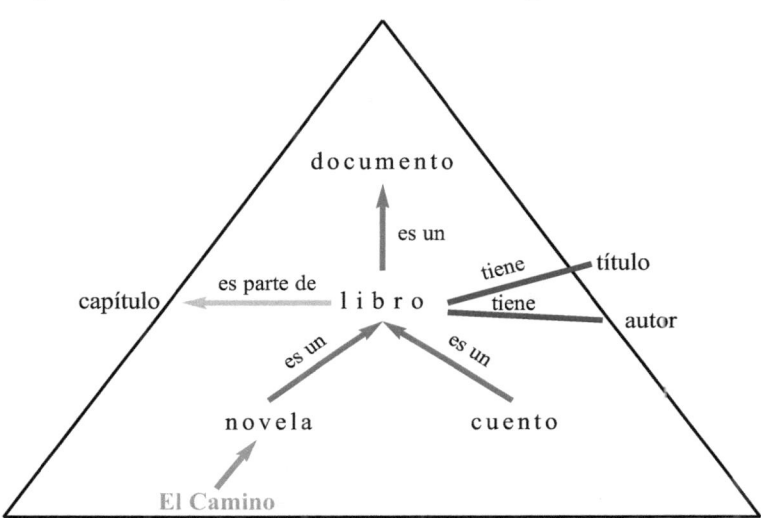

Las ontologías pueden clasificarse atendiendo a diversos criterios. La explicación exhaustiva de los diferentes tipos excede los límites de este trabajo; no obstante, mencionaremos aquí a título de ejemplo las *ontologías de nivel superior*, que son aquellas que describen conceptos muy generales y proporcionan nociones que permiten relacionar todos los conceptos con la raíz en una ontología, como, por ejemplo, la ontología Mikrokosmos que se puede contemplar en la Fig. 2, en la que podemos ver que todos los conceptos pueden clasificarse como objetos, eventos o propiedades, y que permite organizar el conocimiento en torno a estas categorías superiores.

2. Objetivos y usos de las ontologías

Podríamos argumentar que ya existen otros tipos de representaciones que tradicionalmente se han empleado para organizar y describir el conocimiento, tales como las taxonomías, los tesauros, las enciclopedias… Entonces, ¿qué aporta este nuevo modelo de representación?, ¿por qué desarrollar un nuevo modo de representar la información general o de dominio?

En un mundo cada vez más informatizado, las ontologías suponen un paso adelante en la representación del conocimiento por dos motivos principales. Así, por un lado, pueden representar conocimiento consensuado, es decir, compartido y

FIGURA 2
Estructura superior de los conceptos en la ontología Mikrokosmos
(Niremburg/Raskin 2004)

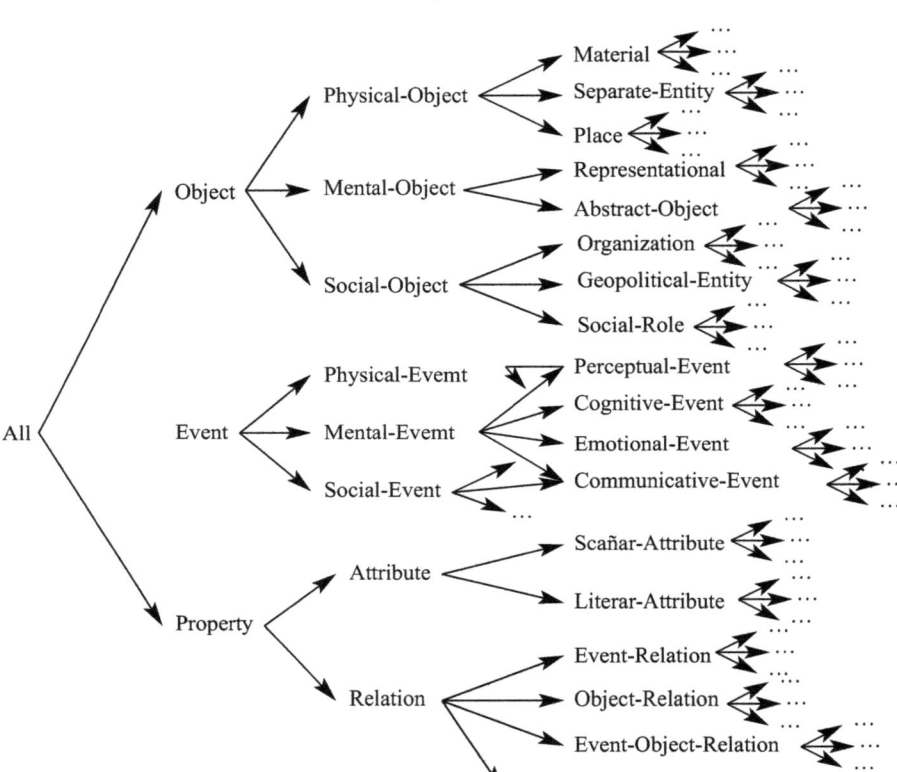

aceptado por grupos de especialistas. Esto facilitará en gran medida la comunicación y el intercambio de información entre especialistas de un mismo dominio. Por otro, dicho conocimiento está formalizado de manera explícita utilizando un lenguaje de representación que permite que los ordenadores puedan "entender" el conocimiento que contienen las ontologías y utilizarlo como base para hacer deducciones y razonamientos. De esta forma, se espera que las ontologías puedan llevar a cabo muchas labores que hasta ahora requieren la intervención del humano.

Las ontologías poseen en la actualidad aplicación práctica en muchos ámbitos, tales como el comercio electrónico, la medicina, la clasificación de documentos, el procesamiento y la recuperación de información y la Web Semántica. Algunos ejemplos prácticos de la utilidad de las ontologías son, por ejemplo, la *UNSPSC*

(United Nations Standard Products and Services Codes), una ontología estándar de productos y servicios consensuada y reconocida por las Naciones Unidas, que proporciona un sistema de clasificación jerárquica común de todos los productos y servicios disponibles para facilitar el comercio electrónico. En el ámbito de la medicina, la National Library of Medicine ha desarrollado el *UMLS (Unified Medical Language System)*, un sistema que integra más de treinta vocabularios y clasificaciones de términos médicos. Este sistema está pensado para desarrollar aplicaciones informáticas que puedan "comprender" el lenguaje de la biomedicina y la salud, con el fin de elaborar, por ejemplo, informes médicos de forma semiautomática.

Quizá una de las aplicaciones más relevantes de las ontologías es servir como soporte para la denominada Web Semántica. Se pretende que sea una extensión de la Red actual (la *World Wide Web*) en la que la información esté enriquecida con conocimiento semántico bien definido (Berners-Lee *et al.* 2001). En la actualidad, los datos en la Red están etiquetados en formato HTML, un lenguaje de marcado que hace referencia al formato, pero no a la semántica de las palabras. Así, en la Red actual, cuando nos encontramos con la cadena de caracteres *casa*, un buscador convencional sería incapaz de discernir si se refiere a la vivienda, a la tercera persona del singular del verbo *casar* o a una empresa de construcciones aeronáuticas.

En la construcción de esta nueva Red, las ontologías son el recurso que proporciona semántica a la Web, puesto que describen los conceptos de manera formal y, por tanto, organizan y estructuran el conocimiento de un modo "comprensible" para el ordenador, que puede así simular el razonamiento humano. De esta forma, aquellos textos que hablen sobre *casas*, en el sentido de 'edificios para habitar', estarán anotados con una ontología del dominio de la vivienda que relacionará los conceptos e individuos que aparezcan en el texto. Esto contribuirá a que un buscador sea capaz de procesar consultas más complejas y devolver solo aquellos recursos pertinentes a la consulta en cuestión.

3. Aplicaciones y beneficios de las ontologías en traducción

La traducción no es ajena a las utilidades y el desarrollo de ontologías. De hecho, el traductor no solo puede beneficiarse de ellas durante el proceso de traducción para la consulta de terminología o de la organización de un dominio, sino que, como veremos, puede desempeñar un papel activo en el desarrollo de ontologías multilingües.

En esta sección presentamos algunas de las aplicaciones de las ontologías relacionadas con la traducción, a saber: el empleo de ontologías en la traducción automática, la elaboración de recursos terminológicos para la traducción basados en ontologías y la localización de ontologías.

3.1. Ontologías en la traducción automática

Las ontologías se utilizan en el ámbito de la traducción automática basada en el conocimiento (*Knowledge Based Machine Translation*, *KBMT* en sus siglas inglesas), donde se conciben como una representación formal y explícita de la estructura conceptual del lenguaje que permite establecer conexiones entre los símbolos de las distintas lenguas y sus referentes. Es decir, la ontología constituye un sistema conceptual estructurado y autónomo, independiente de los diccionarios (denominados *lexicones*) en cada lengua. Este tipo de ontologías orientadas al procesamiento del lenguaje natural tiene como finalidad la descripción de constructos semánticos y no de dominios específicos, esto es, describen la semántica de las unidades gramaticales (palabras, grupos nominales, adjetivos, etc.) y las estructuran de acuerdo con principios ontológicos.

Según Mahesh (1996: 3), en la traducción automática, la ontología constituye el fundamento para representar el significado del texto en una interlengua, de modo que los lexicones (herramientas que conectan la ontología y el lenguaje natural en las distintas lenguas) estén basados en el conocimiento y así los analizadores y generadores en las distintas lenguas compartan conocimiento. Por tanto, la ontología es el enlace entre las unidades léxicas y establece de un modo indirecto las equivalencias en traducción.

En estos sistemas de traducción automática, la ontología se emplea para desambiguar significados, es decir, para que el sistema discrimine entre los distintos significados de *casa* gracias a los atributos y relaciones asociados a dicho concepto en una ontología. Otra de las funciones de las ontologías en la traducción automática basada en el conocimiento es clasificar personas, lugares, etc. a partir de las instancias de cada concepto.

Como ejemplo de proyecto de traducción automática basada en el conocimiento mencionaremos el proyecto Mikrokosmos (Nirenburg/Raskin 2004), que ha dado lugar a la Semántica Ontológica (*Ontological Semantics*), una nueva teoría del significado y un enfoque del procesamiento del lenguaje natural que considera la ontología como el recurso fundamental para extraer y representar el significado de los textos en lenguaje natural (Nirenburg/Raskin 2004: 6).

3.2. Recursos terminológicos basados en ontologías

Otra de las aplicaciones de las ontologías para traductores e intérpretes es la elaboración de recursos terminológicos basados en ontologías. Estos recursos posibilitan el acceso tanto a los conceptos especializados como a sus conceptos relacionados. Algunos proyectos que aplican las ontologías a la gestión de la

Terminología son los proyectos ONCOTERM, de la Universidad de Granada, el proyecto GENOMA-KB desarrollado por iniciativa del Institut Universitari de Lingüística Aplicada de la Universitat Pompeu Fabra y el proyecto ONTODIC[1] diseñado por el grupo de investigación TecnoLeTTra de la Universitat Jaume I.

El proyecto ONCOTERM se plantea como objetivo global la elaboración de un sistema de información específico del subdominio de la Oncología. Este recurso está destinado tanto a profesionales de la salud o investigadores, como a traductores y redactores de textos especializados, pues contiene términos en castellano y en inglés.

Por su parte, el proyecto GENOMA-KB tiene como objetivo fundamental la integración de las bases de datos terminológicas y las ontologías existentes en el dominio de la Genómica en castellano, catalán e inglés. De este modo se pretende proporcionar un acceso más amplio y fácil a la información especializada contenida en la base de conocimiento que sea de utilidad para traductores, terminólogos y redactores técnicos, entre otros.

Por último, en el marco del proyecto ONTODIC se está analizando el modo de crear recursos terminológicos en los que sea posible el acceso onomasiológico a los términos, es decir, se trata de que no solo se pueda acceder a la información conceptual a través del lema, sino también a través de determinadas características o relaciones de los conceptos (Maroto/Alcina 2009). Se busca poder acceder a un término a partir de una serie de características o relaciones que se han hecho explícitas en una ontología de forma estructurada. Así, por ejemplo, en el ámbito de la cerámica, un traductor o redactor técnico puede necesitar conocer qué productos cerámicos son resistentes a la helada y poseen arcilla blanca como elemento constituyente. Si las características de los conceptos y de los materiales que los componen se han hecho explícitas formalmente en una ontología, el ordenador será capaz de decirnos qué productos cerámicos poseen dichas características y cuáles son los objetos relacionados con ellos. Este tipo de recursos terminológicos podrían ser de utilidad también para los especialistas del sector.

Tanto GENOMA-KB como ONCOTERM utilizan la herramienta OntoTerm, un sistema de gestión de terminología que contiene dos módulos, el gestor de ontologías y el gestor de datos terminográficos. El gestor de ontologías incluye algunos conceptos de nivel superior extraídos de la ontología Mikrokosmos (ver apartado 1) y permite la asociación de conocimiento especializado a dichos conceptos básicos. OntoTerm posibilita relacionar de forma directa conceptos de la ontología con términos contenidos en una o varias bases de datos terminológi-

---

[1] <http://tecnolettra.uji.es/>.

cos, y requiere que la construcción de la ontología sea anterior a la inclusión de los términos relacionados con los conceptos.

En ONTODIC, por su parte, se ha optado por utilizar un editor de ontologías estándar de los desarrollados desde la Ingeniería del Conocimiento, en este caso *Protégé*. Esta decisión se justifica por el elevado número de usuarios y la facilidad de acceso a la herramienta, y porque algunas de sus funciones (como por ejemplo las consultas) se adaptan o se pueden adaptar a los objetivos del proyecto ONTODIC.

En todos los casos, el empleo de una ontología como fundamento para la elaboración de una base de datos terminológica permite describir los conceptos de un modo formalizado, indicando en cada caso el lugar que ocupan en la jerarquía de conceptos, sus propiedades y las relaciones conceptuales que establecen. Dicha formalización hace que la información sea comprensible para un sistema informático y, eventualmente, que puedan realizarse razonamientos e inferencias de forma automática.

Para el especialista en la materia o el traductor de textos, los beneficios de los recursos terminológicos basados en ontologías pueden ser varios. En primer lugar, dichos recursos proporcionan una fuente inmediata de documentación. Gracias a la organización conceptual, los usuarios pueden obtener de forma rápida una descripción completa y detallada del dominio en cuestión. Además, si tenemos en cuenta que estos recursos han sido validados por expertos del área de especialidad, podemos considerarlos fuentes fiables de documentación.

Por otra parte, algunos de estos recursos contienen información en diferentes lenguas, es decir, son recursos multilingües. De esta forma, no solo permiten obtener una visión general del dominio, sino también encontrar equivalencias en otras lenguas. De ahí su importancia como recurso terminológico multilingüe en la traducción.

3.3. Localización de ontologías

Por último, presentamos brevemente aquí un área en la que los traductores están participando activamente en el desarrollo de ontologías: la localización de ontologías.

Cada vez son más los organismos internacionales que vienen expresando su interés por transformar sus recursos terminológicos y de gestión de la información en recursos basados en ontologías. Esto les permitiría hacer uso de las tecnologías que se están desarrollando alrededor de las ontologías. Sin embargo, muchos de estos organismos gestionan información a nivel global en múltiples lenguas, lo que les obliga a manejar información multilingüe. De ahí que demanden ontologías que soporten información en distintas lenguas. Sin embargo, la gran mayoría de las ontologías que encontramos en la Red están documentadas en una sola lengua (98%), y esta es predominantemente el inglés (70%), mientras que solo el 2% de las ontologías contiene términos en varias lenguas[2].

En principio, cabría pensar que en una ontología se ofrecen conceptos que son universales y válidos para todas las culturas. Sin embargo, esto no siempre es así, y parece estar directamente relacionado con el dominio que se representa en la ontología. En el caso de los recursos terminológicos ONCOTERM y GENOMA-KB señalados anteriormente (ver apartado 3.2), los dominios descritos en las ontologías eran la Oncología y la Genómica, respectivamente. En ambos casos se trata de dominios médicos con un alto grado de especialización, y cuya organización conceptual es reconocida y aceptada por la comunidad internacional de expertos en la materia. Si pensamos en otros dominios del conocimiento como el Derecho, la Administración Pública o incluso la Geografía, nos daremos cuenta de que no existe una única conceptualización que refleje la organización que hacen diferentes grupos humanos de la misma realidad. En este contexto, Cimiano *et al.* (2010) distinguen entre dominios de conocimiento internacionales o estandarizados *(international or standardized domains)*, frente a dominios que reflejan la influencia de una cierta cultura *(culturally-influenced domains)*.

Tomemos por ejemplo el dominio de la Universidad, y en concreto el caso de la organización del personal docente para ilustrar el segundo caso. A pesar de que pueden existir etiquetas lingüísticas (términos) más o menos equivalentes, es muy poco probable que los rasgos o características de un *Catedrático* de universidad en España coincidan plenamente con los atributos de un *Professor* en Alemania o un *Full Professor* en el Reino Unido.

Una de las principales dificultades a la hora de trabajar con ontologías para la Web Semántica radica en el hecho de que las conceptualizaciones de la realidad no siempre son válidas independientemente de la lengua y, sin embargo, la interoperabilidad entre dichas conceptualizaciones es necesaria en el marco de la globalización. Por ello, en el campo de la Ingeniería del Conocimiento se están dedicando muchos esfuerzos a lo que se ha denominado "localización de ontologías". La localización de ontologías se define como el proceso que consiste en adaptar una ontología a las necesidades específicas de un grupo (una comunidad), que pueden estar caracterizadas por una lengua común, una cultura común o un entorno geopolítico específico (Cimiano *et al.* 2010). El desarrollo de ontologías multilingües se perfila como un campo en el que los traductores intervie-

---

[2] Datos obtenidos de la biblioteca de ontologías ONTOSELECT.

nen junto con los ingenieros del conocimiento para que esas ontologías puedan gestionar información en distintas lenguas, ya que el proceso de localización es fundamental para reutilizar ontologías ya existentes en lugar de construirlas desde cero.

La localización de ontologías es un proceso de adaptación en el que a partir de una ontología se obtiene o bien la misma ontología ampliada con etiquetas en distintas lenguas o bien una nueva ontología adaptada o modificada, con el fin de cubrir las necesidades de todas las lenguas (y culturas) representadas. Como hemos mencionado anteriormente, las estrategias de localización dependerán del dominio de la ontología. No resulta difícil imaginar que, en una ontología que representa el genoma humano, la estrategia de localización se centre en proveer términos en distintas lenguas que se asociarán directamente a los conceptos de la ontología. Por el contrario, en el supuesto de una ontología de cuerpos docentes universitarios, posiblemente se requiera la creación de nuevas ontologías para cada idioma o la inclusión en la ontología original de módulos específicos dependientes de cada lengua.

Las tendencias más recientes en localización de ontologías abogan por una separación entre la conceptualización, en la que los conceptos se definen y se relacionan con otros extensional e intensionalmente, y la capa terminológica, en la que se encontrarían las etiquetas de los términos que utilizamos para referirnos a dichos conceptos. De esta forma ambas capas pueden adaptarse y ampliarse para contener tanta información como se requiera por parte de las aplicaciones finales. En el caso de conceptualizaciones dependientes de la cultura, esta estrategia de representación de la información multilingüe permitiría el desarrollo de una capa terminológica compleja que describa las diferencias existentes entre culturas, sin interferir con la conceptualización. La ventaja de este enfoque radica en que supone construir ontologías a bajo coste, pues posibilita la reutilización de ontologías existentes y su adaptación a otras lenguas y culturas.

En este contexto, los traductores desempeñan un papel fundamental en la localización de la capa terminológica de las ontologías multilingües, mientras que la capa conceptual queda en manos de los ingenieros ontológicos. En definitiva, se mantiene separada la parte de la ontología escrita en lenguaje natural comprensible por los humanos (términos, definiciones y documentación) de la conceptualización comprensible para los ordenadores.

4. Conclusión

Como hemos visto, las ontologías se han creado en origen para representar el conocimiento de modo que los ordenadores puedan entenderlo. Estos recursos representan los conceptos, sus características, las relaciones que se establecen entre ellos y los objetos del mundo real a los que se refieren de un modo formal, con el fin de ser utilizadas en múltiples aplicaciones informáticas.

Las ontologías no se conciben en principio como recursos que se puedan aplicar directamente en el proceso de traducción. De hecho, son pocas las ontologías multilingües disponibles en la Red, y no todas ellas se encuentran bien documentadas en lenguaje natural. Sin embargo, los traductores pueden beneficiarse de las ontologías en las tareas de documentación, e incluso pueden convertirse en objeto de trabajo en el caso de la localización de ontologías.

En este artículo hemos querido hacer un breve repaso de los posibles beneficios de las ontologías en la traducción. En la traducción automática basada en el conocimiento, las ontologías constituyen un componente central que permite representar el conocimiento independientemente de las lenguas. Asimismo, la especificación formal de características y relaciones entre conceptos hace posible desambiguar significados, es decir, distinguir entre los posibles significados de una cadena de caracteres dada. Esta misma aplicación es de utilidad en el desarrollo de la Web Semántica, que obviamente constituirá una herramienta documental esencial en el proceso de traducción, pues facilitará a los motores de búsqueda la desambiguación de términos y la obtención de resultados más pertinentes.

Como recurso enfocado a la terminología y a la traducción, las ontologías se están empezando a utilizar como base para la construcción de recursos terminológicos basados en el conocimiento que faciliten la labor documental del traductor, proporcionándole información sobre el dominio útil para la traducción de textos de especialidad. En el caso de que dichos recursos contengan información en varias lenguas, permitirán además la obtención de términos equivalentes.

En la medida en que estas y otras aplicaciones pueden tener carácter multilingüe, la localización de ontologías se convierte en una labor en la que los futuros traductores podrán participar codo con codo con los ingenieros ontológicos.

Bibliografía

BERNERS-LEE, Tim *et al.* (2001): "The Semantic Web", en: *Scientific American* 284, 5, 34-43.

CABRÉ, M.ª Teresa *et al.* (2004): "The [GENOMA-KB] project: towards the integration of concepts, terms, textual corpora and entities", en: *Actas de la IV Conferencia Internacional LREC (Language Resources and Evaluation)*, I, 87-90.

CIMIANO, Philipp *et al.* (2010): "A Note on Ontology Localization", en: *Journal of Applied Ontology* 5, 2, 127-137.

GENOMA-KB. *Knowledge Database on Human Genome*; <http://genoma.iula.upf.edu: 8080/genoma/index.jsp> (última consulta: 15-IX-2010).

GÓMEZ PÉREZ, Asunción *et al.* (2003): *Ontological Engineering*. London: Springer Verlag.

GRUBER, Thomas R. (1993): "Toward Principles for the Design of Ontologies Used for Knowledge Sharing", en: *International Journal Human-Computer Studies* 43, 907-928.

MAHESH, Kavi (1996): *Ontology Development for Machine Translation: Ideology and Methodology*. New Mexico: MCCS-96-292, Computing Research Laboratory, New Mexico State University;<http://ai.uwaterloo.ca/cdimarco/pdf/mahesh.pdf> (última consulta: 15-IX-2010).

MAROTO, Nava/ALCINA, Amparo (2009): "Formal Description of Conceptual Relationships with a View to Implementing them in the Ontology Editor *Protégé*", en: *Terminology* 15, 2, 232-257.

MONTIEL-PONSODA, Elena (2009): "Ontology Localization: a Key Issue in the Semantic Web of the Future", en: Wotjak, Gerd *et al.* (eds.): *Translatione via facienda. Festschrift für Christiane Nord zum 65. Geburtstag. Homenaje a Christiane Nord en su 65 cumpleaños*. Frankfurt: Peter Lang, 153-167.

MORENO ORTIZ, Antonio (2002): "Representación de la información terminológica en ONTOTERM®: un sistema gestor de bases de datos terminológicas basado en el conocimiento", en: Faber, Pamela/Jiménez, Catalina (eds.): *Investigar en terminología*. Granada: Comares, 25-70.

NIRENBURG, Sergi/RASKIN, Victor (2004): *Ontological Semantics*. Cambridge (MA): MIT Press.

ONCOTERM. *Proyecto ONCOTERM*; <http://www.ugr.es/~oncoterm> (última consulta: 15-IX-2010).

ONTOSELECT; <http://olp.dfki.de/ontoselect> (última consulta: 15-IX-2010).

ONTOTERM; <http://www.ontoterm.com/> (última consulta: 15-IX-2010).

Protégé. *The Protégé Ontology Editor and Knowledge Acquisition System*; <http://protege.stanford.edu/> (última consulta: 15-IX-2010).

STUDER, Rudi *et al.* (1998): "Knowledge Engineering: Principles and Methods", en: *IEEE Transactions on Data and Knowledge Engineering* 25, 1-2, 161-197.

TecnoLeTTra. *Tecnologías del Lenguaje, la Terminología y la Traducción*; <http://tecnolettra.uji.es/> (última consulta: 15-IX-2010).

UMLS. *Unified Medical Language System*; <http://www.nlm.nih.gov/research/umls/> (última consulta: 15-IX-2010).

UNPSC. *United Nations Standard Products and Services Code*; <http://www.unspsc.org/> (última consulta: 15-IX-2010).

ID="N" not applicable.

IV. PRÁCTICA DE LA INTERPRETACIÓN

EL PAPEL DEL INTÉRPRETE/TRADUCTOR EN SITUACIONES DE CONFLICTO BÉLICO: EL CASO DE LA EX-YUGOSLAVIA, 1992-1995

Edina Spahić
Facultad de Filosofía, Universidad de Sarajevo

1. Introducción

Ante todo me gustaría destacar que este texto no pretende tener carácter político, aunque en algunos párrafos el lector pueda percibirlo de esa manera. Hay que reconocer que todo lo que se escribe sobre los conflictos bélicos, independientemente del tema que se trate, hasta cierto punto tiene carácter de texto político. La razón es sencilla, las personas que escriben sobre ello difícilmente pueden analizar ese tipo de asuntos sin incluir sus emociones, y a veces lo hacen de forma inconsciente. Con este trabajo quiero arrojar luz sobre el trabajo del intérprete durante la última guerra que tuvo lugar en las Repúblicas de la ex-Yugoslavia entre los años 1992 y 1995, pero sobre todo en Bosnia y Herzegovina. He decidido escribir sobre este tema para despertar el interés de los especialistas en los estudios de traducción, ya que, hasta el momento, son muy pocos los que han dedicado su investigación a este tema, que sin duda merece mucha más atención.

De una forma muy concisa, intentaré explicar las raíces del conflicto en estas regiones. Para algunos se trata de un ejemplo claro de guerra civil, mientras otros lo consideran como la agresión de un país, en este caso de las ex repúblicas de Serbia y Montenegro, sobre el territorio de Bosnia y Herzegovina. La mayoría estará de acuerdo en decir que fue un ejemplo clarísimo de pretensión territorial y de limpieza étnica. Sea como fuere, los hechos hablan por sí mismos y el resultado de ese conflicto sangrante ha sido miles de personas asesinadas y otros miles de personas desaparecidas, cuyos cuerpos se siguen buscando y exhumando en numerosas fosas comunes en el territorio de la República Srpska.

La República Srpska también se considera un producto de la guerra o, mejor dicho, de la limpieza étnica. Esta formación representa una de las dos entidades políticas que nacen como resultado de los Acuerdos de Dayton, firmados el 14 de diciembre de 1995. Según este Acuerdo Bosnia y Herzegovina son reconocidos como un estado independiente constituido por dos entidades: la Federación croato-musulmana y la República Srpska. Los Acuerdos de Dayton establecieron un modelo de Estado transitorio en el que se garantizaba gran autonomía a las partes en conflicto. Sin embargo, este acuerdo político no ha conseguido crear un Estado funcional. El resultado es una Bosnia y Herzegovina que, después de más de quince años desde que se firmó el acuerdo de paz, se encuentra en una situación de posguerra que ni siquiera la Comunidad Internacional, a pesar de todos los esfuerzos políticos, diplomáticos y económicos, consigue superar.

La polémica sobre la determinación del conflicto y la búsqueda de un modelo de estado aceptable para todos los ciudadanos de Bosnia y Herzegovina cabría delegarla a los sociólogos, los historiadores y los políticos.

2. El proceso de reclutamiento de intérpretes

A pesar de la presencia en la zona, casi desde el principio de la guerra, de las tropas de las Naciones Unidas, el conflicto duró cerca de cuatro años, desde 1992 hasta 1995. Con el comienzo de la llegada de los Cascos Azules, aumenta la demanda de los servicios de traducción e interpretación. Es entonces cuando muchas personas con cierto nivel de lengua inglesa comienzan a introducirse en la ONU como intérpretes. Los responsables del proceso de selección elaboraron un test de inglés, que constituía el único examen de entrada o requisito, partiendo del conocimiento de que en los países de la ex Yugoslavia no existían escuelas de traducción y de que había un vacío al respecto en esta profesión. La mayoría de los que aprobaron el test escrito no poseían experiencia previa, ni en traducción ni en interpretación. Aparte del examen escrito, se realizaba una entrevista, pero tampoco se le confería mucha importancia, de modo que considero que la elección de los candidatos se basaba sobre todo en la intuición del entrevistador. Debido a la demanda creciente de traductores, hubo que seleccionar a personas con un conocimiento de inglés básico, viéndose los seleccionadores obligados a cambiar las normas a causa de las circunstancias. Al igual que en el caso de Núremberg, los recursos humanos fueron el principal problema: "En definitiva hubo que echar mano de gente que tuviera los idiomas, los conocimientos y ciertas dotes de aplomo y de oratoria, aunque carecían de experiencia de interpretación en general" (Baigorri Jalón 2000: 280).

Mi intención en los siguientes párrafos es relatar la labor desempeñada por los intérpretes en situaciones concretas, sobre todo desde el punto de vista psicológico.

Cuando me seleccionaron para trabajar en la sede de los Observadores Militares de la ONU, no pensaba que muchos años después iba a estudiar de forma sistemática la ciencia de la traducción. En aquel momento para mí, como para todos los demás, ese era un trabajo temporal que se acabaría con la retirada de la ONU. La mayoría de mis colegas eran personas jóvenes sin experiencia previa;

solo unos cuantos eran profesores de inglés como lengua extranjera y ninguno había trabajado como intérprete en su vida profesional. No recibimos formación previa para el trabajo ni había tiempo para ello. Nos formábamos sobre la marcha, aprendiendo sobre cosas nuevas con las que jamás habíamos tenido contacto anteriormente.

En la ex-Yugoslavia no había facultades de Traducción e Interpretación. Los intérpretes se formaban en los Departamentos de Lenguas Extranjeras, donde en el último curso se impartía una asignatura de Teoría y Práctica de la Traducción. Salían con un buen conocimiento de la lengua extranjera en cuestión (tanto a nivel escrito como oral), pero no se hacían prácticas de interpretación simultánea o consecutiva de forma sistemática.

3. ¿En qué consistía la labor del intérprete de la ONU?

La ONU entró en Bosnia y Herzegovina al comienzo del conflicto, cuando en el país reinaba una situación completamente caótica. La organización no tenía acceso a las zonas ocupadas por el ejército serbio, así que instaló sus bases en las zonas que controlaba el ejército de Bosnia y Herzegovina. En consecuencia, la mayoría de los intérpretes eran bosnios o croatas, y muy pocos eran serbios. Los intérpretes trabajaban dentro de las bases militares, donde llevaban a cabo tareas de traducción escrita, y fuera de las bases, en los campos de batalla y en las instituciones civiles y militares, donde realizaban tareas de interpretación durante las reuniones entre los representantes de la ONU y las autoridades locales.

Nuestro trabajo no se podría definir como interpretación simultánea; era más bien una interpretación susurrada o una interpretación consecutiva en tiempo real. La forma de traducir estaba directamente influida por la situación inmediata, es decir, por la situación en la que se encontraban las dos partes en conflicto, el espacio, la importancia de la conversación, el tiempo y el riesgo. Todos estos elementos, de una u otra manera, influían en la forma de hablar de las partes interesadas y, por lo tanto, en la forma de traducir. Y a esto hay que añadir otra situación muy importante, que se puede comparar con aquella en la que se encontraron los intérpretes en los Juicios de Núremberg:

> En Núremberg los servicios lingüísticos fueron necesarios también para la comunicación entre los propios magistrados, que no se entendían entre sí, así como para el público asistente al proceso y para los medios de comunicación (Baigorri Jalón 2000: 269).

Un papel semejante tenía el traductor de la ONU en este conflicto, ya que muchas veces los propios representantes de la ONU –en este caso la Organización de los Observadores Militares– no se entendían entre ellos porque se trataba de personas de veinte o más nacionalidades distintas. Se suponía que todos sabían inglés y que el intérprete les ayudaba a comunicarse con las autoridades militares y los civiles locales. Pero la realidad era diferente, ya que el intérprete, además de facilitar la comunicación entre los miembros de la ONU y las partes en conflicto, continuamente tenía que salvar la barrera lingüística entre aquellos que tenían un buen conocimiento de inglés y aquellos cuyo conocimiento era muy limitado.

En las situaciones de guerra no hay tiempo para formar y organizar a los traductores. Los mejores empezaban a trabajar desde el principio con los oficiales de alto rango y les acompañaban a todas las reuniones que tenían lugar en ambas zonas del conflicto. Los que tenían menos conocimientos trabajaban en aquellos servicios donde la calidad de la interpretación no era tan importante, como por ejemplo en la administración.

4. El trabajo del intérprete en el terreno

El trabajo en el terreno resultó ser todo un mundo nuevo por descubrir para el intérprete. Las situaciones en las que se podía encontrar eran totalmente diferentes a aquellas en las que se hubiera podido encontrar en su vida. Las fronteras entre la interpretación consecutiva y la susurrada en muchos casos se difuminaban, dependiendo completamente de las circunstancias. Los conceptos teóricos de la traducción e interpretación en esas circunstancias no funcionan. Un intérprete reacciona de forma espontánea; la toma de decisiones es un proceso inconsciente. En muchos casos, si ocurría algún problema de carácter lingüístico, o alguna equivocación en la expresión del intérprete, este no tenía tiempo para pensar en una solución que hubiera podido funcionar mejor en ese contexto. En otros, la equivocación daba lugar a malentendidos en la comunicación, por lo que había que buscar rápidamente otra solución para salvar la comunicación entre los interlocutores.

En mi opinión, el trabajo de un intérprete en situaciones de riesgo, que sitúan a su propia persona en un contexto lleno de incertidumbres, no puede observarse de igual modo que el trabajo de un intérprete que desempeña su labor en un contexto "normal". Para valorar su trabajo y el resultado de este hay que tener en cuenta que las condiciones de su trabajo son completamente diferentes y que de forma directa influyen en el resultado final. Mencionaré solo algunas de las situaciones más complicadas en las que un intérprete podía ejercer su trabajo durante el conflicto.

El intérprete traducía en reuniones que se podían organizar en el terreno o en diferentes oficinas militares. Muy pocas veces las reuniones se organizaban en un terreno protegido, es decir, dentro de la base de la ONU.

El intérprete en el terreno trabajaba en condiciones muy peligrosas, como por ejemplo en la línea de frente o de separación, en la visita a las unidades militares, en la salida al lugar bombardeado o al lugar donde había ocurrido una masacre, en el intercambio de cadáveres o de militares o civiles detenidos, entre otras. En todas estas circunstancias, en cualquier momento podía surgir un problema, un malentendido o una violación del alto el fuego, que automáticamente pondría en peligro directo a toda la patrulla de la ONU.

El intérprete de la ONU, en principio, tenía que estar protegido, y por eso se le garantizaba la acreditación de dicha organización. Pero sucedía que en la guerra de Bosnia y Herzegovina, con frecuencia, una de las partes casi nunca respetaba los acuerdos, e incluso a menudo violaba los de la ONU. Detener a un intérprete no era un delito grave, ya que este, al fin y al cabo, casi siempre venía del lado bosnio o croata. En relación con la cuestión de la protección, Hasan Nuhanovic, intérprete de la ONU, relata:

> Fui a ver lo que ocurría, crucé por debajo de la rampa y justo después de cruzar aparecieron tres soldados serbios completamente armados que me llamaron, pero volví en seguida a cruzar la rampa, volviendo a la base; prácticamente esa rampa me separaba de la muerte. Ellos respetaron la rampa y no entraron en la zona de la ONU; bueno, yo tenía una acreditación porque era empleado de la ONU, pero no creo que para ellos eso significara nada (*apud* Lleó 2008).

El intérprete tenía que ser imparcial en su trabajo, a pesar de que todos vivían con sus familias en el territorio que defendía el ejército bosnio-croata. Por ello, la dificultad de su trabajo se multiplicaba, ya que al mismo tiempo se esperaba de él que fuera leal a su pueblo y a su gobierno. Desafortunadamente, el intérprete era considerado por todos, para la ONU y para las autoridades locales, un posible espía. Y esto era un peso enorme con el que el intérprete tenía que convivir.

La experiencia nos demostró, como ya hemos señalado antes, que la frontera entre la interpretación susurrada y la consecutiva se borraba a menudo, y dependía de la velocidad de los acontecimientos, que directamente influía sobre el comportamiento y la forma de hablar de los participantes en la comunicación.

Muchas veces el intérprete, mientras traducía, corría a lo largo de la línea de separación, o bajaba a alguna trinchera, o en el caso de los bombardeos, se escondía. Traducía a la vez, porque no había tiempo para volver a ese lugar para observar de nuevo algún acontecimiento que interesaba a los observadores militares. En esas situaciones no se trataba de conversaciones largas ni complicadas porque no había ni tiempo ni era el lugar para algo semejante, pero, aun así, el intérprete se veía obligado a dominar sus nervios, su miedo y su rabia, en definitiva, todas esas emociones fuertes que el miedo y la incertidumbre pueden provocar.

Los rasgos adecuados de personalidad eran muy importantes para el servicio. La interpretación no valía para todos. El esfuerzo que se requería al intérprete superaba sin duda la mera traducción, constituyendo una gran carga psíquica y física.

Otras situaciones tensas e incómodas resultaron ser las reuniones entre las partes en conflicto, es decir, cuando se veían cara a cara. El factor miedo y el nerviosismo llegaban a su máximo exponente y, con toda seguridad, dejaban en el intérprete huellas, por no decir traumas psicológicos.

Es conocido que los intérpretes trabajan en pares. En Bosnia también los intérpretes que traducían reuniones, muchas veces largas y muy tensas, trabajaban en pares. El papel de intérprete en ese tipo de reuniones, o mejor dicho *negociaciones de paz*, era muy importante. Debía ser una persona estable, cuyas capacidades lingüísticas en ambas lenguas fueran excelentes, y capaz de mantener la calma, sin mostrar en ningún momento su opinión respecto al asunto que se discutía. Él sabía que en esas reuniones siempre había personas que entendían las dos lenguas y que con paciencia seguían las traducciones, y que los errores no se toleraban, lo cual resultaba una presión adicional. Cuando las partes en conflicto no llegaban a ningún acuerdo se daban situaciones muy desagradables en las que el intérprete tenía que aguantar todo tipo de insultos.

Otra de las situaciones incómodas se daba cuando uno de los participantes de aquellas reuniones sacaba un documento escrito y empezaba a leerlo. Se trataba de documentos que llegaban a última hora, por lo cual el intérprete no conocía previamente el contenido de los textos. La lectura solía ser bastante más rápida que cualquier discurso oral y para el intérprete suponía un problema serio el poder reproducir el texto a la vez, de forma rápida y correcta, ya que siempre resulta más fácil interpretar un discurso improvisado que un discurso leído. Se parte de la idea que defendía Danica Seleskovitch en su libro *L'Interprète dans les conférences internationales* (1968); según tal autora, un intérprete que traduce a un narrador que a la vez piensa y formula su discurso le permite al intérprete seguir el hilo de su discurso y reproducirlo con más facilidad, mientras un discurso leído tiene una estructura mucho más rígida y densa y, por lo tanto, su reproducción por parte del intérprete es mucho más difícil.

5. Conclusiones

Teniendo todas estas condiciones en cuenta, podemos concluir que el intérprete en situación de conflicto debía tener nervios de acero porque se encontraba en condiciones muy específicas, pero también porque nunca podía estar seguro de si un militar del ejército serbio iba a protestar por una decisión tomada por la

ONU y enfurecerse tanto como para incluso llegar a retenerle como rehén y, en los peores casos, acabar con su vida.

Los traductores que colaboraban con la ONU durante la guerra de Bosnia eran personas muy jóvenes que trabajaban para sobrevivir y para ayudar a sobrevivir a sus familias. Salvo contadas excepciones, muy pocos eran profesionales. Todos se formaron mientras trabajaban, o mejor dicho, se trataba de un autoaprendizaje en tiempo real. A pesar de que algunos llegaron a ser excelentes intérpretes, muy pocos siguieron con esta actividad después de la guerra. Eran personas jóvenes, pero, en realidad, muy maduras, porque los factores específicos de su trabajo contribuyeron a que maduraran muy pronto.

Los que nunca han trabajado en situaciones semejantes, en las que a veces se superan los límites de la realidad, difícilmente pueden entender todo lo que suponía ser intérprete en circunstancias donde el conflicto lo determinaba todo y a todos. Sin ellos, la misión de la ONU no habría tenido sentido. Y si de alguna forma contribuyeron a que acabara esta guerra tan terrible, entonces habrán cumplido su misión pacífica, y a todos ellos les dedico estas palabras.

Bibliografía

BAIGORRI JALÓN, Jesús (2000): *La interpretación de conferencias: el nacimiento de una profesión. De París a Núremberg*. Granada: Comares.

LLEÓ, Mónica (2008): *Na Kraju Tunela: Al final del túnel* [documental]. Madrid: 0,05 KM Producciones.

SELESKOVITCH, Danica (1968): *L'Interprète dans les conférences internationales*. Paris: Minard.

EL TRADUCTOR/INTÉRPRETE DEL MINISTERIO DEL INTERIOR: ESE GRAN DESCONOCIDO

María Dolores Ortigosa Lorenzo
Traductora e intérprete de francés,
Ministerio del Interior, Dirección General de la Policía

1. Emigración e inmigración en España

La población española está experimentando un gran cambio desde hace más de dos décadas con la llegada de numerosas personas procedentes de otros países, regiones, culturas y lenguas. Si antes eran nuestros padres y abuelos los que emigraban hacia otro país en busca de una vida mejor (yo misma soy hija de emigrantes andaluces que tuvieron que ir a Francia en busca de trabajo), ahora nosotros estamos recibiendo a inmigrantes, llegados desde los cinco continentes, así como a turistas e incluso extranjeros que prefieren fijar aquí su residencia.

Una vez que estas personas de origen extranjero se asientan en nuestro país, se establece una relación con los servicios que deben proveer las distintas administraciones, tanto centrales como autonómicas, obligadas a dar respuestas adecuadas a las nuevas necesidades derivadas de esta nueva realidad. El primer obstáculo con el que se enfrentan es el desconocimiento, por parte de un gran número de estas personas, de la lengua castellana. Ello ha supuesto y sigue suponiendo un problema y una barrera de comunicación. Ante esta situación, el Estado ha reaccionado, pero no de igual manera en todos los ministerios. En el caso en las administraciones de Justicia, Defensa o Interior, la respuesta no ha sido adecuada a la realidad de la situación y a la labor que desarrollan los traductores e intérpretes ahí destinados.

La interpretación en la policía es uno de los ámbitos más desconocidos de la interpretación. Quisiera aclarar ante todo que entiendo el concepto de interpretación en la policía en su significado genérico, que engloba las Fuerzas y Cuerpos de Seguridad del Estado, es decir, el Cuerpo Nacional de Policía y los agentes de la Guardia Civil.

Los traductores e intérpretes nos encontramos con una falta de reconocimiento de nuestro trabajo, con la utilización, en muchas ocasiones, de intérpretes no profesionales para solventar la falta de personal, lo que conlleva una indefensión de los inmigrantes debida a la falta de una interpretación adecuada. Además de la dificultad del trabajo del traductor, hay que añadir que las situaciones son en su mayoría tensas (Handi/Ortigosa 2011). El intérprete debe ser capaz de transmitir confianza para ser reconocido en esa situación por las partes (policía y denunciante/policía y detenido/detenido y abogado).

No solo se recurre al intérprete en la policía en situaciones extremas, por ejemplo, cuando un extranjero es detenido y tiene que declarar ante la policía, sino también cuando este acude a las oficinas de extranjería a regularizar su situación, a pedir protección internacional al Gobierno español, o cuando es sujeto de una denuncia interpuesta en las comisarías como víctima de algún acto vandálico, robo, violencia de género, etc., e incluso como testigo (véase Ley Orgánica 4/2000, de 11 de enero, sobre derechos y libertades de los extranjeros en España y su integración social).

Todo detenido que no comprende la lengua del lugar en el que ha sido detenido tiene derecho a ser asistido por un intérprete. Esta es una garantía instrumental esencial en los procesos judiciales, vinculada al derecho a la libertad y al derecho del detenido. En la primera declaración ante la policía, la presencia del intérprete cualificado es trascendental. En efecto, es la primera vez que se le imputan unos cargos al ciudadano extranjero y este debe entender cuáles son los motivos por los que se le ha privado de libertad. Tiene que comprender en su idioma que tiene derecho, entre otros, a guardar silencio, a no declarar si no quiere, a manifestar que solo declarará ante el juez, a no declararse culpable y a designar un abogado. En esta fase, el intérprete debe ser muy cuidadoso al traducir para evitar traicionar el sentido de las palabras u ocultar aspectos o matices que pueden ser de gran relevancia para el funcionario policial.

En cualquier causa judicial con implicados extranjeros, los traductores e intérpretes intervienen en todas las fases del procedimiento que se desarrollan en sede policial. Desde el momento en que se detecta la posible infracción y se judicializa el procedimiento por parte del juez de instrucción con la apertura de diligencias interviene la figura del traductor/intérprete. A partir de ahí, este traduce o interpreta para los investigadores todo el material escrito u oral en lengua extranjera de la instrucción, que se incorpora a la causa como prueba indiciaria o como medio de prueba. También es necesaria su labor en la traducción de las diligencias que se practican en colaboración con cuerpos policiales de otros países intervinientes en la misma causa o encomendadas por Comisiones Rogatorias. Su actuación es muy importante en la lectura de derechos y/o toma de declaraciones de los encausados, testigos, víctimas, detenidos, o en entrevistas con los abogados u otros profesionales (médicos forenses, peritos, fiscales, entre otros). El trabajo de los traductores/intérpretes en las dependencias policiales (con ello designo tanto el Cuerpo Nacional de Policía como la Guardia Civil) es de suma relevancia, ya que parte de los elementos de que se sirven los funcionarios en sus investigaciones es material traducido, tanto si son documentos como si se trata de conversaciones grabadas. No se puede permitir una mala traducción o que esta sea incompleta. Aunque nunca se menciona, no cabe ninguna duda de que el éxito de muchas operaciones y actuaciones de la policía es también mérito del trabajo bien hecho de los traductores e intérpretes. Por ejemplo, es imposible que caiga una banda de narcotraficantes del Este si no ha habido una traducción de sus conversaciones, sin la presencia del intérprete apoyando a los investigadores.

Por ello resulta inconcebible que la Administración no adopte cuantas medidas sean necesarias para garantizar la calidad de la asistencia lingüística que proporciona a sus funcionarios en sus labores de investigación y persecución de los delitos en un contexto actual de crimen organizado y de delincuencia.

2. ¿Cómo se seleccionan los traductores en el Ministerio del Interior?

En la actualidad, en el Ministerio del Interior conviven el traductor/intérprete de plantilla y el traductor/intérprete externo. Se ha pretendido solventar la falta de personal con la externalización del servicio, pero la consecuencia de ello ha sido una merma de la calidad, ya que algunas empresas adjudicatarias de estos servicios imponen condiciones laborales y tarifas indignas e incompatibles con la calidad y dignidad laboral, lo que no contribuye a retener al personal cualificado.

Existe un Servicio de Traducción e Interpretación de la Unidad de Coordinación de la Dirección General de la Policía y de la Guardia Civil, Ámbito Policía. Este departamento se creó hace más de treinta años. Su personal (unos 25 funcionarios administrativos y auxiliares, y un Jefe Inspector del Centro Nacional de Policía) atendía a todas las necesidades de interpretación y traducción de los Servicios Centrales y Jefatura de Madrid. En la actualidad, el número de funcionarios ha bajado a 18, debido a que el Ministerio del Interior no ha sabido sacar partido de este servicio y no reconoce su labor. Tampoco ha sabido aprovechar su existencia para formar un Cuerpo de Traductores e Intérpretes como lo hizo el Ministerio de Asuntos Exteriores, pero lo más grave es que incluso los propios demandantes de intérpretes ignoran su existencia y el hecho de que pueden recurrir a ellos.

Además se cuenta con unos 250 traductores/intérpretes en plantilla, contratados y laborales fijos, a los que hay que añadir los traductores de la Dirección General de Tráfico, los de los Servicios Centrales y los de las Instituciones Penitenciarias. Es curioso destacar el hecho de que antes del 11-M, el Ministerio del Interior no se había planteado la necesidad de contar con traductores en las prisiones, si bien podría haber sido muy relevante haber conocido el contenido de las conversaciones de los presos. También esta ausencia dificultó posteriormente la labor de los abogados, que tuvieron que defender a los presos sin haberse entendido previamente con ellos, ya que cuando se dirigían a los centros penitenciarios a entrevistarse con ellos se encontraban con la barrera del idioma.

Se puede pensar que el acceso a estos puestos es difícil, con unos exámenes muy rigurosos, un paseo por los antecedentes penales de los candidatos, pero nada más lejos de la realidad.

Inicialmente, la selección de los traductores e intérpretes se hacía a través de algún conocido, o mediante contratos de verano de las oficinas de empleo (INEM), sin prueba ni examen alguno, y sin la exigencia del nivel académico adecuado, tan solo bachillerato. Algunos contratados pasaron a ser interinos, y desde el año 2006 consiguieron la figura de laboral fijo tras el primer concurso-oposición (publicado en el BOE de 20/12/2005). Hoy día, la denominación del puesto es "Técnico Superior de Gestión y Servicios Comunes", personal laboral clasificado en el grupo profesional 3, nivel de estudios de Bachillerato o equivalente, según el III Convenio Único de Personal Laboral de la Administración General del Estado (ver BOE n.º 273, de 12 de noviembre de 2009).

El proceso es un concurso-oposición, es decir, una fase de oposición que consiste en un ejercicio que consta de dos partes, al que se le añaden los puntos por méritos profesionales y académicos. La primera parte consiste en la realización de un cuestionario de 30 preguntas, con tres respuestas alternativas, de las que solo una de ellas es correcta, sobre el temario común relativo a "Organización y Funcionamiento de la Administración General del Estado". La segunda parte consiste en la realización de una traducción por escrito, sin diccionario, de un texto del castellano al idioma o idiomas extranjeros y de otro texto del idioma o idiomas extranjeros al castellano. Los aspirantes disponen de un tiempo de 60 minutos por idioma. Los textos no superan las 250 palabras.

Ambas traducciones son leídas, en sesión pública, por el opositor ante el Órgano de Selección, quien dispone de un tiempo máximo de diez minutos por idioma para plantear preguntas al opositor. En la mayoría de los casos no se hace uso de este tiempo, y el opositor solo lee sus traducciones. Se califica de 0 a 70 puntos, valorándose el conocimiento del idioma elegido, su expresión verbal, la riqueza de vocabulario, la capacidad de comprensión y síntesis, y la calidad de la versión en castellano. El tribunal no está compuesto en su mayoría por profesionales de la traducción, y recurren a asesores en algunos idiomas. En ningún momento se hace una prueba de interpretación, aunque el puesto es de traductor e intérprete. Se parte del supuesto equivocado de que la traducción y la interpretación son lo mismo, y no se tiene en cuenta que el traductor debe traducir a su lengua materna, ignorándose, por consiguiente, el principio que se aplica en las organizaciones internacionales.

La calificación global de la fase de oposición vendrá determinada por la suma de las puntuaciones obtenidas en la primera y en la segunda parte, siendo necesario un mínimo de 50 puntos para superarla.

Superada la fase de oposición, se valorarán los méritos, hasta un máximo de 45 puntos. Se tendrán en cuenta los méritos profesionales y los méritos académicos.

Como podremos apreciar más adelante, este proceso de selección no se ajusta en absoluto a las complejas tareas a las que se van a enfrentar los traductores e intérpretes, ni a lo que se les va a exigir. Es indispensable que el sistema de selección cambie y sea adecuado a las exigencias del trabajo.

3. ¿Cuáles son las tareas a las que se va a enfrentar el traductor/intérprete en el Ministerio del Interior?

El traductor e intérprete interviene en las siguientes situaciones:

- Trámites de *expulsión* de extranjeros.
- Solicitudes de *asilo y refugio*.
- Control de ciudadanos extranjeros, *inmigrantes ilegales*.
- Apoyo a las distintas brigadas: traducción de documentación, interpretación y escuchas telefónicas en prevención, persecución, investigación de las redes de inmigración ilegal, crimen organizado, blanqueo de dinero, fraude financiero, falsificación de monedas, estupefacientes, tráfico ilícito de vehículos, de armas, terroristas, etc.
- Declaración de detenidos extranjeros.
- Contacto con los Servicios Policiales y de Inteligencia de otros países en grupos de trabajo y reuniones periódicas oficiales, obligándose en temas de Seguridad del Estado a una serie de correspondencias y compromisos ineludibles.

La labor de los traductores e intérpretes del Ministerio del Interior está ligada a las funciones de este en sus distintos organismos (véase Real Decreto 991/2006 y posteriores Reales Decretos 1546/2007 y 1181/2008, de 11 de julio, por los que se modifica y desarrolla la estructura orgánica básica del Ministerio del Interior). Los funcionarios del Cuerpo y Fuerzas de Seguridad del Estado no podrían llevar a cabo su labor con éxito desde el momento en que entra en juego un ciudadano extranjero si no fuera por el trabajo de los intérpretes.

Estas tareas son de responsabilidad y no son acordes ni con la categoría profesional en la que los traductores/intérpretes han sido encuadrados, ni con el grado de exigencia, ni con la remuneración asignada. En la interpretación en la

Policía, el intérprete se verá implicado personalmente, aunque de forma involuntaria. Las situaciones en su mayoría son tensas. Se tratan temas muy complicados y delicados. El intérprete debe guardar la máxima discreción y confidencialidad para no entorpecer el curso de la investigación. El intérprete tiene que demostrar su profesionalidad y mantenerse imparcial con una y otra parte. El funcionario del Cuerpo de Seguridad del Estado debe confiar plenamente en el trabajo del intérprete.

Se realizan tareas de traducción de documentos que pertenecen a ámbitos de uso distintos: técnico, médico, administrativo, jurídico, periodístico, religioso, coloquial, argot y jergas. Se traducen comisiones rogatorias, publicaciones, certificados de nacimiento, de matrimonio, cédulas de citación, recortes de prensa, o cualquier documento que aporte la persona extranjera.

Son muchos los textos que contienen terminología policial y conceptos jurídicos complejos de traducir, ya que entran en juego sistemas y ordenamientos jurídicos distintos, y esto supone hallar términos equivalentes entre distintos ordenamientos jurídicos establecidos en función de factores de evolución histórica, cultural, lingüística y social de cada idioma y de cada país.

Además de las traducciones se realizan tareas de traducción a la vista, de interpretación consecutiva (en los interrogatorios, entrevistas, etc.) y de interpretación simultánea (en las reuniones con delegaciones extranjeras).

Una de las tareas más importantes en la Policía son las *escuchas telefónicas*: se hacen con el famoso programa *SITEL (Sistema Integrado de Interceptación Telefónica)* y siempre en el marco de operaciones policiales (Policía Nacional y Guardia Civil), en diligencias instruidas por un juez. Se trata de una actividad altamente especializada, ya que se necesita de una excelente competencia en comprensión auditiva en lengua extranjera. Aparecen niveles y registros lingüísticos muy diversos (desde el más coloquial, incluido el argot, al más elevado y especializado). Suele hacerse uso de jerga específica y frases en clave (cuando los investigados sospechan que lo son), lo que requiere una alta capacidad de análisis por parte del traductor y una capacidad para reconocer voces. Esta actividad está directamente vinculada a las investigaciones policiales y requiere de un alto grado de capacitación y profesionalidad para realizar estas tareas con total garantía para los agentes. Estos le piden al traductor experiencia, visión de conjunto, intuición, lógica en los razonamientos, confidencialidad, disponibilidad horaria (muchas escuchas se realizan "en directo"). El traductor debe ser capaz de reaccionar ante una información "en caliente" y avisar a los investigadores para que puedan actuar de inmediato.

Las investigaciones policiales, los informes y las diligencias constituyen a menudo la base sobre la cual empieza a funcionar la justicia, especialmente cuando se trata de perseguir la delincuencia, las mafias o el terrorismo.

4. ¿Qué cualidades debe tener el traductor/intérprete?

El traductor e intérprete en el Ministerio del Interior debe poseer las cualidades que se exponen a continuación:

- Una buena formación y una formación continua a lo largo de su vida laboral.
- Conocimiento del tema, de los registros y de la terminología.
- Experiencia profesional.
- Conocimiento de la cultura de los países de las lenguas de trabajo (se puede dar el caso de una situación de choque entre culturas que ofenda al interlocutor).
- Estar siempre informado de los problemas de los países de origen. Los informativos diarios y la prensa son una gran fuente de conocimiento de lo que sucede a nuestro alrededor y nos ayudan a estar preparados para lo que pueda venir. Por ejemplo, cuando estalla la guerra en algún país, podemos esperar enfrentarnos a la llegada masiva de refugiados.
- Respeto de los registros y del nivel lingüístico del extranjero. Debe evitarse el uso de tecnicismos o de expresiones incomprensibles para el extranjero debido a la traducción literal de los términos empleados en las leyes españolas.
- El intérprete no debe hacer juicios de valor ni sacar sus propias conclusiones. Hay que dejar a los funcionarios hacer su trabajo, no puede suplantar la labor de otros agentes en el procedimiento.
- Al intérprete se le exige confidencialidad, imparcialidad, fidelidad. Finalizada la entrevista o declaración, el intérprete deberá leerla al ciudadano extranjero para que este compruebe si lo transcrito se corresponde fielmente a lo que ha expresado.
- Debe asegurarse siempre de que las partes se han comprendido antes de dar por terminada la entrevista.

5. El derecho a la protección internacional

Cabe destacar también el papel fundamental del intérprete en las peticiones de asilo. Esta es una de las facetas que tiene unas características especiales. El extranjero que solicita asilo en España está pidiendo protección internacional. El intérprete que asiste a una petición de asilo se ve involucrado en un procedimiento que exige una confidencialidad total y no debe dejarse llevar por sus emociones. Las entrevistas son muy largas y tensas. El instructor tiene que tomar una decisión trascendental, como es la concesión o no de un derecho, y el intérprete tiene que hacer un buen trabajo (véase Ley 12/2009, de 30 de octubre, reguladora del derecho de asilo y de la protección subsidiaria).

En la actualidad, los países europeos reciben cada año un número elevado de peticiones de asilo. Estas solicitudes proceden de personas originarias de países y regiones de los cinco continentes. En la Unión Europea se registraron 246.000 peticiones de asilo en 2009. La Comisión Española de Ayuda al Refugiado, la CEAR, calcula que España recibió, también en 2009, un total de 3.000 peticiones de asilo por distintos motivos. La mayoría de los solicitantes llegaron desde Nigeria, Camerún y Marruecos. Les siguieron Argelia, Somalia, Guinea, Colombia, Cuba y la República Democrática del Congo. Muchos de los solicitantes de asilo tienen que ser comprendidos, por ello el intérprete es una pieza fundamental (véanse los artículos 16 y 18 de la ya mentada Ley 12/2009, de 30 de octubre, reguladora del derecho de asilo).

En España, el procedimiento de asilo empieza desde el momento de la petición. Entran en juego diferentes figuras:

- La primera persona que recibe la solicitud, que es un funcionario de la oficina o un agente de los Cuerpos y Fuerzas de Seguridad del Estado. En este momento ya puede ser necesaria la intervención del intérprete.
- El abogado, puesto que es un derecho del solicitante, si así lo expresa, el estar acompañado por un abogado, de libre elección o de oficio.
- Los agentes policiales, que deben documentar al solicitante, con un documento provisional primero, y definitivo después, en caso de que se le conceda el asilo. También, los agentes policiales están interesados en obtener los indicios o las informaciones que pueda aportar el solicitante sobre una posible red de inmigración ilegal, o sobre la intervención de mafias en el tráfico de seres humanos.
- Los representantes de organismos internacionales, como el Alto Comisionado de las Naciones Unidas para los Refugiados (ACNUR), que en todo momento está pendiente de la protección de los refugiados.
- Los trabajadores sociales, que ofrecen ayuda y alojamiento a quien lo pide en los Centros de Alojamiento de Refugiados (CAR).
- Los agentes encargados de las entrevistas de corta o larga duración. Estas entrevistas se graban y quedan registradas para el análisis y la valoración de la credibilidad, para lo que se tienen en cuenta tanto los contenidos como los continentes, los matices, las muletillas y los giros.

El intérprete actúa en todos estos procedimientos y se convierte en la sombra del refugiado.

6. Conclusión

Para concluir haré una mención al hecho de que, en el ámbito judicial, el derecho a la traducción y a la interpretación está reconocido en el Convenio para la Protección de los Derechos Humanos y de las Libertades Fundamentales del Consejo de Europa, aprobado por el Consejo de Europa (Roma, 4 de noviembre de 1950) y ratificado por España el 4 de octubre de 1979 y que dispone lo siguiente:

- Artículo 5 (Derecho a la libertad y a la seguridad):

  Toda persona detenida preventivamente debe ser informada, en el más breve plazo y en una lengua que comprenda, de los motivos de su detención y de cualquier acusación formulada contra ella.

- Artículo 6 (Derecho a un proceso equitativo):

  Todo acusado tiene, como mínimo, los siguientes derechos: a ser informado, en el más breve plazo, en una lengua que comprenda y detalladamente, de la naturaleza y de la acusación formulada contra él, y [...] a ser asistido gratuitamente de un intérprete, si no comprende o no habla la lengua empleada en la audiencia.

En España, el primer marco legal de los intérpretes judiciales viene dado por la propia Constitución de 1978, que en el párrafo 3 de su artículo 17 estipula que "toda persona detenida debe ser informada de forma inmediata, y de modo que le sea comprensible, de sus derechos y de las razones de su detención, no pudiendo ser obligada a declarar".

La presidencia española de la Unión Europea preparó una propuesta de directiva (con fecha de 9 de marzo de 2010) para asegurar las garantías procesales de traducción e interpretación en los procesos penales que ha sido por fin publicada en el *Diario Oficial de la Unión Europea* el 26 de octubre de 2010, y que constituye un gran avance para reconocer la labor del intérprete judicial. En este sentido, se acaba de crear (noviembre de 2009) una Asociación Europea de Traductores e Intérpretes Jurídicos (EULITA), financiada por la Dirección General de Justicia, Libertad y Seguridad de la Comisión Europea. El principal objetivo del proyecto, como su propio nombre indica, es constituir una asociación de ámbito europeo que aúne a las asociaciones profesionales de traductores e intérpretes jurídicos que existen en los diferentes Estados miembros de la Unión Europea. El principio rector de la asociación será la promoción de una justicia de calidad que garantice a todos los ciudadanos un acceso igualitario a la justicia y, especialmente, en aquellos procedimientos de carácter multicultural y multilingüístico, tal y como consagra el Convenio Europeo para la Protección de los Derechos Humanos y de las Libertades Fundamentales.

Como se ha puesto de manifiesto, la situación de la traducción y la interpretación institucional en España es compleja y manifiestamente mejorable. Se pretende que las propias administraciones y organismos públicos conozcan la labor de los traductores e intérpretes a los que recurren. Solo después de este indispensable conocimiento será posible el necesario reconocimiento de estas profesiones, de manera que el Estado garantice unos servicios de traducción e interpretación de calidad. Por ello se ha creado una Red de Traductores e Intérpretes de la Administración (RITAP), cuyos miembros son traductores de la Comisión Europea, de la Oficina de Interpretación de Lenguas, de Organizaciones Internacionales, del Ministerio del Interior, de Justicia, y de Defensa. Los integrantes de esta Red han elaborado el *Libro blanco de la traducción e interpretación institucional,* que quiere ser un primer elemento de información y análisis para entender y contribuir a mejorar la compleja situación de la traducción y la interpretación institucional en España (cf. Red de Traductores e Intérpretes de la Administración General del Estado 2010; Red de Intérpretes y Traductores de la Administración Pública [RITAP] 2011).

Bibliografía

España. Real Decreto de 14 de septiembre de 1882, aprobatorio de la Ley de Enjuiciamiento Criminal. *Gazeta,* 17 de septiembre de 1882, n.º 260, 805-806.
España. Ley Orgánica 4/2000, del 11 de enero, sobre derechos y libertades de los extranjeros en España y su integración social. *Boletín Oficial del Estado,* 12 de enero de 2000, n.º 10, 1139-1150.
España. Orden DEF/3969/2005, de 16 de diciembre, por la que se convocan pruebas selectivas para proveer plazas de personal laboral fijo en el marco del proceso de consolidación de empleo temporal en la categoría de Técnico Superior de Administración, grupo profesional 3, en el Ministerio de Defensa y sus organismos autónomos. *Boletín Oficial del Estado*, 20 de diciembre de 2005, n.º 303, 41496-41497.
España. Real Decreto 991/2006, del 8 de septiembre, por el que se desarrolla la estructura orgánica básica del Ministerio del Interior. *Boletín Oficial del Estado,* 12 de septiembre de 2006, n.º 218, 32220-32233.
España. Real Decreto 1546/2007, de 23 de noviembre, por el que se modifica el Real Decreto 991/2006, de 8 de septiembre, por el que se desarrolla la estructura orgánica básica del Ministerio del Interior. *Boletín Oficial del Estado,* 1 de diciembre de 2007, n.º 288, 49728-49729.
España. Real Decreto 1181/2008, de 11 de julio, por el que se modifica y desarrolla la estructura orgánica básica del Ministerio del Interior. *Boletín Oficial del Estado*, 16 de septiembre de 2008, n.º 224, 37823.
España. Ley 12/2009, de 30 de octubre, reguladora del derecho de asilo y de la protección subsidiaria. *Boletín Oficial del Estado,* 31 de octubre de 2009, n.º 263, 90860-90884.

España. Resolución de 3 de noviembre de 2009, de la Dirección General de Trabajo, por la que se registra y publica el III Convenio colectivo único para el personal laboral de la Administración General del Estado. *Boletín Oficial del Estado,* 12 de noviembre del 2009, n.º 273, 95145-95248.

EULITA. European Union Legal Interpreters and Translators Association (EULITA); <http://www.eulita.eu/> (última consulta: 21-VII-2010).

HANDI, Elhassane/ORTIGOSA, María Dolores (2011): "El impacto emocional de los relatos negativos en los intépretes", en: *Traducción e Interpretación en los Servicios Públicos en un mundo INTERcoNEcTado*. Alcalá de Henares: Universidad de Alcalá de Henares [DVD].

RED DE INTÉRPRETES Y TRADUCTORES DE LA ADMINISTRACIÓN PÚBLICA (RITAP) (2011): *Libro blanco de la traducción y la interpretación institucional*. [Madrid]: Ministerio de Asuntos Exteriores y Cooperación; <http://ec.europa.eu/spain/pdf/libro_blanco_traduccion_es.pdf> (última consulta: 10-VI-2011).

RED DE TRADUCTORES E INTÉRPRETES DE LA ADMINISTRACIÓN GENERAL DEL ESTADO (2010): "Conclusiones de la Jornada de presentación del proyecto de Libro Blanco de la traducción e interpretación institucional", *Punto y Coma (Boletín de las Unidades Españolas de Traducción de la Comisión Europea)* 117, 19-20; <http://ec.europa.eu/translation/bulletins/puntoycoma/117/pyc1178_es.htm> (última consulta: 10-VI-2011).

Unión Europea. Iniciativa del Reino de Bélgica, la República Federal de Alemania, la República de Estonia, el Reino de España, la República Francesa, la República Italiana, el Gran Ducado de Luxemburgo, la República de Hungría, la República de Austria, la República Portuguesa, Rumanía, la República de Finlandia y el Reino de Suecia, con vistas a la adopción de la Directiva del Parlamento Europeo y del Consejo relativa al derecho a interpretación y a traducción en los procesos penales. *Diario Oficial de la Unión Europea,* 18 de marzo de 2010, n.º C069, 1-4.

Unión Europea. Directiva 2010/64/UE del Parlamento Europeo y del Consejo de 20 de octubre de 2010 relativa al derecho a interpretación y a traducción en los procesos penales. *Diario Oficial de la Unión Europea*, 26 de octubre de 2010, n.º L 280, 1-7.

TRADUCCIÓN, INTERPRETACIÓN E INMIGRACIÓN: PLURIDISCIPLINARIEDAD MÁS ALLÁ DE LA TRADUCCIÓN JURÍDICA. EL CASO DEL ÁRABE

Beatriz Soto Aranda
Universidad Complutense de Madrid (CES Felipe II)

1. La traducción árabe/español-español/árabe en España en el siglo XX: contextualización histórica y temática

Sin duda alguna la concesión del Premio Nobel de Literatura al escritor egipcio Naguib Mahfuz (1988) supone un antes y un después en el desarrollo de la traducción del árabe al español a lo largo del pasado siglo:

> Una primera aproximación a la traducción de literatura árabe contemporánea en España parece apuntar a que esta actividad, vinculada tradicionalmente al ámbito académico, ha experimentado cambios significativos a raíz de la concesión del Premio Nobel a Naguib Magfuz en octubre de 1988. Durante los diez últimos años ha crecido notablemente el número de obras traducidas y el de las editoriales interesadas en esta literatura, entre las que se incluyen grandes casas comerciales con ágiles canales de distribución, lo cual ha facilitado el acceso al gran público (Comendador *et al.* 2000: 21).

Así, hasta la década de los noventa, la traducción constituye básicamente un vehículo mediador con nuestro pasado, esto es, con al-Ándalus:

> La enseñanza del árabe en la universidad española estaba orientada a que se pudiesen traducir al español los textos que eran clave para la comprensión de la civilización árabe, tanto textos históricos como literarios, tanto del pasado –que se llevó la parte del león durante mucho tiempo– como del presente (Rubiera Mata 2004: 33).

El proceso traductor entre este par de lenguas se enfocaba hacia la traducción de manuscritos –las más de las veces a través de tesis doctorales–, así como de obras de literatura. La traducción, vista así, permite conocer la literatura andalusí, así como recrear el pasado histórico común hispano-árabe:

> Se trata de traducir para documentar la historia, el pasado de la conquista-reconquista de España [...]. El grueso volumen de estas investigaciones consiste, en su

aspecto traductor, en la edición y traducción de manuscritos árabes medievales. La mayoría de estos estos manuscritos tienen como escenario geográfico al-Ándalus (El-Madkouri 2003a: 101).

La traducción se considera, pues, una pieza clave de re-construcción de nuestras raíces lingüísticas y literarias, tal es el caso de las jarchas. Las traducciones de E. García Gómez fueron consideradas como literales hasta que los investigadores tuvieron acceso a los textos paleografiados y algunas de sus propuestas traductológicas pudieron ser revisadas (Soto Aranda 2006):

> La evolución de los estudios árabes en España ofrece muchos ejemplos de fuentes literarias e históricas reinterpretadas para así encajar en el ambiente político de la época en la que los textos salieron a la luz, tanto en edición crítica como en traducción (Carbonell i Cortés 1997: 95).

Tal y como señalan Comendador *et al.* (2000), junto a esta orientación, en la década de los cincuenta y sesenta, y una vez superada la escuela africanista de clara orientación colonialista, se produce un periodo en el que la acción exterior de España ante el bloqueo americano y europeo giraba en torno al mantenimiento de "tradicionales relaciones de amistad con el Mundo Árabe". Veremos cómo se traducen sobre todo cuentos, narrativa breve y poesía a través de instituciones públicas, como el Instituto Hispano Árabe de Cultura (IHAC) y más tarde el Instituto Egipcio de Estudios Islámicos (1950), entre los más destacados:

> Por lo que se refiere a España, durante mucho tiempo el interés hacia lo árabe en su vertiente cultural se ha centrado exclusivamente en al-Ándalus. El necesario esfuerzo de reflexión e incorporación de este periodo como parte fundamental de la historia de España ha creado el riesgo de hacernos creer que la cultura árabe solo es algo del pasado (Hernando de Larramendi/Pérez Cañada 2000: 15).

Para El-Madkouri (2003a: 161) la traducción de literatura Mashriqui, particularmente de poesía, viene determinada por sus aspectos literarios representantes de cierta modernidad y progresismo del pensamiento árabe. Constituye una literatura moderna que comienza en la posguerra y que, en palabras de Martínez Montávez (1980: 103), "acelera sus opciones de modernización y de despegue, y gana en universalidad". En este caso no solo prima la modernidad como criterio de selección, sino también las nuevas formas literarias y su adecuación para ser traducidas. Frente a ello, la literatura magrebí, sobre todo la poesía, se caracteriza por su carga simbológica y su autorreferencia espacio-temporal, que, usadas como armas frente a la censura de los años de plomo, han dificultado su divulgación. Esto sin olvidar el compromiso ideológico del traductor, pues la traducción corresponde a una serie de condicionantes que el traductor voluntaria o involuntariamente impone al texto original:

> Hay una vertiente de los *Empirical Translation Studies* que analiza la traducción literaria desde el punto de vista de la cultura de recepción, partiendo del supuesto que es esta, con sus normas y restricciones, la que gobierna el proceso de importación de un texto extranjero (Carbonell i Cortés 1997: 274).

La concesión del Premio Nobel de Literatura al escritor egipcio Naguib Mahfuz (1988) va a suponer un refuerzo de las nuevas líneas de traducción en desarrollo dentro del arabismo español, pero sobre todo una fuerza de atracción hacia la producción literaria árabe moderna por parte de las editoriales comerciales, poco interesadas hasta entonces en la lengua árabe:

> A juzgar por estas cifras, y de no ser por el fenómeno Khalil Gibran, Magfuz sería el autor árabe más traducido, publicado y conocido entre los lectores españoles. Aun así, y dado que no todas las obras de Khalil Gibran publicadas han sido escritas en árabe o traducidas de esta lengua, podemos afirmar sin riesgo de equivocarnos que la obra de Mahfuz ha supuesto el mayor esfuerzo editorial y de traducción realizado jamás en España para dar a conocer la obra de un autor árabe (Comendador *et al*. 2000: 33).

De hecho, en 1988, las novelas más conocidas de Naguib Mahfuz estaban sin traducir, por lo que, como señalan Comendador *et al*. (2000: 31), "en un primer momento algunas editoriales recurren a la traducción indirecta a través del inglés y a fin de cubrir la demanda".

A partir de los años noventa, nuevos acontecimientos históricos marcan un giro en la traducción más allá de la traducción literaria. La Guerra del Golfo (1990) y la posterior Guerra de Irak (2003) traen como consecuencia la necesidad de traductores e intérpretes de árabe particularmente en organizaciones como ACNUR, pero también en las comisarías de policía y en los centros de asistencia a refugiados. Junto con ello, las solicitudes de asilo en España se multiplican y los traductores e intérpretes se hacen imprescindibles para la traducción de informes y durante las declaraciones orales.

El árabe constituye en este contexto social e histórico no solo una lengua de partida o lengua meta sino, y sobre todo, una *lingua franca*, véase, por ejemplo, la población kurda. Los intérpretes se convierten en la práctica en informantes sobre la identidad real de los refugiados ante los servicios sociales o de asilo. Así, el árabe pasa de ser concebido exclusivamente como una lengua de valor cultural y literario a ser considerada, tanto en su variante culta o *fusha* como en los dialectos, como una lengua de comunicación. Esta necesidad trae como resultado una progresiva introducción y enseñanza del registro oral en los estudios de árabe. Más aún, los medios de comunicación españoles tienen la necesidad de recurrir a intérpretes que faciliten la transmisión de información. Es el caso de Telemadrid, que transmitía vía el canal panárabe Al-jazeera lo que estaba ocurriendo en Bagdad durante el asedio americano.

Desde esta perspectiva, la traducción pasa a ser una herramienta de mediación intercultural y social. Es más, este renovado interés social por el Mundo Árabe y su repercusión en los medios de comunicación incide en la ampliación de horizontes en la traducción literaria.

Observamos un movimiento ambivalente entre una perspectiva émica y otra ética de la traducción. Así, Carbonell i Cortés (1999: 156) realiza la siguiente distinción entre los adjetivos émico y ético:

> Un artefacto procedente de una cultura determinada posee una función émica, que es la que cumple en la situación social, cultural e ideológica que le ha dado lugar y en la que se utiliza. Ese mismo artefacto, extraído de la cultura de origen y trasplantado a un museo europeo, o como ilustración en la página de una revista sobre culturas primitivas, posee una nueva función que vamos a llamar "ética", que responde a las expectativas de su nuevo contexto, a la interacción en suma, con el resto de elementos de la cultura que lo recibe.

En esta visión émica de la traducción se observa un esfuerzo en estos años por mostrar al público español el movimiento cultural en el que vive inmerso el conjunto de las sociedades árabes vertebrado en torno a tres cuestiones: a) la progresiva diversificación de los países de origen de los autores; b) la ampliación de los géneros traducidos; y c) una presencia más constante de la escritura femenina. Este hecho social, que coincide además con la consolidación de la literatura feminista en España, abre el camino a la traducción de autoras árabes en cuyas obras cabe una crítica a las estructuras sociales y políticas. Así tenemos *La cara desnuda de la mujer árabe* (Horas y Horas, 1991) de la escritora egipcia Nawal Saadawi.

La visión ética estaría reflejada en el hecho, ya señalado, de que la traducción no ha venido planteada por una planificación editorial sino por la consideración de un conjunto de intereses de la sociedad española en tanto que sociedad receptora, tales como: a) la cuestión de la mujer; b) el interés por el mundo faraónico, como sociedad preislámica entroncada con las civilizaciones clásicas; y c) la cuestión palestina.

En el primer caso, sobresale el papel asignado a la mujer en sociedades definidas como araboislámicas (*Parque de atracciones* de Hanan al-Shayj, *En el paraíso no hay sitio para ella* de Nawal el Saadawi o *Naftalina* de Mamduh); o la hipocresía de las sociedades patriarcales en *Un secreto y una muerte* de Sharifa Al-Shamldn.

En lo que al efecto faraónico se refiere, Comendador *et al.* (2000: 32) señalan con acierto lo siguiente:

> En los últimos años ha llegado al mercado editorial y audiovisual español el fenómeno de la "egiptomanía" o la pasión por el Antiguo Egipto. Al hilo de esta corriente, como la de la novela histórica procede de Francia, Planeta de Agostini, una de las editoriales comerciales españolas más poderosas, recupera las obras históricas de la primera etapa de Mahfuz incluyéndolas en su reciente colección "El Egipto de los faraones".

Así, es curioso ver cómo lo que interesa desde una perspectiva receptora española constituye en realidad un escenario ficticio y figurado al que recurre Mahfuz para llevar a cabo una rotunda crítica a la sociedad de su época, como en el caso de su novela *Radophis*. La cuestión palestina, por su parte, viene representada por la traducción de las obras del poeta Darwish o la ya clásica novela autobiográfica de Barguit Murid *He visto Ramala*.

Mucho menor es, si exceptuamos los inicios de la traducción jurada, la traducción del español al árabe. Basta pensar que el primer nombramiento de un traductor jurado tiene lugar en 1959 y el de un traductor de árabe en 1982[1]. Entre las obras traducidas destaca *Viajes por Marruecos* de Domingo Badia, traducida por I. Gutiérrez de Teherán en 2005.

2. Traducción e inmigración: proyección institucional y social de la traducción

En la década de los noventa se añade un nuevo hecho: el fenómeno migratorio árabe en España, particularmente de origen marroquí. Desde el punto de vista de la traducción aumenta el trabajo de los traductores jurados, el trabajo de la traducción de documentación en ONG, así como la formación en el ámbito de la traducción e interpretación en los Servicios Públicos. Podemos hablar de tres ámbitos de traducción: a) traducción en el ámbito intercultural; b) traducción en el ámbito social; y c) traducción en el ámbito institucional.

La Interpretación institucional se centra en los cuerpos de seguridad del Estado, así como en el Ministerio de Justicia. La interpretación social, denominada habitualmente *mediación lingüística*, constituye un campo de trabajo y de investigación de creciente interés e importancia, el cual requiere una preparación

---

[1] Véase el listado de traductores intérpretes jurados del Ministerio de Asuntos Exteriores español, <http://www.maec.es/es/MenuPpal/Ministerio/Tablondeanuncios/InterpretesJurados/Documents/ListaIIJJ-mayo2010.pdf>.

específica. Los intérpretes sociales están presentes en centros de salud, colegios, etc. Suelen trabajar, la mayoría de las veces, en el marco de las ONG. Uno los servicios que cuenta con mayor volumen de traducción y experiencia es el SETI, el Servicio de Traductores e Intérpretes de COMRADE, fundado en 1989. Es un servicio de traducción e interpretación social (mediación sociolingüística) que se distingue de la traducción e interpretación comercial por su carácter no lucrativo y solidario, y que está destinado a beneficiarios de los colectivos inmigrantes, solicitantes de asilo, refugiados que desconocen la lengua española, y a la sociedad española en su conjunto, como sociedad de acogida. Igualmente, en el año 1996, se creó la primera plaza de intérprete de árabe en hospitales.

Además, los cambios sociológicos producidos en el fenómeno migratorio por los procesos de reagrupación familiar y la consolidación de la segunda generación de inmigrantes en la escuela han llevado también a la necesidad, por parte del profesorado, de disponer de materiales con los que implementar materias transversales como la interculturalidad. De ahí que las editoriales hayan traducido en los últimos años obras de autores árabes dirigidas a jóvenes y hayan publicado obras bilingües con personajes tradicionales como Yoja. En este sentido, se observa una apuesta decidida de las editoriales catalanas por acercar culturas y tradiciones. Es el caso, por ejemplo, de Molins y Lluïsa Jover con *Yoha y el hombre de la ciudad/Joha i l'home de la ciutat. El chico y los animales/El noi i els animals* (La Galera, 2004).

No obstante, merece nuestra atención el hecho de que algunas de las obras que habitualmente se presentan en los listados de literatura árabe juvenil traducida, en realidad, son obras escritas por autores de origen árabe, pero en lenguas como el alemán o el francés. Es el caso de G. Abdel-Qadir, autor de origen palestino residente en Alemania, y su famoso *El camello de hojalata* (Alfaguara, 2006). La Escuela de Traductores de Toledo ha puesto en marcha un proyecto de traducción directa del árabe con el fin de dar a conocer este género en nuestro país. Entre sus propuestas destacan *Diario de un gato* (Yawmiyat Hirr, Beirut, 1999) de Emily Nasrallah y *Garabatos* (Jarbachat, Beirut, 2006) de Nadine Touma.

3. Especificidad de la competencia traductora: el papel de la competencia técnica y la competencia pragmática y el conocimiento sociocultural en la actuación de los intérpretes

El intérprete español de lengua árabe tiene que ser en la práctica bilingüe. Así, la casi totalidad de los hablantes nativos de árabe, incluidos aquellos con una formación académica, emplean habitualmente en sus interacciones comunicativas la variante dialectal, llámese *dariya* en el Magreb. Esta constituye para ellos su lengua materna o lengua primera puesto que es la que aprenden en casa, aunque también es utilizada como lengua franca por usuarios cuya lengua materna es el bereber, cuando las variantes que dominan no son mutuamente inteligibles. Solo cuando los usuarios se incorporan al sistema educativo entran en contacto con el árabe *fusha*.

La elección del sistema lingüístico que utilizar variará en cada interacción comunicativa en función del registro utilizado, el contexto, la posición del emisor con relación al receptor, el discurso, etc. Esto sin olvidar que, en muchas ocasiones, se da de forma habitual la alternancia de códigos (*dariya, fusha* y francés), según los contextos y los interlocutores.

Para la población marroquí en España tenemos que añadir el uso del español en alternancia de códigos o el recurso a la incrustación de vocabulario español en estructuras sintácticas dialectales, por lo que aparentemente los usuarios de los servicios de mediación lingüística pueden aparentar tener un dominio más elevado del español del que en realidad tienen. Ejemplos de ello son: *Mshit l-ayuntamiento besh n'talb ayuda familiar* ('Fui al ayuntamiento para solicitar una ayuda familiar') o *Kemilti papeles?* ('¿Has terminado los papeles?').

Dentro del denominado *dialecto marroquí* existen, a su vez, variantes dialectales y registros. La variante dialectal entendemos que va unida al individuo, está determinada por su origen social y regional, y, en principio, le acompaña de por vida. Las variantes dialectales son fundamentalmente regionales. En este sentido podemos decir que, si bien en la actualidad son muchos los usuarios que proceden del centro y del sur de Marruecos, estos han realizado un proceso de emigración interna dentro del propio Marruecos hacia las ciudades del norte, de ahí que manejen con mayor o menor soltura el/los dialecto/s norteño/s. Así las variantes del centro y del sur se diferencian de las del norte en el léxico y, en menor medida, en la sintaxis (El-Madkouri 2003b).

Ahora bien, las operaciones sintácticas y semánticas en la versión de los mensajes lingüísticos del *dariya* al español y viceversa resultan insuficientes para una comunicación fluida y "normal". El conocimiento estrictamente lingüístico es intrínsecamente insuficiente para la mediación entre la administración y el inmigrante, lo que obliga a recurrir a otros conocimientos que rebasan la competencia estrictamente gramatical en una lengua extranjera.

Desde esta perspectiva, tendremos que tener en cuenta el concepto de registro, tanto más cuando estamos hablando de una lengua asociada exclusivamente a un código oral. El registro es la variedad según el uso, es decir, según las condiciones que impone el contexto social del discurso, que, para Halliday (1978), hace referencia al marco institucional en el que se produce, al tenor y al modo o medios verbales, al canal y al género empleados.

La situación genérica discursiva del inmigrado es una situación polisistémica, o sea: una situación dentro de otra (la de su propia cultura), dentro de otra (cultura de llegada), siendo el último eslabón una cultura híbrida que engloba a todas estas situaciones (Carbonell i Cortés 1999).

Además, el interés del traductor por el sector social y sus necesidades versan sobre la comprensión y expresión del discurso en tanto que sistemas complejos y dinámicos, conforme a una serie de cánones no puramente lingüísticos: a) los silencios discursivos en los turnos de palabra son variables que se deben tener en cuenta a la hora de interpretar para inmigrados; b) el hablante nativo de español no cede generalmente la palabra con facilidad, y corresponde al interlocutor incorporarse al proceso de conversación; y c) en árabe, por lo general, y en situaciones comunicativas formales, la palabra se suele ceder y se espera que el interlocutor la ceda. Así, el discurso se construye en función del discurso del otro, siendo habitual utilizar expresiones como "*sahih, amma...*" 'cierto, pero...'; "*indik el-haq ualakin...*" 'tienes razón, sin embargo...'.

De todo lo expuesto inferimos la necesidad de tomar en consideración el concepto de competencia comunicativa, más aún al tratarse del uso de dos lenguas en interacciones comunicativas, por una parte, y del componente sociocultural y pragmático, por otra.

El concepto de competencia comunicativa fue propuesto por Hymes (1972) y ofreció un nuevo marco de análisis más allá de las propuestas generativas:

> There is much more to linguistic competence than knowledge of phonology, morphology, syntax, and semantics and that this knowledge in fact plays a major role in determining what forms are used and in what ways they are use in production (Schachter 1990: 40).

Como señala González Nieto (2001), la tesis de Hymes concede gran importancia a la influencia de los aspectos culturales de una comunidad en los rasgos de su lengua. Su novedad reside en atribuir a la *competencia* aspectos que la teoría formal sitúa en la *actuación*. Ahora bien, lo que no deja de constituir un dilema es delimitar los componentes de la competencia comunicativa y definirlos claramente. Si Canale y Swain (1980) incluyen el conocimiento del léxico, por ejemplo, las perspectivas chomskianas (Levinson 1983) consideran este conocimiento como un sistema conceptual, que constituye para Chomsky parte de alguna otra facultad de la mente que facilita la comprensión del mundo.

Canale y Swain (1980) insertan en la competencia sociolingüística dos tipos de reglas: a) reglas socioculturales de uso y b) reglas del discurso. En una revisión posterior, Canale (1983) define la competencia sociolingüística como el grado en que las oraciones son producidas y entendidas apropiadamente en diferentes contextos sociolingüísticos dependiendo de factores contextuales, mientras que define la competencia discursiva como la capacidad de combinar formas gramaticales y significados para lograr un texto unificado en diferentes contextos. Para Schachter (1990) cabe hablar de competencia gramatical y pragmática, considerando que el fenómeno sociológico interactúa con estos dos componentes en todos los niveles, condicionando, en desigual medida, los tipos de discurso que se dan en una determinada comunidad lingüística.

Además, el interés del traductor por el sector social y sus necesidades versan sobre la comprensión y expresión del discurso en tanto que sistemas complejos y dinámicos, conforme a una serie de cánones no puramente lingüísticos: a) la lengua significa para el emisor; b) la lengua viene determinada por las vivencias del emisor; c) la lengua significa en un contexto; d) la lengua se modela de conformidad con el destinatario y con una serie de expectativas; y e) la lengua pretende un objetivo concreto.

Como ejemplos de conocimiento sociocultural básico para el intérprete de *dariya*-español podemos señalar:

- *En el Registro Civil.*
  En Marruecos, como en otros países árabes, existen diversos tipos de divorcio según quien lo solicite y en las condiciones en que este tenga lugar. Hay casos en que el usuario señala su condición de soltería aunque el documento que aporta es un divorcio antes de la consumación del matrimonio. A efectos legales esa persona es divorciada aunque a efectos sociales es soltera, entendido este término como sinónimo de célibe.
- *En el ambulatorio.*
  En zonas rurales la población no está tan acostumbrada a recurrir al médico como en España. Esto es debido a razones de accesibilidad a los servicios médicos. De ahí que en algunas ocasiones vayan otras personas al médico de cabecera indicando las dolencias del paciente en lugar de que él se persone.
- *En el hospital.*
  Desde una perspectiva cultural está mal visto desatender a un enfermo o dejarle solo, más aún si este es un pariente cercano o un vecino. La ayuda mutua es un elemento de cohesión social. Es por ello habitual que cuando una persona ingresa en un hospital sus acompañantes traten de estar con él en todo momento, se reúnan muchas personas en una habitación o le traigan comida (esto es muy importante en el caso de las mujeres que acaban de dar a luz), aunque el reglamento hospitalario prohíba estas acciones.
- *En la administración.*
  A veces, los inmigrados piensan que un funcionario español, cuando le dice que un trámite no puede realizarse o que le falta determinada docu-

mentación, está actuando como lo haría un funcionario en el país de origen, exigiéndole implícitamente que le ofrezca dinero. En la medida en que la administración de la sociedad de acogida se precia de no ser corrupta sino legalista, en algunas ocasiones los inmigrantes sobreactúan exigiendo unos derechos que piensan que han sido desprovistos de ellos por su condición de inmigrantes o por supuestas actitudes racistas de los funcionarios.

Desde luego, el lenguaje lejos de ser un mero sistema algebraico es un hecho social y, además, un objeto y medio de cultura. Desde esta perspectiva, podemos decir que el intérprete en los Servicios Públicos se mueve en un universo ampliamente pragmático en el cual el conocimiento gramatical y léxico de sus lenguas de intercomunicación son solo parte de lo que ha de aprehender para una mediación exitosa. Además, ha de tener presente que ha de servir de intermediario entre dos personas: el inmigrante y el funcionario (ya sea médico, administrativo, juez, etc.), que no solo se mueve en dos universos culturales distintos sino que las interacciones comunicativas en sus respectivas lenguas (árabe y español) se desarrollan en función de parámetros de uso distintos. De hecho, son los conocimientos pragmáticos los que constituyen la tercera dimensión traductora:

> A diferencia de la sintaxis, que se ocupa de las relaciones entre los signos que conforman las cadenas lingüísticas, y de la semántica, que cubre el campo de las relaciones entre los signos y su significado, la pragmática abarca el espacio de las relaciones de los usuarios del lenguaje con los signos [...] y, más allá aún, las relaciones entre interlocutores mediante signos (Bello Reguera 1997: 116).

Bibliografía

BELLO REGUERA, Gabriel (1997): *La construcción ética del Otro*. Oviedo: Nobel.
CANALE, Michael (1983): "From communicative competence to communicative Language pedagogy" en: Richards, Jack C./Schmidt, Richard W. (eds.): *Language and Communication*. London: Longman, 2-27.
CANALE, Michael/SWAIN, Merrill (1980): "Theoretical bases of communicative approaches for second language teaching and testing", en: *Applied Linguistics*, 1, 1-47.
CARBONELL I CORTÉS, Ovidi (1997): *Traducir al Otro: traducción, exotismo, postcolonialismo*. Toledo: Universidad de Castilla-La Mancha.
— (1999): *Traducción y cultura: de la ideología al texto*. Salamanca: Colegio de España.
COMENDADOR, María Luisa *et al.* (2000): "La traducción de literatura árabe contemporánea al español", en: Hernando de Larramendi, Miguel/Pérez Cañada, Luis Miguel

(coords.): *La traducción de literatura árabe contemporánea antes y después de Naguib Mahfuz*. Cuenca: Ediciones de la Universidad de Castilla-La Mancha, 21-36.

EL-MADKOURI, Mohamed (2003a): "Pre-traducción y traducción (Tradición y modernidad en la traducción del árabe al español)", en: *Revista del Instituto Egipcio de Estudios Islámicos en Madrid*, Homenaje a D. Pedro Martínez Montávez, núm. especial, 93-116

— (2003b): "El mapa lingüístico-educativo marroquí y su influencia en la adquisición del español como lengua de instrucción", en: Reyzábal, María Victoria *et al.* (coords.): *Perspectivas teóricas y metodológicas: lengua de acogida, educación intercultural y contextos inclusivos*. Madrid: Consejería de Educación Comunidad de Madrid, 209-237.

GONZÁLEZ NIETO, Luis (2001): *Teoría Lingüística y enseñanza de la lengua (lingüística para profesores)*. Madrid: Cátedra.

HALLIDAY, M. A. K. (1978): *El lenguaje como semiótica social: la interpretación social del lenguaje y del significado*. México: Fondo de Cultura Económica.

HYMES, Dell (1972): "On communicative competence", en: Pride, John Bernard/Holmes, Janet (eds.): *Sociolinguistics*. Harmondsworth: Penguin, 269-293.

HERNANDO DE LARRAMENDI, Miguel/PÉREZ CAÑADA, Luis Miguel (coords.) (2000): *La traducción de literatura árabe contemporánea antes y después de Naguib Mahfuz*. Cuenca: Ediciones de la Universidad de Castilla-La Mancha.

LEVINSON, Stephen L. (1983): *Pragmatics*. Cambridge: Cambridge University Press.

MARTÍNEZ MONTÁVEZ, Pedro (1980): *El Poema es Filistín (Palestina en la poesía árabe actual)*. Madrid: Ediciones Molinos de Agua.

RUBIERA MATA, María Jesús (2004): "Introducción general a la lengua árabe y a su traducción al castellano", en: Epalza, Miguel de (coord.): *Traducir del árabe*. Barcelona: Gedisa, 2004.

SCHACHTER, Jacquelyn (1990): "Foreign Language Acquisition Research and the Classroom", en: Freed, Barbara (ed.): *Foreign Language Acquisition Research and the Classroom*. Lexington (MA): DC Health and Company, 132-151.

SOTO ARANDA, Beatriz (2006): "Ideología y traducción: algunas consideraciones acerca de la traducción de las jarchas", en: *Revista Enlaces* 5; <http://www.cesfelipesegundo.com/revista/numeros.html> (última consulta: 20-I-2010).

EL GRIEGO COMO LENGUA MINORITARIA EN ESPAÑA Y EN LA UNIÓN EUROPEA

David Fernández Vítores
Universidad Complutense de Madrid (CES Felipe II)

1. La defensa de las lenguas regionales y minoritarias en la Unión Europea

Como se ha indicado desde las instituciones comunitarias (véase, por ejemplo, la Resolución del Parlamento Europeo sobre las lenguas europeas regionales y menos difundidas, Diario Oficial de las Comunidades Europeas C 177 E de 25 de julio de 2002: 335), se calcula que alrededor de 46 millones[1] de ciudadanos de la Unión Europea (UE) utilizan regularmente una lengua regional o minoritaria que se ha transmitido de generación en generación (Joan i Marí 2006: 10). Por lo general, este uso se suma al de la lengua o lenguas oficiales del Estado en cuestión. En total, existen más de 60 comunidades de hablantes de lenguas regionales o minoritarias autóctonas (Rindler-Schjerve/Vetter 2007: 49), número que aumentará como consecuencia de la progresiva ampliación de la UE (Ebner 2003: 6). Aunque la situación social, económica y política de estas comunidades puede variar enormemente, hay muchos factores que las aproximan a través de la UE.

Actualmente, la UE practica una política de protección de las lenguas regionales y minoritarias que tiene su base jurídica en el Tratado de la UE. Así, sus artículos 21, 149 y 151 recogen específicamente la necesidad de respetar, proteger y promocionar la diversidad cultural y lingüística (Grin/Moring 2002: 24). Además, este respeto se ha incluido recientemente entre los derechos fundamentales de los ciudadanos europeos enunciados en la Carta de los Derechos Fundamentales de la Unión Europea, cuyo artículo 22 declara que "la Unión respeta la diversidad cultural, religiosa y lingüística" (Bell 2003: 107)[2]. Así, como fundamento de dicho respeto, el apartado 1 del artículo 21 de esa misma Carta estipula:

> Se prohíbe toda discriminación, y en particular la ejercida por razón de sexo, raza, color, orígenes étnicos o sociales, características genéticas, lengua, religión o convic-

---

[1] Antes de la ampliación de 2004 eran 40 millones (Ebner 2003: 16).
[2] Véase la Carta de los Derechos Fundamentales de la Unión Europea (2000/C 364/01), Diario Oficial de las Comunidades Europeas C 364/22 de 18 de diciembre de 2000, 13.

ciones, opiniones políticas o de cualquier otro tipo, pertenencia a una minoría nacional, patrimonio, nacimiento, discapacidad, edad u orientación sexual (Bell 2003: 107).

La creación de esta base jurídica general destinada a la protección de las lenguas regionales y minoritarias tiene su origen en otro hecho incontrovertido: la UE tradicionalmente ha contemplado estas lenguas regionales y minoritarias como un activo para su propia integración política (Grin/Moring 2002: 25). Esto se desprende de numerosos documentos institucionales como, por ejemplo, la Resolución del Consejo de 14 de febrero de 2002 relativa a la promoción de la diversidad lingüística y el aprendizaje de lenguas en el marco de la realización de los objetivos del Año Europeo de las lenguas 2001 (Diario Oficial C 50 de 23 de febrero de 2002), que hace hincapié en que todas las lenguas europeas tienen el mismo valor y dignidad desde el punto de vista cultural y constituyen una parte integral de la cultura y civilización europeas. De hecho, como ha señalado Toggenburg (2004: 6), la política lingüística ha sido la piedra angular en la defensa de las minorías étnicas en el conjunto de la UE.

El respeto a la diversidad cultural y lingüística también está presente en el proceso de ampliación de la UE (Sarikakis 2008: 105). Los denominados criterios de Copenhague para la adhesión de nuevos miembros estipulan que

> la condición de miembro requiere que un país candidato haya logrado la estabilidad de las instituciones que garantizan la democracia, el Estado de derecho, los derechos humanos y el respeto y la protección de las minorías[3].

Partiendo de esta base general, el Parlamento Europeo ha solicitado en repetidas ocasiones que

> con referencia a la ampliación de la Unión Europea, el Consejo y la Comisión exijan a los países candidatos a la adhesión que respeten las lenguas y culturas regionales o minoritarias y que cumplan íntegramente lo dispuesto en el artículo 22 de la Carta de los derechos Fundamentales, y también que suscriban los apartados 1.1 y 1.2 de los Informes periódicos sobre los progresos realizados en el camino de la adhesión[4].

En este sentido, el Parlamento Europeo considera que "la Unión Europea tiene la responsabilidad de apoyar a los Estados miembros y a los países candi-

---

[3] Consejo de Copenhague de 12 y 13 de diciembre de 2002, conclusiones de la Presidencia, apartado 18, 5.

[4] Véase la Resolución del Parlamento Europeo sobre las lenguas europeas regionales y menos difundidas, Diario Oficial de las Comunidades Europeas C 177 E de 25 de julio de 2002, 336.

datos a desarrollar sus culturas y a proteger su diversidad lingüística interna"[5]. Además, esta labor de supervisión de los países candidatos asumida por la Comisión y el Consejo no ha sido meramente simbólica. Por ejemplo, en el Informe Regular de la Comisión sobre el Progreso de Eslovaquia hacia la Adhesión[6], la Comisión especifica:

> La protección del uso de las lenguas minoritarias se ha visto reforzada mediante la ratificación de la Carta Europea de las Lenguas Regionales y Minoritarias. Sin embargo, aún está pendiente la aplicación reforzada de la legislación existente relativa a las minorías lingüísticas, así como la adopción de otra legislación complementaria. Aunque las políticas se han fortalecido, el presupuesto asignado para su aplicación sigue siendo bastante escaso[7].

En cualquier caso, el acervo de derechos humanos en materia de lenguas es desigual en los distintos territorios de la UE. Esta anomalía se acentúa en los Estados en vías de adhesión, a los que se obliga a satisfacer unos derechos mínimos de las lenguas minoritarias y unos criterios relativos a las minorías nacionales. Es más, tal como señala Joan i Marí (2006: 12):

> Incluso algunos Estados miembros "antiguos", si tuvieran que solicitar hoy en día el ingreso en la UE, incumplirían por completo esos criterios. Es una anomalía que resulta injusta para los nuevos Estados miembros y para las comunidades que tienen lenguas regionales o minoritarias, además de evidenciar el doble rasero que se aplica en la UE.

Lo descrito más arriba muestra la gran preocupación institucional por el respeto de la diversidad lingüística. Sin embargo, esta preocupación no siempre ha sido tan explícita en el ámbito institucional de la Comunidad. De hecho, la articulación política para la defensa de las lenguas regionales y minoritarias propiamente dicha se ha ido forjando a lo largo de las tres últimas décadas, mediante la

---

[5] Véase la Resolución del Parlamento Europeo sobre las lenguas europeas regionales y menos difundidas, Diario Oficial de las Comunidades Europeas C 177 E de 25 de julio de 2002, 336.

[6] Véase Regular Report on Slovakia's Progress towards Accession, SEC (2001) 1754, 13-XI-2001, 98.

[7] Traducción mía. Literalmente: "The protection of the use of minority languages has been strengthened by ratifying the European Charter of Regional and Minority Languages. There remains, however, the need for reinforced implementation of existing minority language legislation and for adopting further necessary legislation. Whereas policies have been further strengthened, budgetary means remained rather low".

aprobación de diversos documentos institucionales. Como es lógico, esta articulación política ha estado inmersa en el proceso de reconocimiento de las minorías étnicas en su conjunto.

En este sentido, coincidimos con Toggenburg (2004: 5) en que pueden distinguirse dos procesos. El primero, que tiene su inicio a principios de los años ochenta, es de carácter endógeno y está motivado por factores surgidos de la propia UE. El segundo, aunque tiene su punto de partida en la caída del Muro de Berlín, se ha ido desarrollando más intensamente desde 1994 y está íntimamente ligado al proceso de ampliación de la UE. Por tanto, es de carácter exógeno, ya que sus principales influencias provienen de fuera de la UE.

Así, las iniciativas desarrolladas en el marco del proceso endógeno tienen los siguientes puntos en común:

1. Han sido originadas dentro de la UE.
2. Su foco principal de atención es la política lingüística.
3. No están dirigidas únicamente a los Estados miembros sino también a las instituciones comunitarias.
4. Su efecto político en el plano de los Estados miembros ha sido nulo y limitado en el contexto de la UE.
5. Han sido promovidas casi exclusivamente por el Parlamento Europeo.

Por su parte, el proceso exógeno tiene las siguientes características (Toggenburg 2004: 7):

1. Su principal preocupación no es la preservación de las culturas minoritarias dentro de la UE, sino el peligro que supone importar las tensiones étnicas y sociales que se producen fuera de la Europa de los 15.
2. Además de conceder importancia a la dimensión cultural, añade otro foco de interés: garantizar la estabilidad, la seguridad y la integración social de los grupos minoritarios, como es el caso de la comunidad romaní.
3. Sus peticiones no se dirigen ni a las instituciones comunitarias ni a los Estados miembros de la UE, sino a los países candidatos al ingreso en la UE, con lo que favorece la creación del denominado "doble rasero" en el tratamiento de las minorías.
4. Sus efectos se han hecho notar en los sistemas legales y políticos de los países candidatos, pero apenas han tenido repercusión en el interior de la UE.
5. La dimensión exterior del proceso ha hecho que participen en el mismo las tres instituciones europeas: el Parlamento, la Comisión y el Consejo.

2. El griego como lengua minoritaria

La definición más frecuente de lengua regional o minoritaria es la utilizada en la Carta Europea de las Lenguas Regionales o Minoritarias (Grin 2003: 20), un tratado internacional bajo la supervisión del Consejo de Europa que ha sido adoptado por numerosos Estados miembros de la UE. Concretamente, en 2009, 19 Estados miembros de la UE habían firmado esta carta y 15, además, la habían ratificado (Consejo de Europa 2008). En su primer artículo, dicha Carta, de 2 de octubre de 1992, define el concepto de lengua regional y minoritaria de la siguiente forma:

a) por la expresión "lenguas regionales o minoritarias" se entienden las lenguas:

- practicadas tradicionalmente sobre un territorio de un Estado por ciudadanos de ese Estado que constituyen un grupo numéricamente inferior al resto de la población del Estado; y
- diferentes de la(s) lengua(s) oficial(es) de ese Estado; no se incluyen ni los dialectos de la(s) lengua(s) oficial(es) del Estado ni las lenguas de los emigrantes;

b) por "territorio en el cual una lengua regional o minoritaria es practicada" se entiende la zona geográfica en la cual esa lengua es el modo de expresión de un número de personas que justifique la adopción de diferentes medidas de protección y de promoción previstas por la presente Carta;
c) por "lenguas desprovistas de territorio" se entiende las lenguas practicadas por el resto de la población del Estado, pero que, aunque practicadas tradicionalmente sobre el territorio del Estado, no pueden ser vinculadas a una zona geográfica de este.

Partiendo de esta definición general, la situación particular de la UE dibuja un panorama heterogéneo con una amplia variedad de lenguas y situaciones sociales, políticas y lingüísticas (Nic Craith 2006: 68-69). En la definición también se incluyen las comunidades que hablan una lengua similar o idéntica a la lengua oficial o mayoritaria de un Estado vecino. Basta citar, a modo de ejemplo, las comunidades de lengua alemana de Bélgica, Dinamarca, Francia e Italia, la comunidad de lengua danesa de Alemania, las comunidades de lengua albanesa y de lengua griega de la Italia meridional, y las comunidades de lengua croata y de lengua eslovena de Italia y Austria.

Si bien estas lenguas no están en peligro de desaparición, gracias a su situación oficial en un país vecino, la vitalidad de la lengua y el patrimonio cultural inherente en dichas regiones están sometidos a presiones similares a las de lenguas minoritarias como el bretón o el gaélico.

El griego moderno es la lengua materna de más de 13 millones de personas: casi 11 en Grecia, donde es la lengua oficial y la habla casi el 100% de la población, más de medio millón en Chipre (el 82% de la población), donde comparte oficialidad con el turco, y el resto en la diáspora (EE. UU., Canadá, Australia, Egipto, etc.). El griego es reconocido como una de las 23 lenguas oficiales con las que actualmente cuenta la UE. En este sentido, no parece muy lógico referirse a ella como lengua minoritaria, al menos en el sentido propuesto por la Carta Europea de las Lenguas Regionales o Minoritarias. Es más, el estatus del que disfruta (lengua nacional y estatal de Grecia) y el número de hablantes dentro de su país de referencia (Grecia) hacen que la situación de este idioma se ajuste más al concepto clásico de lengua mayoritaria.

Sin embargo, sí que hay algunos lugares en los que el griego cumple esta condición de lengua regional o minoritaria. Un dialecto griego, denominado *griko*, es hablado en Italia. Se habla en la península de Salento (el tacón de la bota italiana) en la provincia de Lecce, en Apulia meridional y en unas pocas localidades cerca de Reggio di Calabria. El dialecto salentino todavía se usa y puede haber algunos niños hablantes, pero el desplazamiento hacia el italiano es muy grande y los hablantes activos tienen más de 50 años (*Euromosaic* 1996). El dialecto calabrés se usa muy minoritariamente solo en la localidad de Gaddhiciano, pero incluso los hablantes más jóvenes tienen más de 40 años y su número es tan reducido que hace muy difícil su contabilización. En cualquier caso, el número total de hablantes de estas variantes del griego se estima en 20.000 en toda Italia. Otro destacado dialecto griego es el mariupolitano, también denominado griego de Crimea y tauro-romaico. En 1970 había unos 7.000 hablantes en Ucrania.

En cualquier caso, la presencia actual del griego en Europa y en España viene determinada fundamentalmente por la regulación lingüística llevada a cabo desde las instituciones europeas. En este contexto, se prefiere usar el término *lenguas exóticas* para definir a esas lenguas que, sin ser propiamente lenguas minoritarias, no cuentan con el número de hablantes ni con la proyección internacional que tienen las grandes lenguas europeas como el inglés, el español o el francés. Algo que, por otra parte, resulta evidente si echamos un simple vistazo al plan de estudios de las licenciaturas o grados actualmente en vigor en las universidades españolas.

Es precisamente esta clasificación como lengua exótica la que la hace merecedora de una atención especial por parte de las instituciones comunitarias, que, en su empeño por garantizar la igualdad de trato de todas las lenguas europeas, ponen en marcha medidas de refuerzo especiales para este tipo de lenguas. Estas van desde subvenciones para la traducción de obras literarias hasta becas para el estudio de estas lenguas como vía para abastecer la cantera de traductores e intérpretes de la UE.

En otras palabras, la presencia del griego en Europa y en España no está determinada por la fuerza de la propia lengua (hablantes nativos y no nativos), como en el caso del inglés, sino por una decisión política. Y esto es algo que un estudiante en Traducción e Interpretación siempre debería tener presente antes de embarcarse en una aventura tan grande como es el aprendizaje de esta lengua. Sobre todo en estos tiempos de crisis que nos acechan y que están obligando a replantearse seriamente la viabilidad del régimen lingüístico actual de la UE. Un régimen que determina claramente las oportunidades de trabajo basadas en esta lengua.

Por eso es conveniente analizar lo que supuso para el griego y para la regulación de las lenguas en la UE la entrada de Grecia en el club comunitario para, más adelante, pasar a comentar, desde un punto de vista más práctico, las oportunidades de trabajo que se presentan en el ámbito nacional y supranacional, si es que admitimos que la UE no es una mera suma de Estados con intereses diversos, sino una entidad política en sí misma.

3. La incorporación del griego como lengua oficial de la UE

Con la adhesión de Grecia en 1981, la entonces Comunidad Europea pasaba de tener nueve Estados miembros a estar integrada por diez. Desde el punto de vista de la regulación lingüística, la única dificultad que se planteó en la UE fue la de la incorporación de una nueva lengua al repertorio de lenguas oficiales y de trabajo de la UE, con los problemas de distribución de recursos que esto conlleva. Como en el caso de la primera ampliación, este aumento del número de lenguas obligó a aumentar los esfuerzos presupuestarios para dar una representación ecuánime a la nueva lengua: el griego.

Sin embargo, conviene señalar que, a los problemas que siempre conlleva la incorporación de una nueva lengua como a) la traducción del acervo comunitario, formado este por unas 90.000 páginas de textos legislativos y jurisprudencia que deberán estar traducidas a la lengua del país candidato con anterioridad a su incorporación a la UE (Phillipson 2003: 125), y b) la formación de traductores e intérpretes, ha de añadirse un elemento diferencial: la entrada en el sistema lingüístico de la UE de un nuevo alfabeto. Efectivamente, la incorporación del alfabeto griego supuso un esfuerzo extraordinario de adaptación de algunos equipos que, de repente, se quedaron obsoletos (Creech 2005: 17). Ese es el caso de las máquinas de escribir y los procesadores de texto que, en aquella época, únicamente estaban preparados para trabajar con el alfabeto latino. Con todo, algo todavía más importante desde el punto de vista de los derechos lingüísticos de los ciudadanos de la UE es el obstáculo que la falta de familiaridad de las instituciones europeas y de los Estados miembros con esa nueva grafía puede suponer para la libre circulación de las personas por el territorio europeo. De esta forma, por ejemplo, una falta de regulación sobre la transcripción de nombres griegos al alfabeto latino es posible que genere problemas de identificación de ciudadanos griegos en otros Estados miembros de la UE. Sobre este particular ya se ha pronunciado el Tribunal Europeo de Justicia, permitiendo a los Estados miembros una regulación en materia de transcripción de nombres en otros alfabetos, siempre que esta no lesione los derechos de libre establecimiento. Dicho esto, conviene señalar que, aparte de este caso particular, la introducción del alfabeto griego no ha motivado demasiadas controversias legales.

Otro aspecto que, al menos desde el punto de vista sociolingüístico, resulta interesante y que, hasta la introducción del griego, no se había planteado es el de las variantes de la lengua. Desde el plano oficial, Grecia presentaba el clásico ejemplo de diglosia hasta hace poco más de treinta años. Sus dos variantes, el *demotikí* (griego popular) y el *katharévousa* (griego purista)[8] han tenido funciones distintas y, en algunos casos, excluyentes (Moreno Fernández 2005: 221). Sin embargo, mediante la promulgación de la ley 309 de 1976 "Sobre la organización y gestión de la Educación General" se puso fin a esta diatriba (Μπαμπινιώτη 1998: 25), al menos en el ámbito oficial, ya que se imponía el *demotikí* como la única variante utilizada en la enseñanza.

Esta práctica se extendió más tarde a la Administración Publica (Μπαμπινιώτη 1998: 25, 26) y hoy puede decirse que el *demotikí* es la única lengua utilizada por las instituciones griegas y por la amplia mayoría de los hablantes griegos, aunque, eso sí, con diversas filtraciones procedentes del *katharévousa* (Fasold 1996: 104). Así, esta variante arcaizante de la lengua griega aún puede encontrarse actualmente en Grecia en la redacción de algunos documentos legales, como contratos, declaraciones juradas, etc. De esto último también se hizo eco el Parlamento Europeo (Nyborg 1982: 26) tan solo un año después del ingreso de Grecia en el club europeo.

Esto permite pensar que, aunque desde el ámbito nacional se intentó reducir al máximo la incertidumbre lingüística que suponía el uso de dos variantes para la representación de la lengua y, por extensión, del país en el plano supranacional, este intento no fue del todo exitoso. La explicación quizás haya que buscarla en que el periodo de cinco años que va desde la aprobación de la ley antes mencionada hasta el ingreso de Grecia en la UE en 1981 no es lo suficientemente

---

[8] El término *katharévousa* viene del griego clásico καθαρεύω, que significa 'limpiar'. La misma grafía y significado se conservan en griego moderno.

amplio como para desterrar algunas prácticas lingüísticas asentadas desde finales del siglo XIX. De hecho, la unificación formal de la lengua aún no estaba terminada del todo en el momento de la adhesión.

Como prueba de lo anterior puede tomarse el Decreto Presidencial 207 publicado en 1982 por el entonces presidente heleno Andreas Papandreou (padre del actual primer ministro griego), mediante el cual se fija el actual sistema de acentuación del griego moderno (Μπαμπινιώτη 1998: 26). En cualquier caso, este proceso revela un hecho incontestable y es que la perspectiva de ingreso en la UE ha contribuido a acelerar el proceso de unificación lingüística en marcha.

4. Perspectivas profesionales para traductores e intérpretes

Dentro de este marco general, las oportunidades profesionales que puede encontrar alguien que desee incorporar el griego moderno a su combinación lingüística están estrechamente ligadas a la regulación de esta lengua por parte de las instituciones comunitarias.

En España, la situación del griego viene determinada fundamentalmente por su estatus de lengua oficial de la UE. De no ser por esto, puede afirmarse que su presencia sería prácticamente imperceptible en el territorio nacional. El trabajo de un traductor de griego, sobre todo jurado, viene determinado por las exigencias de las propias empresas griegas a la hora de convocar licitaciones o concursos para la adjudicación de obras.

Aunque la legislación europea no estipula el uso de la lengua nacional en la documentación que se debe presentar en un concurso, esta suele exigirse en griego. No solamente por la comodidad que supone el uso de esta lengua para los encargados de baremar la documentación, sino también por el hecho de que supone una ventaja para las empresas griegas con respecto a las extranjeras, ya que las primeras se ahorran el tiempo y el coste que supone el proceso de traducción de dicha documentación y, además, se reducen las dudas con respecto al contenido de la misma de cara al adjudicador de la obra en cuestión. Además, en el ámbito de la traducción jurada son muy habituales las interpretaciones en juicios o la traducción de documentación oficial como comisiones rogatorias.

En la UE, en general, el volumen de trabajo es el determinado por las instituciones comunitarias. En el ámbito de la traducción, toda la legislación europea debe traducirse al griego, algo que sin duda tiene muy ocupados a los traductores griegos. No así a los españoles, ya que el volumen de textos oficiales redactados en lengua helena es muy reducido.

Sin embargo, también hay documentos oficiales europeos cuya lengua de origen es el griego. Es el caso de las intervenciones parlamentarias de los eurodiputados griegos, que se traducen desde esta lengua al resto de las lenguas oficiales. Lo mismo ocurre con las sentencias del Tribunal Europeo de Justicia y del Tribunal de Primera Instancia que, aunque tienen como lengua de deliberación el francés, están obligados a desarrollar los procesos en la lengua del demandante. Por último, también se traducen del griego las conclusiones de los abogados generales, que son los encargados de argumentar las sentencias del Tribunal.

En el ámbito de la interpretación, el intérprete de griego-español, al igual que el de otras lenguas exóticas, tiene una misión doble y es que, por regla general, los destinatarios de su interpretación no van a ser únicamente los delegados españoles asistentes a las reuniones, sino también el resto de los intérpretes, que utilizarán su versión española para traducirla al resto de las lenguas oficiales. Es lo que, en interpretación se denomina relé o *relay*. En este sentido, la responsabilidad fundamental del intérprete de griego pasa por intentar hacer una versión lo más limpia posible del discurso original para evitar que se acumulen los errores de una lengua a otra y que no se produzca lo que se conoce como "el teléfono estropeado".

En suma, puede decirse que la presencia de una lengua en la UE, así como las oportunidades de trabajo que su conocimiento trae consigo, dependen casi exclusivamente de una decisión política: la pervivencia o no del actual régimen lingüístico de la UE.

Bibliografía

BELL, Mark (2003): "The Right to Equality and Non-discrimination", en: Hervey, Tamara K./Kenner, Jeffrey (eds.): *Economic and Social Rights Under the EU Charter of Fundamental Rights: A Legal Perspective*. Oxford: Hart, 91-110.

Carta de los Derechos Fundamentales de la Unión Europea (2000/C 364/01). Diario Oficial C 364/22 de 18 de diciembre de 2000; <http://www.europarl.europa.eu/charter/pdf/text_en.pdf> (última consulta: 15-VIII-2008).

Carta Europea de las Lenguas Regionales o Minoritarias. Estrasburgo, 2 de octubre de 1992. Adoptada el 25 de junio de 1992 con rango de convención por el Comité de Ministros del Consejo de Europa; <http://www9.euskadi.net/euskara_araubidea/Legedia/legeak/gaztelan/europa/carta92c.pdf> (última consulta: 14-IV-2008).

Conclusiones de la Presidencia del Consejo Europeo de Copenhague de 12 y 13 de diciembre de 2002; <https://www.camaras.org/publicado/europa/pdf/copenhague 2002_es.pdf> (última consulta: 8-III-2008).

Consejo de Europa (2008): "European Charter for Regional or Minority Languages, CETS n.º 148. Treaty open for signature by the member States and for accession by non-member States", Coe.int, 10 de septiembre; <http://conventions.coe.int/Treaty/Commun/ChercheSig.asp?NT=148&CM=8&DF=9/10/2008&CL=ENG> (última consulta: 5-V-2009).

CREECH, Richard L. (2005): *Law and Language in the European Union: The Paradox of Babel "United in Diversity"*. Groninge: Europa Law Publishing.

EBNER, Michel (2003): *Informe con recomendaciones destinadas a la Comisión sobre las lenguas europeas regionales y menos difundidas – las lenguas de las minorías en la UE a la luz de la ampliación y la diversidad cultural*. Parlamento Europeo; <http://ec.europa.eu/education/policies/lang/doc/hebner_es.pdf> (última consulta: 7-X-2009).

Ethnologue, Languages of the World (2009). Dallas: SIL International, 6.ª ed.; <http://www.ethnologue.com/show_language.asp?code=ell> (última consulta: 7-X-2009).

Euromosaic, The Production and Reproduction of the Minority Language Groups of the EU (1996). Luxembourg: Office for Official Publications of the European Communities; <http://ec.europa.eu/education/policies/lang/languages/langmin/euromosaic/index_es.htm> (última consulta: 4-IV-2010).

FASOLD, Ralph (1996): *La sociolingüística de la sociedad: introducción a la sociolingüística*. Madrid: Visor Libros.

GRIN, François (2003): *Language Policy Evaluation and the European Charter for Regional or Minority languages*. New York: Palgrave MacMillan.

GRIN, François/MORING, Tom (2002): *Support for Minority Language in Europe*. [Irlanda]: EBLUL; <http://ec.europa.eu/education/languages/pdf/doc639_en.pdf> (última consulta: 23-V-2008).

JOAN I MARÍ, Bernat (2006): *Informe sobre una nueva estrategia marco para el multilingüismo*. Parlamento Europeo; <http://www.europarl.europa.eu/sides/getDoc.do?pubRef=-//EP//NONSGML+REPORT+A6-2006-0372+0+DOC+PDF+V0//ES> (última consulta: 24-XI-2008).

ΜΠΑΜΠΙΝΙΩΤΗ, Γ. Δ. (1998): *Λεξικό της Νέας Ελληνικής Γλώσσας*. Athína: Κεντρο Λεξικολογίας.

MORENO FERNÁNDEZ, Francisco (2005): *Principios de Sociolingüística y Sociología del Lenguaje*. Barcelona: Ariel.

NIC CRAITH, Mairead (2006): *Europe and the Politics of Language: Citizens, Migrants and Outsiders*. New York: Palgrave McMillan.

NYBORG, M. Kai (1982): *Rapport fait au nom de la commission du règlement et des pétitions sur le multilinguisme de la Communauté européenne*. Parlamento Europeo.

PHILLIPSON, Robert (2003): *English-only Europe? Challenging Language Policy*. London: Routledge.

Regular Report on Slovakia's Progress towards Accession. SEC(2001) 1754, 13 de noviembre de 2001. Bruxelles: European Commission; <http://ec.europa.eu/education/languages/pdf/doc639_en.pdf> (última consulta: 23-V-2008).

Resolución del Consejo de 14 de febrero de 2002 relativa a la promoción de la diversidad lingüística y el aprendizaje de lenguas en el marco de la realización de los objetivos del Año Europeo de las Lenguas 2001. Diario Oficial de 23 febrero de 2002, C 50/1; <http://eurlex.europa.eu/LexUriServ/LexUriServ.do?uri=OJ:C:2002:050:0001:0002:ES:PDF> (última consulta: 27-IX-2008).

Resolución del Parlamento Europeo sobre las lenguas europeas regionales y menos difundidas. Diario Oficial C 177 E de 25 de julio de 2002, p. 335; <http://eurlex.europa.eu/LexUriServ/LexUriServ.do?uri=OJ:C:2002:177E:0334:0336:ES:PDF> (última consulta: 2-V-2008).

RINDLER-SCHJERVE, Rosita/VETTER, Eva (2007): "Linguistic diversity in Habsburg Austria as a model for Modern European Language Policy", en: Thije, Jand D. ten/Zeevaert, Ludger (eds.): *Receptive Multilingualism: Linguistic Analyses, Language Policies, and Didactic Concepts*. Amsterdam/Philadelphia: John Benjamins, 49-72.

SARIKAKIS, Katharine (2008): "Regulating the Consciousness Industry in the European Union: Legitimacy, Identity, and the Changing State", en: Chakravartty, Paula/Zhao, Yuezhi (eds.): *Global Communications: Toward a Transcultural Political Economy*. Lanham (MD): Rowman & Littlefield, 95-112.

TOGGENBURG, Gabriel N. (2004): "Minority Protection in a Supranational Context: Limits and Opportunities", en: Toggenburg, Gabriel N. (ed.): *Minority Protection and the Enlarged European Union: the Way Forward*. Budapest: Local Government and Public Service Reform Initiative/Open Society Institute, 1-36.

LA INTERPRETACIÓN DE LENGUA DE SIGNOS EN ESPAÑA

José María Criado
Intérprete profesional de lengua de signos
(Servicios Integrales de Lengua de Signos)

1. Introducción

Es muy difícil explicar en pocas palabras la profesión de intérprete de lengua de signos, ya que son muchos los tipos, las técnicas y los ámbitos de trabajo en los que esta se desarrolla. Espero y confío poder aclarar en estas líneas algunos aspectos de esta profesión, que, debo confesar, me ha llegado a cautivar.

Aunque la profesión del intérprete de lengua de signos es de reciente reconocimiento en nuestro país, si hacemos un recorrido histórico vemos que es una de las profesiones más antiguas, ya que la lengua de signos como tal existe incluso antes que la propia lengua oral. De hecho, la mayoría de nosotros, a pesar de ser personas oyentes, antes de comenzar a hablar utilizamos signos para poder expresarnos y comunicarnos con nuestro entorno (Rodríguez González 1992).

Más allá de comparaciones entre lenguas, se pueden señalar algunas referencias históricas sobre la lengua de signos, o lengua de señas, y las personas sordas. Se puede destacar, por su antigüedad e importancia, la mención explícita en el Código de las Siete Partidas redactado por Alfonso X el Sabio en el siglo XIII, mediante la cual se atribuye a los escribanos la posibilidad de realizar funciones de traducción en aquellos juicios en los que atestigüen personas "mudas". Posteriormente, encontramos otro personaje ilustre para el colectivo de personas sordas: el pintor Juan Fernández de Navarrete "el Mudo", miembro de la Corte de Felipe II que contaba con un asistente o secretario que hacía las veces de intérprete de lengua de signos.

Si damos otro salto en el tiempo –esta vez mucho más amplio– llegamos al siglo XX, y concretamente al año 1987. Es entonces cuando por primera vez se crea en nuestro país un servicio de interpretación de lengua de signos, que en su momento se denominó "servicio de intérpretes mímicos", y desde el que se realizaba un número muy limitado de servicios al año, concretamente 250. Esta cifra ha ido aumentando a lo largo de los años hasta alcanzar en la actualidad el número de 11.500 servicios anuales. Aunque es una cifra elevada, los servicios prestados son escasos para una población sorda que, solamente en Madrid, asciende a 50.000 personas.

Sucedía, pues, que hasta el año 1987 las interpretaciones de lengua de signos eran realizadas bien por familiares directos, es decir, padres, hermanos e hijos (como es mi caso), bien por maestros de personas sordas, curas o monjas; y digo monjas porque en numerosas ocasiones nuestro trabajo ha sido considerado una labor social que desempeñaban las "hermanitas de la caridad".

En este pequeño recorrido histórico puede apreciarse, además, que el servicio de interpretación de lengua de signos se ha desempeñado mayoritariamente en el ámbito social, y no tanto en el de conferencias y congresos. Esto se ha debido también a las características propias la población sorda, en la que existe un grado de analfabetismo funcional que alcanza casi al 80% de las personas.

2. Interpretación de lengua de signos *vs.* interpretación de lengua oral

Es evidente que la mayor diferencia entre la profesión del intérprete de lengua de signos y la profesión del intérprete de lengua oral es la propia lengua. La lengua de signos es espacial y visual, mientras que las lenguas orales son lineales y auditivas (Martínez Sánchez 2000).

Otro aspecto diferencial, ya durante el desempeño de la tarea, es la ubicación espacial. El intérprete de lengua de signos que trabaja en modo simultáneo ha de situarse de forma que las personas sordas puedan verle mientras interpreta. Por el contrario, excepto en el caso de la interpretación consecutiva, el intérprete de simultánea no está visible ante su público. Esto implica que el aspecto físico y la vestimenta del intérprete de lengua de signos sean fundamentales. Debemos ir vestidos siempre con colores oscuros y lisos, y no debemos llevar complementos llamativos, tintes de pelo con colores demasiado estridentes, ni bigotes o barbas muy poblados.

Otra diferencia tiene que ver con el ámbito geográfico. Nosotros, los intérpretes de lengua de signos, compartimos en el 99% de los casos el mismo ámbito geográfico que nuestros usuarios, es decir, tanto el intérprete hablante como el usuario sordo viven en el mismo país. Por el contrario, en el caso del intérprete de lenguas orales hay dos culturas que normalmente pertenecen a países distintos, y, excepto en el caso de las lenguas autonómicas oficiales, el intérprete de lengua oral vive en una de ellas. Desde el punto de vista de la interpretación de lengua de signos, existen algunos aspectos culturales y de la vida diaria comunes al intérprete y a la persona sorda que eximen al primero de tener que realizar una labor de documentación adicional. No obstante, es cierto también que existen contenidos culturales propios de las personas sordas que el intérprete de lengua de signos debe conocer y tener en cuenta durante las interpretaciones.

Finalmente, un aspecto que antes diferenciaba a las dos profesiones pero que, ahora, las une cada vez más es el ámbito de actuación. Como he mencionado antes, el intérprete de lengua de signos desempeñaba mayoritariamente su trabajo en el ámbito social, pero en la actualidad los campos de trabajo abarcan otras esferas. Por el contrario, los intérpretes de lengua oral, que hasta ahora realizaban su función sobre todo en el ámbito de conferencias, han comenzado a trabajar en el ámbito social debido a la mayor presencia de inmigrantes en nuestro país.

3. Conexión entre el intérprete de lengua de signos y el intérprete de lengua oral

En muchas ocasiones, el intérprete de lengua de signos depende directamente del trabajo del intérprete de lengua oral. Imaginemos el caso de una conferencia internacional en la que el ponente habla en alemán, este ponente es traducido en modo simultáneo al español y, al mismo tiempo, el intérprete de lengua de signos, sobre el estrado, escucha mediante auriculares la interpretación hacia el español e interpreta hacia la lengua de signos: esto se conoce con el nombre de interpretación en *relay* o en cadena.

En estas situaciones de interpretación en *relay* al intérprete de lengua de signos le gustaría escuchar un poco más de modulación en la voz del intérprete de traducción simultánea. Aunque es cierto que si el ponente es poco expresivo el intérprete no debe adoptar un tono de voz alegre, son muchas las veces en las que tenemos que mirar a la vez al ponente para captar el tono de sus emociones y poder transmitirlas a la persona sorda. Esto es así porque la lengua de signos es muy expresiva y porque tenemos que reproducir a la persona sorda no solo las palabras del original sino también el tono del discurso, como por ejemplo ironía, humor, enfado, etc. (Lara Burgos/Santos Rodríguez 2000).

Está claro que, a pesar de las pequeñas diferencias, tenemos un perfil muy similar, y a veces los problemas son comunes. Desgraciadamente, en nuestro campo también existe intrusismo profesional, y no disponemos de controles suficientes para supervisar y denunciar el trabajo de personas no profesionales que actúan como si fueran expertas pero que están muy lejos de cumplir con los estándares de calidad. A mi parecer debemos trabajar de forma conjunta y coordinada, no solo en el día a día, sino también a favor de un reconocimiento laboral y oficial de nuestra profesión.

4. Formación académica del intérprete de lengua de signos

Hasta el año 1998 la formación de los intérpretes de lengua de signos se realizaba en las asociaciones de sordos, en las federaciones y en la Confederación Estatal de Personas Sordas. Estas entidades otorgaban certificados que funcionaban oficiosamente como acreditaciones profesionales. Es en 1998 cuando se crea por primera vez el Ciclo Formativo en Interpretación de Lengua de Signos, y cuando se comienzan a expedir diplomas oficiales que acreditan para el ejercicio de la profesión.

En la actualidad, la única manera de obtener una titulación oficial es realizar el Ciclo Formativo de Grado Superior (véase Real Decreto 2060/1995). En este ciclo se imparten 2.000 horas de formación, entre las cuales 380 van destinadas a las prácticas. Si se tiene en cuenta que el 99% del alumnado procede directamente de la enseñanza secundaria, de carreras universitarias o de otros ciclos formativos, es decir, personas que carecen de conocimientos previos de la lengua de signos, y que en cinco trimestres deben aprender a signar en este idioma y a interpretar, huelga decir que el nivel de la enseñanza es pésimo y deficitario. Esto trae consigo, en la mayoría de los casos, frustraciones, abandonos, baja formación, desmotivación, etc.

A estas carencias en formación lingüística hay que añadir otras relativas a los aspectos socioculturales de la población sorda y sordo-ciega. Conocer estos aspectos es fundamental, porque su desconocimiento fomenta un trato de soberbia y prepotencia por parte de algunos intérpretes hacia la persona sorda. Además, dado que los contenidos del ciclo formativo incluyen también las asignaturas de Guía Interpretación de Personas Sordo-ciegas, Interpretación al Sistema de Signos Internacional, Inglés, Formación y Orientación Laboral, y Lingüística Aplicada a la Lengua de Signos, en el programa no quedan suficientes horas para hacer prácticas de interpretación propiamente dicha.

Por otro lado, el exceso de competitividad y la falta de humildad mostrada por las recientes promociones están creando una generación de intérpretes muy desunida y sin conciencia corporativa, con pocas posibilidades de sobrevivir a largo plazo. Al mismo tiempo, se cree que cualquier titulado está capacitado para realizar cualquier labor de interpretación, algo que es totalmente falso. Considero, pues, que en la actualidad la calidad de la formación en interpretación de lengua de signos es deficiente.

Me gustaría recordar que aquellos intérpretes de lengua oral que tengan buena base, hayan seguido unos estudios reglados y quieran ser intérpretes de lengua de signos tienen mucho terreno ganado. Personalmente, he tenido alumnos que habían estudiado Traducción e Interpretación y su progreso era más rápido. Aventajaban a sus compañeros en la capacidad para aprender un idioma nuevo y en las técnicas de interpretación. No obstante, insisto en el hecho de que no es tarea fácil aprender, asimilar, dominar e interpretar en ambas direcciones un idioma nuevo, y, además, ser guía intérprete de personas sordo-ciegas e intérprete de lengua de signos internacional en modo consecutivo y simultáneo.

5. Situación profesional actual

Es evidente que desde el reconocimiento oficial de la lengua de signos, mejor dicho, desde el reconocimiento oficial del *uso* de la lengua de signos, el 23 de octubre de 2007, los lugares de actuación se han ampliado y la demanda de servicios de interpretación ha ido en aumento. Pero esto no significa que la situación laboral sea la idónea. El mayor porcentaje de contratación proviene de ayudas y subvenciones oficiales, es decir, de las administraciones públicas, y aunque resulte increíble esto supone un obstáculo para alcanzar convenios laborales que regulen las condiciones de trabajo.

A partir de la creación de estos servicios, la gestión pasó a realizarse desde una organización estatal de personas sordas y desde las entidades correspondientes de cada comunidad autónoma. Aunque es verdad que, gracias a estos servicios, los intérpretes de lengua de signos consiguieron un estatus profesional, no deja de ser contradictorio que, en la actualidad, se sigan concediendo ayudas a estas mismas entidades, ya que son "juez y parte" a la hora de gestionar el servicio. Lo que intento decir es que a nadie se le ocurriría entregar la gestión de un hospital a los propios enfermos, o la de una cárcel a los presos. En nuestro caso, se entrega la gestión de los servicios de interpretación a las personas sordas que forman parte de la entidad. La consecuencia de esto es que en esas entidades, supuestamente sin ánimo de lucro, los contratos son precarios, no existe estabilidad laboral y se fomenta la competencia desleal entre los propios profesionales que la dirigen, ya que se aprovechan de las exenciones legales que sus asociaciones disfrutan por ser, precisamente, entidades sin ánimo de lucro. Poco a poco se va luchando contra esto y se va allanando el terreno, pero no sin gran esfuerzo por nuestra parte.

6. Perspectivas de futuro

Al margen de lo anterior, gracias a la aprobación de la ley del año 2007 el futuro es prometedor. No obstante, tendremos que seguir trabajando en diferentes ámbitos para conseguir un reconocimiento laboral y, sobre todo, económico.

El futuro inmediato, tal y como está la situación de crisis mundial, es bastante negro. Como ya he comentado, lo único que debemos hacer los profesionales es crear necesidades para el servicio y, por ende, puestos de trabajo. La ley nos abre muchas puertas que los profesionales deben abrir también. Si dejamos que tanto las administraciones como entidades de sordos lo hagan por nosotros seguiremos como hasta ahora, o incluso peor. Por otra parte, está claro que las innovaciones tecnológicas nos harán descubrir nuevos caminos, y que, a mi parecer, como precursor en el uso de nuevas tecnologías, ampliaremos nuestros campos de actuación, accederemos a más ámbitos y la figura del intérprete tal y como la conocemos hoy en día se verá modificada por tales cambios.

Bibliografía

España. Real Decreto 2060/1995, de 22 de diciembre, para el Título de Técnico Superior en Interpretación de la Lengua de Signos y las correspondientes enseñanzas mínimas. *Boletín Oficial del Estado*, 23 de febrero de 1996, n.º 47, 6890-6916.

LARA BURGOS, Pilar/SANTOS RODRÍGUEZ, Esther de los (2000): *Técnicas de interpretación en LSE*. Madrid: Confederación Nacional de Sordos de España.

MARTÍNEZ SÁNCHEZ, Francisco (2000): *Apuntes de lingüística de la lengua de signos española*. Madrid: Confederación Nacional de Sordos de España.

RODRÍGUEZ GONZÁLEZ, María Ángeles (1992): *Lenguaje de signos*. Madrid: Confederación Nacional de Sordos de España.

LOS AUTORES

Margarita Borreguero Zuloaga es discípula directa de Janos S. Petöfi, y en la actualidad trabaja como profesora titular en el Departamento de Filología Italiana de la Universidad Complutense de Madrid. Su interés investigador se centra en la lingüística textual (tanto sincrónica como diacrónica), especialmente en los marcadores del discurso, de lo cual son prueba sus numerosas publicaciones, tanto individuales como colectivas.

Jorge Braga Riera es profesor de inglés y de traducción en el CES Felipe II (Universidad Complutense de Madrid), y centra su investigación en el teatro clásico inglés y español, así como en la traducción teatral, con numerosas publicaciones al respecto, tanto monografías como artículos.

Susana Cantero Garrido ha trabajado profesionalmente en el mundo teatral, es experta en dramaturgia y práctica escénica del verso clásico español y ha traducido a autores señalados como Théophile Gautier, Gérard de Nerval o J. M. G. Le Clézio, además de enseñar francés y traducción en el grado de Traducción e Interpretación del CES Felipe II (Universidad Complutense de Madrid).

José María Criado es intérprete de lengua de signos española, de sistema de signos internacional y guía-intérprete de personas sordociegas Ha colaborado en varias publicaciones relacionadas con la interpretación de lengua de signos (especialmente libros de texto para el ciclo formativo) y en las tareas del grupo de formadores de intérpretes de lengua de signos perteneciente al EFSLI (European Forum of Sign Language Interpreters).

Mohamed El-Madkouri Maataoui es profesor titular en el Departamento de Lingüística de la Universidad Autónoma de Madrid (UAM), donde ha sido director adjunto y cofundador de la licenciatura de Traducción e Interpretación. Autor del *Diccionario Bilingüe Árabe-Español* de la editorial Anaya, ha publicado un centenar de artículos sobre lingüística, traductología y análisis crítico del discurso.

David Fernández Vítores trabaja como intérprete profesional de inglés y griego moderno, a la vez que ejerce como profesor de interpretación en el grado de Traducción e Interpretación del CES Felipe II (Universidad Complutense de Madrid). Centra su investigación en la política lingüística, especialmente en la

Unión Europea, tema sobre el que realizó su tesis doctoral y ha publicado diversos artículos y una monografía.

Covadonga Fouces González se doctoró en Teoría Literaria y Semiótica por la Universidad Autónoma de Madrid y la Universitá degli Studi di Bologna, con Umberto Eco y Tomás Albadalejo como directores. Actualmente es profesora en la Universidad Pablo de Olavide de Sevilla. Ha publicado varios libros sobre literatura italiana y traducción, así como diversos artículos sobre los factores comunicativos, textuales y sociológicos que condicionan el fenómeno de la traducción.

Sylvain LeGall Maze es doctor en lingüística, especialidad de semántica formal, lógica y filosofía del lenguaje, en la Universidad de Bretaña Occidental de Brest (Francia). Se dedica a la traducción profesional español/francés y desde 2005 es profesor en el Centro Superior de Lenguas Modernas de la Universidad de Cádiz. Ocupa, además, el cargo de Gerente del Servicio de Traducción de la Universidad de Cádiz desde el año 2008.

Dámaso López García es catedrático en el Departamento de Filología Inglesa II (Literatura de los Países de Lengua Inglesa) de la Universidad Complutense de Madrid y, en estos momentos, ejerce como decano en la Facultad de Filología de la misma Universidad. Sus trabajos se centran en la crítica literaria y la traducción, a los que hay que sumar sus traducciones al español de autores fundamentales como Robert L. Stevenson, Joseph Conrad, Seamus Heaney o T. S. Elliot.

Nava Maroto García, profesora de Terminología y Documentación en el grado de Traducción e Interpretación del CES Felipe II (Universidad Complutense de Madrid), es experta en terminología y documentación aplicadas a la traducción, y centra su investigación en la representación de las relaciones conceptuales.

Aurora Martín de Santa Olalla Sánchez enseña en la actualidad lengua española en el grado de Traducción e Interpretación del CES Felipe II (Universidad Complutense de Madrid), y ha sido la jefa editorial de la línea de ELE global en Santillana desde septiembre de 2004 a marzo de 2011. Su interés investigador se centra en el español como lengua extranjera, las industrias de la lengua y la lingüística aplicada a la traducción.

Elena Montiel-Ponsoda es miembro del Ontology Engineering Group, grupo de investigación en ingeniería ontológica de la Facultad de Informática de la Universidad Politécnica de Madrid, en el que ha desarrollado su tesis doctoral. Ha publicado numerosos artículos sobre lingüística aplicada, web semántica y procesamiento del lenguaje natural.

Juan José Ortega Román enseña rumano en el Departamento de Filología Románica, Eslava y Lingüística de la Universidad Complutense de Madrid. Centra su investigación en la lingüística contrastiva español-rumano, la literatura románica, especialmente en su rama rumana y en el ámbito de la literatura de viajes. Junto con Martin Lexell es traductor desde el sueco de la serie de *Millennium* de Stieg Larsson y de *Mi amigo Stieg Larsson,* de Kurdo Baksi.

María Dolores Ortigosa Lorenzo, licenciada en Filología Francesa por la Universidad Complutense de Madrid, es desde el año 1991 traductora e intérprete en la Dirección General de la Policía del Ministerio del Interior, destinada a la Oficina de Asilo y Refugio desde el año 1992, y profesora de traducción e interpretación jurídicas en el Programa de Máster Oficial en Comunicación Intercultural, Interpretación y Traducción en los Servicios Públicos (Universidad de Alcalá de Henares).

María Teresa Pajares Giménez, profesora de lengua española en el grado de Traducción e Interpretación del CES Felipe II (Universidad Complutense de Madrid), dirige su interés investigador a la retórica y a la formación de palabras, tanto en español como en lenguas clásicas.

Lola Pons Rodríguez es profesora titular en el Departamento de Lengua Española, Lingüística y Teoría de la Literatura de la Universidad de Sevilla, y ha sido profesora en el Máster de Traducción Audiovisual Aplicada a la Subtitulación y al Doblaje Cinematográfico (Universidad de Sevilla). Entre otros temas, sus investigaciones se ocupan de la historia de la lengua española, en especial el siglo XV, y de la sociolingüística urbana.

José Luis Ramírez Luengo, actualmente Investigador "Ramón y Cajal" (Ministerio de Ciencia e Innovación) en la Universidad de Alcalá de Henares, posee como ámbito de investigación fundamental la historia de la lengua española, tanto en España (en especial, el castellano medieval del País Vasco y el español del siglo XVIII) como en América (especialmente las variedades de Uruguay, Centroamérica o Bolivia).

Oliver Shaw es licenciado en Filología Hispánica *(cum laude)* por la Universidad de Vanderbilt y posee dos másteres en traducción. Antes responsable del Departamento de Inglés para Capio Sanidad, empresa multinacional del sector de gestión sanitaria, ejerce desde 2009 en Capio-Fundación Jiménez Díaz como asesor lingüístico en lengua inglesa y encargado de la traducción, interpretación y corrección de textos para su publicación en revistas científicas internacionales.

Beatriz Soto Aranda enseña lingüística aplicada y árabe en el CES Felipe II (Universidad Complutense de Madrid). Está especializada en el estudio del fenómeno migratorio en España desde una perspectiva lingüística. Sus publicaciones versan sobre la adquisición del español L2 como lengua de acogida y la traducción e interpretación en los servicios sociales.

Edina Spahić es profesora de lengua española en la Facultad de Filosofía y Letras de la Universidad de Sarajevo, centra su investigación en las unidades fraseológicas bosnio-español, y trabaja como traductora independiente y literaria (bosnio, español, inglés). Durante la guerra de Bosnia (1992-1995), ejerció como traductora e intérprete en los Cuarteles Generales de los Observadores Militares de las Naciones Unidades, y posteriormente en el Departamento Jurídico de la OHR (Office of the High Representative).